高等职业教育教学用书

数字电子技术

（第二版）

SHUZI DIANZI JISHU

主　编　李福军　宋月丽　魏元焜
副主编　吴丹阳　张　娜　杨　悦
　　　　杨　城　王晓琳
主　审　张　超

中国教育出版传媒集团

高等教育出版社·北京

新形态
教材

内容提要

本书是电类专业基础课程新形态一体化教材,也是辽宁省高等职业院校示范校建设数字化平台资源共享课程的配套教材。本书采用项目引导、任务驱动、理实一体化的教学模式,使知识内容更贴近岗位技能的需要。为增强教学效果和拓展学生技能,在项目中安排学习目标、知识拓展、实用资料、技能训练和项目制作等模块,在重点和难点之处设置"想一想"和"知识链接"等栏目,以启发学生主动思考,提高学习的积极性。

本书以数字电子技术的典型项目为载体,每个项目中涵盖必需的知识点,共分六个项目,包括裁判电路的制作、译码显示电路的制作、多路竞赛抢答器的制作、数字电子钟的制作、数字电压表的制作和大规模数字集成器件及其应用。

为方便教学,本书配套PPT教学课件、习题参考答案等教学资源,其中部分资源(彩色图片、动画、微课、仿真视频、互动测试等)以二维码链接形式在书中的相关知识点处呈现,方便学生利用移动设备随扫随学。

本书实用性强,可作为高等职业教育、成人教育的电子、电气、通信、自动化、机电一体化、计算机等专业的"数字电子技术"课程教材,也可供从事相关工作的工程技术人员参考使用。

图书在版编目(CIP)数据

数字电子技术 / 李福军,宋月丽,魏元焜主编.
2 版. -- 北京:高等教育出版社,2024. 12. -- ISBN
978-7-04-063340-5

Ⅰ. TN79

中国国家版本馆 CIP 数据核字第 20248CK530 号

策划编辑 谢永铭	**责任编辑** 谢永铭	**封面设计** 张文豪	**责任印制** 高忠富

出版发行	高等教育出版社	网　　址	http://www.hep.edu.cn
社　　址	北京市西城区德外大街 4 号		http://www.hep.com.cn
邮政编码	100120	网上订购	http://www.hepmall.com.cn
印　　刷	上海叶大印务发展有限公司		http://www.hepmall.com
开　　本	787mm×1092mm　1/16		http://www.hepmall.cn
印　　张	17.5	版　　次	2017 年 2 月第 1 版
字　　数	410 千字		2024 年 12 月第 2 版
购书热线	010-58581118	印　　次	2024 年 12 月第 1 次印刷
咨询电话	400-810-0598	定　　价	42.00 元

配套学习资源及教学服务指南

🎯 二维码链接资源

　　本书配套视频、文本等学习资源，在书中以二维码链接形式呈现。使用手机扫描书中的二维码即可查看，随时随地获取学习内容，享受学习新体验。

打开书中附有二维码的页面　　　　**扫描二维码**　　　　**查看相应资源**

🎯 在线自测

　　本书提供在线交互自测，在书中以二维码链接形式呈现。使用手机扫描书中对应的二维码即可进行自测，根据提示选填答案，完成自测确认提交后即可获得参考答案。自测可重复进行。

打开书中附有二维码的页面　　　**扫描二维码开始答题**　　　**提交后查看自测结果**

🎯 教师教学资源索取

　　本书配有与课程相关的教学资源，例如，教学课件、参考答案等。选用教材的教师，可扫描以下二维码，关注微信公众号"高职智能制造教学研究"，点击"教学服务"中的"资源下载"，或在电脑端访问网址（101.35.126.6），注册认证后下载相关资源。

★如您有任何问题，可加入工科类教学研究中心QQ群：240616551。

本书二维码资源列表

1

所属	页码	类型	说　明	所属	页码	类型	说　明
项目4	158	互动测试	二进制计数器的模	项目5	201	图片	DAC0832
	165	微课	计数器 74LS160		211	图片	ADC0804
	166	仿真演示	74LS160 功能测试		221	文本	思考与练习 5 参考答案
	167	文本	可逆计数器介绍	项目6	223	文本	存储器的应用
	169	仿真演示	七进制加法计数器		225	互动测试	U 盘的容量大小
	170	动画	停车场车位计数器		228	图片	EPROM
	180	微课	电子琴故障排除		229	图片	闪存
	181	拓展课堂	科技创新, 芯片分选		238	图片	可编程逻辑器件
	192	文本	思考与练习 4 参考答案		256	文本	思考与练习 6 参考答案

前言
PREFACE

本书是电类专业基础课程新形态一体化教材,也是辽宁省高等职业院校示范校建设数字化平台资源共享课程的配套教材。

电子技术日新月异,新知识、新技术、新工艺不断涌现。但不论电子技术如何发展,其基本理论与基本技能都是遵循同样认知规律的。授之以鱼不如授之以渔,教会学生电子技术的基本知识,并培养学生会思考、会学习、会应用,才能使学生适应电子技术飞速发展的时代要求。根据高职教育培养的是面向生产第一线的高级应用技术型人才的教育目标,本书在力求涵盖学生应掌握的基本知识和技能的基础上,注重集成电路以及新器件、新电路的分析与应用,围绕相应实用电子产品制作展开内容组织和编写。

本书的主要特点如下:

(1) 通过典型、实用的操作项目及大量的电路测试(含仿真)的形式,使学生初步建立感观认识,然后对操作结果及出现的问题进行讨论、分析、研究,并得出结论。

(2) 有利于学生在做中学,渐进式加深理解和巩固知识点,逐步提高自身的电子技术实际应用能力和电子设计自动化(EDA)软件的应用技能。

(3) 在重点难点之处提出"想一想"和"知识链接"等关键问题,变学生被动学习为主动思考学习。通过"知识拓展""实用资料""技能训练"和"项目制作"等栏目及时将理论知识与实际产品制作结合起来,实现工学结合,建立学习信心与成就感。

本书第一版自2017年出版以来,得到了全国广大高等职业院校师生的认可和好评。随着高等职业教育人才培养目标改革和教学模式的创新,结合电子技术及其应用的不断发展进步,需要对第一版教材进行修订。本书第二版基本保留了第一版的主要内容和特色,重点修订的内容如下:

(1) 在关键知识点处融入思政元素,激发学生爱国主义情怀,培养学生工匠精神。

(2) 针对数字集成电路的实际发展和运用,重点加强和补充集成电路的系列、性能指标、型号互换等工程知识。

(3) 增加了有关项目的教学视频和课后习题,使学生能体验学习的乐趣,及时巩固学习成果。

本书语言通俗易懂、层次清晰严谨,内容丰富实用、图文并茂,特别是一些实际应用与教学经验的融入,使本书更具有特色。全书共分六个教学项目,按照"以全面素质为基础、以能力为本位、以学生为主体、以职业技能为主线"的总体设计要求,以使学生掌握电子技术的基本技术和操作技能为基本目标,紧紧围绕工作任务完成的需要来选择和组织课程内容。本书以完成工作任务为主线,链接相应的理论知识和实训技能,融"教、学、做"为一体,适合边教、边学、边做的教学方法。为方便教学,本书配套 PPT 教学课件、习题参考答案等教学资源,其中部分资源(彩色图片、动画、微课、操作视频、互动测试等)以二维码链接形式在教材的相关知识点中呈现,方便学生利用移动设备随扫随学。

本书由辽宁机电职业技术学院李福军、宋月丽和魏元焜担任主编,由辽宁机电职业技术学院吴丹阳、张娜,浙江宇翔职业技术学院杨悦、杨城和辽宁生态工程职业学院王晓琳担任副主编。其中,李福军编写了项目 1,并对全书进行统稿;宋月丽编写了项目 3;魏元焜编写了项目 2;吴丹阳编写了项目 4;张娜、王晓琳编写了项目 6 和附录;杨悦、杨城编写了项目 5 和参考答案。

本书为校企合作教材,在本书的前期调研及编写过程中得到了大连日佳电子有限公司、辽宁思凯科技股份有限公司的大力支持与帮助,大连日佳电子有限公司张超工程师担任主审,对本书的项目设计提出了宝贵的建议,在此一并表示感谢!

由于编者的能力水平有限,书中难免存在疏漏和不足之处,欢迎使用本书的师生及其他读者给予批评指正(编者电子邮箱:lifujun0415@163.com)。

编　者

目录
CONTENTS

项目 **1** 裁判电路的制作

在观看一些体育(如举重)比赛项目的时候,如果听到一声铃响,并且看到表示"成功"的信号灯亮起来,说明运动员比赛成绩有效。此裁判电路的基本原理框图如图 1-1 所示,其中有 3 个输入信号(S_1 为主裁判,S_2、S_3 为两个副裁判),Y 为输出信号。一款自制的裁判电路实物如图 1-2 所示。

图 1-1　裁判电路的基本原理框图

这个电路的工作原理是什么? 如何进行设计并制作? 完成以下各任务的学习并亲自动手制作,就会找到这些问题的答案。本项目制作简单,效果明显,通过本项目的学习能建立起数字逻辑电路的基本认识,也为今后学习其他项目打下必要的基础。如果能设计出电路并亲手进行焊接调试,可以大大提高学习的兴趣。本项目由以下两个学习任务组成:

任务 1　数字电路的预备知识

任务 2　认识逻辑门电路

图 1-2　裁判电路实物

 学习目标

数字电路的基础主要可分为逻辑代数(理论知识)和逻辑门电路(器件知识)两大部分。这两者有着密切的联系,且相辅相成。

通过本项目的学习,应达到以下目标:

① 建立二进制的思维方式,深入理解"位权"的概念。

② 掌握逻辑代数基础知识,并会灵活应用。

③ 掌握基本门电路和集成门电路的特性及其应用。

④ 学会裁判电路的设计、制作与检测。

 应知理论

任务 1　数字电路的预备知识

任务目标
① 了解数字电路的特点及其分类。
② 学习数制和码制的关系,掌握十进制数和二进制数的相互转换。
③ 深入理解基本逻辑运算关系及其基本定理、公式。
④ 熟练掌握逻辑函数的表示方法及其化简方法。

视频:课程导入

一、认识数字电路

1. 数字电路的特点

在模拟电子技术中,被传递、加工和处理的信号是**模拟信号**——这类信号的特点是在时间和幅值上都是连续变化的。例如,锅炉温度信号控制器中处理的温度信号,广播电视中传送的语音和图像信号等,如图 1-3(a) 所示。用于传递、加工处理模拟信号的电子线路,称为模拟电路。

在数字电子技术中,被传递、加工和处理的信号是**数字信号**——这类信号的特点是在时间和幅值上都是不连续变化(即离散)的。如计算机等数字设备中运行的信号,如图 1-3(b) 所示,其中高电平和低电平分别用 **1** 和 **0** 来表示。用于传递、加工处理数字信号的电子线路,称为数字电路。

(a) 模拟信号	(b) 数字信号

图 1-3
模拟信号和数字信号示意图

👁 **思考:**

模拟电路与数字电路的主要区别是什么?

模拟电路处理的是工业现场的连续变化的信号——其典型信号为正弦波形,它的主要作用是对微弱的电信号进行放大,如图 1-4 所示。模拟电路的分析方法以十进制定量计算为主,需要精确计算出各种电参数,因此模拟电路很易受到外界信号的干扰。

数字电路的典型信号为不连续的矩形波,它主要研究的是电路输出与输入信号之间对应的因果关系,即逻辑关系(故又可称之为逻辑电路),如图 1-5

图 1-4　模拟电路原理框图　　　　　　　　　　图 1-5　数字电路原理框图

所示。由于数字信号只有低、高电平(0、1)两种信息,同时数字电路多为集成电路,内部结构复杂,所以数字电路以**二进制**方式定性分析电路的外部应用为主(其分析的主要工具是逻辑代数),一般不需深入讨论电路的内部结构。

与模拟电路相比,数字电路主要优点如下:

① 便于高度集成化　由于数字电路采用二进制,基本单元电路结构简单,允许电路参数有较大的离散性,因此便于将很多的单元电路集成在同一块半导体芯片上。

② 工作可靠性高,抗干扰能力强　数字信号主要是用高电平 **1** 和低电平 **0** 来表示信号的有和无,而高电平和低电平为一定的范围值,并不是一个固定值,允许在一定范围内波动,从而大大提高了数字电路工作的可靠性,其抗干扰能力也很强。

③ 便于实现智能化　只有数字电路才能直接与计算机连接,实现智能化控制。

④ 数字信息便于长期保存　数字信息可借助某种媒体(如磁盘、光盘、U盘等)进行长期保存。

鉴于以上数字电路的优点,现在很多电子产品已逐步趋于数字化,如数字电视、数码摄(照)相机等。

2. 数字电路的分类

根据电路结构的不同,数字电路可分为**分立电路**和**集成电路** (integrated circuit, IC)两种类型。分立电路是指将电阻、电容、晶体管等分立元器件用导线在电路板上逐个连接起来的电路,从外观上可以看到一个一个的电子元器件;集成电路则是用特殊的半导体制造工艺将许多微小的电子元器件集中做在一块硅片上而成为一个不可分割的整体电路(集成芯片),从外观上看不到任何元器件,只能看到一个一个的引脚。通常把一个芯片封装内含有等效元器件的个数(或逻辑门的个数)定义为**集成度**。

根据集成度的不同,数字集成电路的分类见表 1-1。

根据所用器件制作工艺的不同,数字电路又可分为双极型(TTL 型)和单极型(MOS 型)两大类。

表 1-1　数字集成电路的分类

IC 分类	集 成 度	主 要 应 用 场 合
小规模集成电路 （SSI）	1～10 门/片，或 10～100 个元件/片	逻辑单元电路 例如：逻辑门电路、集成触发器
中规模集成电路 （MSI）	10～100 门/片，或 100～1 000 个元件/片	逻辑部件 例如：编码器、译码器、计数器、寄存器、数据选择器、加法器、转换器等
大规模集成电路 （LSI）	100～1 000 门/片，或 1 000～100 000 个元件/片	数字逻辑系统 例如：中央控制器、存储器、各种接口电路等
超大规模集成电路 （VLSI）	大于 1 000 门/片，或 大于 10 万个元件/片	高集成度的数字系统 例如：各种型号的单片机

文本：集成电路介绍

根据电路的结构和工作原理的不同，数字电路还可分为组合逻辑电路和时序逻辑电路两大类。组合逻辑电路没有记忆功能，其输出信号只与当时的输入信号有关，而与电路以前的状态无关。时序逻辑电路具有记忆功能，其输出信号不仅和当时的输入信号有关，而且与电路以前的状态有关。

二、二进制基础

1. 数制

所谓数制就是计数的方法。在日常生活中人们最常用的是十进制数，而目前在数字电路中还没有具有 10 种状态的开关器件可用来表示 1 位十进制数。常见的开关器件通常只具有两种不同的状态（如高、低电平），可以用来表示 1 位二进制数。因此，在数字电路中采用二进制数。

十进制数和二进制数都是进位计数制。常用的数制有十进制、二进制和十六进制。

（1）十进制（decimal）

十进制数采用 0、1、2、3、4、5、6、7、8、9 这 10 个不同的数码来表示，通常把数制中所有的数码个数称为**基数**，所以十进制的基数为 10。十进制数的进位规律是"逢十进一"。

一个数的大小由它的数码大小和数码所在的位置决定，每个数码所处的位置称为"**权**"。数码的位置不同，所表示的数值就不同。例如：

$$5 \times 10^3 = 5000$$
$$5 \times 10^2 = 500$$
$$5 \times 10^1 = 50$$
$$5 \times 10^0 = 5$$
$$+$$
$$5555 \qquad = 5555$$

10^3、10^2、10^1、10^0 称为十进制的权。各数位的权是 10 的幂

即　　　　　$(5555)_{10} = 5 \times 10^3 + 5 \times 10^2 + 5 \times 10^1 + 5 \times 10^0$

任意一个十进制数都可以表示为各个数位上的数码与其对应的权的乘积之和,称为**按权展开式**。例如,1352.87 按权展开为

$$(1352.87)_{10} = 1 \times 10^3 + 3 \times 10^2 + 5 \times 10^1 + 2 \times 10^0 + 8 \times 10^{-1} + 7 \times 10^{-2}$$

(2) 二进制(binary)

二进制数的基数为 2,逢二进一,即 **1 + 1 = 10**。二进制数广泛应用于数字电路中,它只有两个数字符号 **0** 和 **1**,与电路的两个状态(开和关、高电平和低电平等)直接对应,使用起来比较方便。二进制数各位的权为 2 的幂。与十进制数类似,任一个二进制数可按权展开。例如,**101.101** 按权展开为

$$(101.101)_2 = 1 \times 2^2 + 0 \times 2^1 + 1 \times 2^0 + 1 \times 2^{-1} + 0 \times 2^{-2} + 1 \times 2^{-3}$$

其中,下标 2 表示为二进制数,还可用 B 表示。

(3) 十六进制(hexadecimal)

由于二进制数进制太小,位数太多,书写记忆很不方便,所以往往需要用十六进制数来表示数字电路(例如单片机)的相关信息。十六进制数的基数为 16,有 16 个数字符号:0、1、…、9、A(10)、B(11)、C(12)、D(13)、E(14)、F(15),计数规律为逢十六进一,即 F + 1 = 10。十六进制数各位的权为 16 的幂。例如,十六进制数 3A.5F 按权展开为

$$(3A.5F)_{16} = 3 \times 16^1 + 10 \times 16^0 + 5 \times 16^{-1} + 15 \times 16^{-2}$$

其中,下标 16 表示为十六进制数,还可用 H 表示。

文本:十六进制数的应用

2. 不同数制的转换

二进制(或十六进制)数一般用于计算机内部的运算,但人们却只熟悉十进制数,所以需要进行这些数制之间的相互转换,才能实现人与机器之间的信息交流。

👁 **思考:**

不同进制数的权有什么区别?

(1) 其他进制数→十进制数

通过前面所学的知识可以看出,将其他进制的数按权展开,再相加,即可得到对应的十进制数。例如:

$$
\begin{aligned}
(1010.11)_2 &= 1 \times 2^3 + 0 \times 2^2 + 1 \times 2^1 + 0 \times 2^0 + 1 \times 2^{-1} + 1 \times 2^{-2} \\
&= (10.75)_{10}
\end{aligned}
$$

(2) 十进制数→二进制数

转换方法:整数部分采用"除 2 取余法",即除 2 取余后逆向排序;小数部分采用"乘 2 取整法",即乘 2 取整后正向排序。

 例 1-1　将十进制数 $(25.3125)_{10}$ 转换成二进制数。

$$2\underline{|25} \quad \cdots\cdots余1 \quad 低位$$

$$2\underline{|12} \quad \cdots\cdots余0$$

$$2\underline{|6} \quad \cdots\cdots余0$$

取整

$$0.3125 \times 2 = 0.625 \quad \cdots\cdots 0 \quad 高位$$

$$2\underline{|3} \quad \cdots\cdots余1$$

$$0.625 \times 2 = 1.25 \quad \cdots\cdots 1$$

$$2\underline{|1} \quad \cdots\cdots余1 \quad 高位$$

$$0.25 \times 2 = 0.5 \quad \cdots\cdots 0$$

$$0$$

$$0.5 \times 2 = 1.0 \quad \cdots\cdots 1 \quad 低位$$

解：

即 $(25.3125)_{10} = (11001.0101)_2$

(3) 十进制数→十六进制数

转换方法： 整数部分采用"除 16 取余法"，即除 16 取余后逆向排序；小数部分采用"乘 16 取整法"，即乘 16 取整后正向排序。

🔒 **例 1－2** 将十进制数 $(2341.78)_{10}$ 转换成十六进制数（取 3 位小数）。

解：

$$16\underline{|2341} \quad \cdots\cdots余5 \quad 低位$$

$$16\underline{|146} \quad \cdots\cdots余2$$

取整

$$0.78 \times 16 = 12.48 \quad \cdots\cdots 12 \quad 高位$$

$$16\underline{|9} \quad \cdots\cdots余9 \quad 高位$$

$$0.48 \times 16 = 7.68 \quad \cdots\cdots 7$$

$$0$$

$$0.68 \times 16 = 10.88 \quad \cdots\cdots 10 \quad 低位$$

即 $(2341.78)_{10} = (925.C7A)_{16}$

(4) 二进制数与十六进制数之间的相互转换

4 位二进制数可以组成 1 位十六进制数（即 $2^4 = 16$），而且这种关系是一一对应的。这样就不难求得它们之间的相互转换了。

🔒 **例 1－3** 将二进制数 1100011011.11 转换成十六进制数。

解： 二进制数　　**11　0001　1011.　1100**

　　　　　　　　↓　　↓　　↓　　↓

十六进制数　　3　　1　　B.　　C

即 $(1100011011.11)_2 = (31B.C)_{16}$

🔒 **例 1－4** 将十六进制数 1F.A 转换为二进制数。

解： 十六进制数　　1　　F.　　A

　　　　　　　↓　　↓　　↓

二进制数　　**0001　1111.　1010**

互动测试：进制转换

即 $$(1F.A)_{16} = (11111.101)_2$$

3. 码制

广义上的编码是指用一定的符号(如文字、数字等)来表示某一特定对象的过程。例如,某学生的名字是文字编码,而他的学号则是数字编码。虽然这种编码形式不同,但是代表的却是同一个对象(这个学生本身)。形成这种代码所遵循的规则称为码制。

(1) 二进制编码

用一定位数的二进制数来表示某一特定对象的过程称为**二进制编码**。因为十进制编码或某种文字和符号的编码很难用电路来实现,所以在数字电路中一般都采用二进制编码。

(2) 二-十进制编码(BCD 码)

将 0~9 这 10 个 1 位十进制数字用 4 位二进制数 $b_3b_2b_1b_0$ 来表示的编码过程,称为 BCD 编码。几种常用的 BCD 码见表 1-2。

思考:

什么是编码? 码有大小吗?

注意:

编码有时表面看起来是数字(如学号),却没有数量上的含义,没有大小之分。

互动测试:码的含义

表 1-2　几种常用的 BCD 码

十进制数	8421 码	5421 码	2421 码	余 3 码	格雷码
0	0000	0000	0000	0011	0000
1	0001	0001	0001	0100	0001
2	0010	0010	0010	0101	0011
3	0011	0011	0011	0110	0010
4	0100	0100	0100	0111	0110
5	0101	1000	1011	1000	0111
6	0110	1001	1100	1001	0101
7	0111	1010	1101	1010	0100
8	1000	1011	1110	1011	1100
9	1001	1100	1111	1100	1101
权	8421	5421	2421	无权	无权

有权 BCD 码:4 位二进制代码中每一位数码都有确定的位权值,其中 **8421BCD 码**是一种最简单、最常用的有权码。

例 1-5　将 $(465)_{10}$ 转换为其对应的 8421BCD 码。

解: $(465)_{10} = (0100\ 0110\ 0101)_{8421BCD}$

无权 BCD 码:没有确定的位权值。例如,余 3 码是由 8421BCD 码加 3(**0011**)得来的,格雷码的特点是任意两个相邻的码之间只有一位数不同,是一种可靠性代码,又称为反射循环码。

三、逻辑代数基础

逻辑代数是处理数字电路的专用数学工具,它是由英国数学家乔治·布尔于 1847 年创立的,所以也称布尔代数。与普通代数不同,逻辑代数为二值代数,主要处理的是二进制逻辑关系。逻辑代数是分析和设计数字(逻辑)电路的重要基础,必须牢固掌握。

知识链接

计 算 机 运 算

计算机中主要有两种运算:算术运算和逻辑运算。算术运算即实现加、减、乘、除等数学运算,例如计算器的功能;逻辑运算即实现**与**、**或**、**非**等判断功能,具有逻辑思维能力,是计算机的核心,例如 CPU 的功能。

1. 基本逻辑关系及运算

基本的逻辑关系只有与、或、非这 3 种,对应的最基本逻辑运算也只有**与运算**、**或运算**和**非运算**。

(1) 与逻辑(AND)

只有当决定事件(Y)的所有条件($A,B,C,\cdots$)全部具备时,此事件(Y)才能发生,这种因果关系称为**与逻辑**,实现这种逻辑关系的运算就是**与逻辑运算**。

下面以两个串联的开关 A、B 控制灯 Y 为例来说明,如图 1-6 所示。

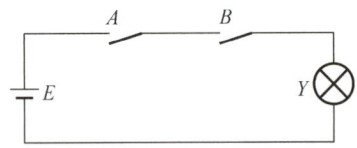

图 1-6　与逻辑实例

由图 1-6 可见,只有当两个开关均闭合时,灯才会亮。显然,灯的结果状态(亮)和开关的条件状态(闭合)之间符合**与逻辑**关系,与逻辑功能表见表 1-3。

表 1-3　与逻辑功能表

开关 A	开关 B	灯 Y	开关 A	开关 B	灯 Y
断开	断开	灭	闭合	断开	灭
断开	闭合	灭	闭合	闭合	亮

如果将开关闭合记为 **1**,断开记为 **0**;灯亮记为 **1**,灯灭记为 **0**,则可得到与逻辑真值表,见表 1-4。

表 1-4　与逻辑真值表

A	B	Y
0	0	0
0	1	0
1	0	0
1	1	1

> 真值表里的 **0**、**1** 只表示相反的两种状态,不代表数量的大小

与逻辑运算表达式为

$$Y = A \cdot B \text{ 或 } Y = AB$$

在数字电路中,实现与逻辑运算功能的电路称为**与门**,其逻辑符号如图1-7所示。

功能概括:全1出1

图1-7　与逻辑符号

(2) 或逻辑(OR)

只要决定事件(Y)的所有条件(A,B,C,…)有一个(或一个以上)具备时,此事件(Y)就会发生,这种因果关系称为**或逻辑**,实现这种逻辑关系的运算就是**或逻辑运算**。

或逻辑实例如图1-8所示,不难分析出其功能,见表1-5,真值表见表1-6。

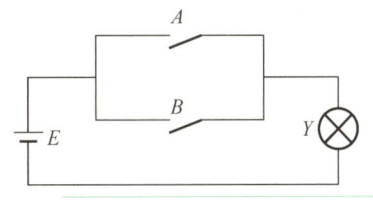

图1-8　或逻辑实例

思考:

请列出具有3个变量的**与逻辑**$Y=ABC$的真值表。

表1-5　**或逻辑**功能表

开关 A	开关 B	灯 Y
断开	断开	灭
断开	闭合	亮
闭合	断开	亮
闭合	闭合	亮

表1-6　**或逻辑**真值表

A	B	Y
0	0	0
0	1	1
1	0	1
1	1	1

视频:基本逻辑运算

或逻辑运算表达式为

$$Y = A + B$$

实现**或逻辑**运算功能的电路称为**或门**,其逻辑符号如图1-9所示。

思考:

在**或逻辑**运算中,为什么$1+1=1$?

功能概括:有1出1

图1-9　或逻辑符号

图1-10　非逻辑实例

(3) 非逻辑(NOT)

非逻辑指的是逻辑的否定。当决定事件(Y)发生的条件(A)满足时,事件不发生;条件不满足,事件反而发生。非逻辑运算表达式为

$$Y = \overline{A}$$

非逻辑实例如图1-10所示,其功能见表1-7,真值表见表1-8,逻辑符号如图1-11所示。

图1-11　非逻辑符号

表1-7　**非逻辑**功能表

开关 A	灯 Y
断开	亮
闭合	灭

表1-8　**非逻辑**真值表

A	Y
0	1
1	0

2. 复合逻辑关系及运算

在实际工程中遇到的逻辑关系往往是用与、或、非 3 种基本逻辑关系作特定的组合而实现的。常见的复合逻辑关系有与非、或非、与或非、异或(同或)等,具体情况见表 1-9。

表 1-9　常见的复合逻辑关系

复合逻辑	表达式	复合逻辑符号	功能简述
与非	$Y=\overline{AB}$		有 0 出 1
或非	$Y=\overline{A+B}$		全 0 出 1
与或非	$Y=\overline{AB+CD}$		先与后或,总体取非
异或	$Y=\overline{A}B+A\overline{B}=A\oplus B$		相异出 1

通过逻辑运算可以得出**异或**逻辑真值表,见表 1-10。

表 1-10　异或逻辑真值表

A	B	Y
0	0	0
0	1	1
1	0	1
1	1	0

当 A、B 取值不同时,Y 才为 1

如果 $Y=\overline{A}\cdot\overline{B}+AB=\overline{A\oplus B}$,则为异或非逻辑(也称同或逻辑),其逻辑关系与**异或**相反,可概括为"相同出 1"(A、B 相同,Y 才为 1)。同**或**逻辑符号如图 1-12 所示。

图 1-12
同或逻辑符号

3. 基本逻辑运算规律

逻辑代数的基本定律是分析、设计逻辑电路的重要基础,这些定律有其独特的特性,一定要深入领会它们的逻辑含义,不要死记硬背。

(1) 基本定律

表 1-11 给出了一些重要的基本定律。

表 1-11　基 本 定 律

定律名称	公　　式	
0-1 律	$A\cdot 0=0$	$A+1=1$
自等律	$A\cdot 1=A$	$A+0=A$

续　表

定律名称	公　　式	
重叠律	$A \cdot A = A$	$A + A = A$
互补律	$A \cdot \overline{A} = 0$	$A + \overline{A} = 1$
还原律	$\overline{\overline{A}} = A$	
交换律	$A \cdot B = B \cdot A$	$A + B = B + A$
结合律	$A \cdot (B \cdot C) = (A \cdot B) \cdot C$	$A + (B + C) = (A + B) + C$
分配律	$A \cdot (B + C) = A \cdot B + A \cdot C$	$A + BC = (A + B) \cdot (A + C)$
反演律	$\overline{AB} = \overline{A} + \overline{B}$	$\overline{A + B} = \overline{A} \cdot \overline{B}$（德·摩根定理）

知识链接

逻辑函数及其相等概念

① **逻辑变量**　在逻辑表达式中，等式右边的字母 A,B,C,D 等称为输入逻辑变量，等式左边的字母 Y 称为输出逻辑变量，字母上面没有**非**运算符的称为原变量，有**非**运算符的称为反变量。

② **逻辑函数**　如果对应于输入逻辑变量 A、B、C、…的每一组确定值，输出逻辑变量 Y 就有唯一确定的值，则称 Y 是 A、B、C、…的逻辑函数。记为

$$Y = f(A, B, C, \cdots)$$

其中，f 表示输出 Y 和输入 A、B、C、…之间对应的某种逻辑函数关系。

③ **逻辑函数相等概念**　设有两个逻辑函数

$$Y_1 = f(A, B, C, \cdots) \ 与 \ Y_2 = g(A, B, C, \cdots)$$

它们的变量都是 A、B、C、…，如果对应于变量 A、B、C、…的任何一组变量取值，Y_1 和 Y_2 的值都相同，则称 Y_1 和 Y_2 是相等的，记为 $Y_1 = Y_2$。

若两个逻辑函数相等，则它们的真值表一定相同；反之，若两个函数的真值表完全相同，则这两个函数一定相等。因此，要证明两个逻辑函数是否相等，只要分别列出它们的真值表，看看它们在真值表中的取值是否相同即可。

🔒 **例 1 - 6** 试证明德·摩根定理：$\overline{AB} = \overline{A} + \overline{B}$。

解：设公式的左边为 Y_1，公式的右边为 Y_2，利用真值表法可以证明 $Y_1 = Y_2$，见表 1 - 12。

表 1 - 12　真值表法证明等式

A	B	$\overline{AB}(Y_1)$	$\overline{A}$	$\overline{B}$	$\overline{A} + \overline{B}(Y_2)$
0	0	1	1	1	1
0	1	1	1	0	1

续　表

A	B	$\overline{AB}(Y_1)$	$\overline{A}$	$\overline{B}$	$\overline{A}+\overline{B}(Y_2)$
1	0	1	0	1	1
1	1	0	0	0	0

(2) 常用公式

表 1-13 给出了一些常用公式,这些公式在逻辑函数化简中经常用到。

表 1-13　常用公式

公式名称	公　式	证　明
合并律	$AB+A\overline{B}=A$	$AB+A\overline{B}=A(B+\overline{B})=A\cdot 1=A$
吸收律	$A+AB=A$	$A+AB=A(1+B)=A\cdot 1=A$
消去律	$A+\overline{A}B=A+B$	由分配律 $A+\overline{A}B=(A+\overline{A})(A+B)=1\cdot(A+B)=A+B$
冗余定理	$AB+\overline{A}C+BC=AB+\overline{A}C$	左$=AB+\overline{A}C+BC(\overline{A}+A)$ $=AB+\overline{A}C+\overline{A}BC+ABC$ $=AB(1+C)+\overline{A}C(1+B)$ $=AB+\overline{A}C=$右

👁 **思考:**

冗余定理可以推广吗? 如何理解记忆它?

对于消去律 $A+\overline{A}B=A+B$,可以这样来理解记忆：在两个与项中,一个为 A,另一个为含有 $\overline{A}$ 的与项,则可以消去 $\overline{A}$。

4. 逻辑代数的基本规则

(1) 代入规则

在任意逻辑等式中,如果将等式两边的某一变量都代之以另一个量(或一个逻辑函数),则该等式仍成立,这个规则称为代入规则。

例如,在公式 $\overline{AB}=\overline{A}+\overline{B}$ 中,用 $\overline{A}$ 替代 A,用 $\overline{B}$ 替代 B,则有 $\overline{\overline{A}\cdot\overline{B}}=A+B$,这可以看作是原公式的一种变形。可见,利用代入规则可以灵活地应用基本公式,并扩大原公式的应用范围。

(2) 反演规则

对于任何一个逻辑表达式 Y,如果将表达式中的所有"·"换成"+","+"换成"·","0"换成"1","1"换成"0",原变量换成反变量,反变量换成原变量,则所得到的表达式就是函数 Y 的反函数 $\overline{Y}$(或称补函数)。这个规则称为反演规则。

🔒 **例 1-7**　试求 $Y=\overline{A}B+A\overline{B}$ 的反函数 $\overline{Y}$。

解: 根据反演规则,可作如下变化

$$Y=\overline{A}\cdot B+A\cdot\overline{B}$$

$$\downarrow \quad\quad \downarrow\ \ \downarrow\ \ \downarrow\quad \downarrow$$

$$\overline{Y}=(A+\overline{B})\cdot(\overline{A}+B)\quad\text{——括号的作用是保持了原式 }Y\text{ 的}$$
$$=\overline{A}\cdot\overline{B}+A\cdot B\quad\quad\quad\quad\quad\text{运算顺序}$$

通过这个例子进一步证明了**同或**是**异或**的反函数。

🔒 **例 1-8**　试求 $Y = AC + \overline{A}(\overline{B+C})$ 的反函数 $\overline{Y}$。

解：$\overline{Y} = (\overline{A} + \overline{C}) \cdot \overline{\overline{A} + \overline{B} \cdot \overline{C}} = (\overline{A} + \overline{C})A(B+C) = A\overline{C}(B+C) = AB\overline{C}$

👁 **注意：**

对于原函数式中两个变量以上的"大非号"，在反演规则变换时应保持不变。

(3) 对偶规则

对于任何一个逻辑表达式 Y，如果将表达式中的所有"·"换成"+"，"+"换成"·"，"0"换成"1"，"1"换成"0"，而变量保持不变，则可得到的一个新的函数表达式 Y'，Y' 称为 Y 的对偶函数。这个规则称为对偶规则。

例如，分配律第一个公式为

$$A(B+C) = AB + AC$$

根据对偶规则，其对偶式为

$$A + BC = (A+B)(A+C)$$

这个公式较难理解，但只要记住了第一个公式，它的对偶式仍然成立。可见，利用对偶规则可以使公式应用扩大一倍。因此，前面讲到的定律公式往往是成对出现的。

四、逻辑函数的化简

1. 化简逻辑函数的意义

逻辑问题常用逻辑表达式表达出来，而有时根据实际问题得到的逻辑表达式往往并不是最简逻辑式，并且可以有不同的形式。因此，实现同一个逻辑函数问题就会出现不同的逻辑电路设计方案，这就要求对逻辑函数进行化简和变换，得到最简逻辑式及相关形式，从而设计出最简洁的逻辑电路。可见，逻辑函数的化简不仅能节省器件、降低成本，还减少了连线、提高了系统的可靠性，具有十分重要的实际工程意义。

2. 逻辑函数的表达式

(1) 一般逻辑表达式的形式

一个逻辑函数的表达式并不是唯一的。常见的逻辑表达式有 4 种形式，它们之间可以相互变换，这种变换在逻辑电路的分析和设计中经常用到。例如：

$$
\begin{aligned}
Y &= \overline{A}B + AC &&\quad\text{——与或(积之和)式}\\
&= (A+B)(\overline{A}+C) &&\quad\text{——或与(和之积)式}\\
&= \overline{\overline{\overline{A}B} \cdot \overline{AC}} &&\quad\text{——与非-与非式}\\
&= \overline{\overline{A+B} + \overline{\overline{A}+C}} &&\quad\text{——或非-或非式}
\end{aligned}
$$

可以证明，这 4 种表达式只是形式上不同，但实际上是逻辑相等的，它们所表示的是同一个逻辑问题。采用不同的表达式,就应用不同的逻辑电路来实现。因此,可以根据实际所用器件的要求,将一个已知的逻辑表达式进行变换,就可以用不同的逻辑器件(如不同门电路)来实现。

(2) 最简函数表达式

逻辑函数有多种形式,其中**与或式**最为常用,也很容易转换成其他类型的表达式。因此,应着重研究**最简与或式**。

一个与或表达式,根据逻辑相等和有关公式、定理进行变换,其结果并不是唯一的。以 $Y = A\bar{B} + BC$ 这个与或式为例,可表示为

$$Y = A\bar{B} + BC \qquad\qquad —— 原式$$
$$= A\bar{B} + BC + AC \qquad —— 配上冗余项$$
$$= A\bar{B}C + A\bar{B}\,\bar{C} + \bar{A}BC + ABC \qquad ——原式配项变化$$

可以证明:以上 3 个式子逻辑上是相等的,即实现同一个逻辑问题。但显然第一个式子最简单,用它实现逻辑问题最合算。由此可以得出最简**与或式**的标准是:

① 逻辑表达式中的乘积项(与项)的个数最少。

② 每个乘积项中的变量数最少。

如何才能得到一个最简**与或式**? 这就需要对逻辑函数进行化简。

3. 公式化简法

公式化简法就是利用学过的公式和定理消除**与或**式中的多余项和多余因子,常见的方法有以下几种。

① 并项法　利用公式 $A + \bar{A} = 1$,将两乘积项合并为一项,并消去一个互补(相反)的变量。例如

$$Y = AB\bar{C} + \bar{A}B\bar{C} = (A + \bar{A})B\bar{C} = B\bar{C}$$

② 吸收法　利用公式 $A + AB = A$ 吸收多余的乘积项。例如

$$Y = \bar{A}B + \bar{A}BC = \bar{A}B$$

③ 消去法　利用公式 $A + \bar{A}B = A + B$ 消去多余因子 $\bar{A}$;利用冗余定理公式 $AB + \bar{A}C + BC = AB + \bar{A}C$ 消去多余项 BC。例如

$$Y = \bar{A} + AC + B\bar{C}D = \bar{A} + C + B\bar{C}D = \bar{A} + C + BD$$

又如

$$Y = AD + \bar{A}EG + DEG = AD + \bar{A}EG$$

④ 配项法　利用公式 $A + \bar{A} = 1$ 及 $AB + \bar{A}C = AB + \bar{A}C + BC$ 等,给某函数配上适当的项,进而可以消去原函数式中的某些项。

例 1-9　化简函数 $Y = A\bar{B} + B\bar{C} + \bar{B}C + \bar{A}B$。

分析：表面看来似乎无从下手,好像 Y 不能化简,已是最简式。但如果采用配项法,则可以消去一项。

解 1：

$$Y = A\bar{B} + B\bar{C} + (A + \bar{A})\bar{B}C + \bar{A}B(C + \bar{C})$$
$$= A\bar{B} + B\bar{C} + A\bar{B}C + \bar{A}\,\bar{B}C + \bar{A}BC + \bar{A}B\bar{C}$$
$$= A\bar{B} + B\bar{C} + \bar{A}C$$

解 2：前 2 项利用冗余定理添加多余项 $A\bar{C}$,则有

$$Y = (A\bar{B} + B\bar{C} + A\bar{C}) + \bar{B}C + \bar{A}B$$
$$= (A\bar{C} + \bar{B}C + \bar{A}B) + (A\bar{C} + \bar{A}B + B\bar{C})$$
$$= A\bar{C} + \bar{B}C + A\bar{C} + \bar{A}B$$
$$= A\bar{C} + \bar{B}C + \bar{A}B$$

由本例可见,有时化简的结果并不是唯一的。如果两个结果形式(项数、每项中变量数)相同,则两者均正确,可以验证两者逻辑相等。

例 1-10　化简函数 $Y = A\bar{B} + BD + \bar{A}D$。

解：前 2 项利用冗余定理添加多余项 AD,则有

$$Y = A\bar{B} + BD + AD + \bar{A}D$$
$$= A\bar{B} + BD + D$$
$$= A\bar{B} + D$$

公式法化简,要求必须熟练应用基本公式和常用公式,有时还需要一定的经验与技巧。尤其是所得到的结果是否最简,难以判断,这些都给初学者造成了一定的困难。为了解决这一问题,可采用卡诺图化简法。

4. 卡诺图化简法

用卡诺图化简逻辑函数,直观灵活,且能确定化简结果是否最简。在学习卡诺图之前,首先要研究逻辑函数的最小项问题,最小项是一个非常重要的概念。

(1) 最小项

① 定义　如果一个函数的某个乘积项包含了函数的全部变量,其中每个变量都以原变量或反变量的形式出现,且仅出现一次,则这个乘积项称为该函数的一个标准积项,通常称为**最小项**。

n 个变量可组成 2^n 个最小项。例如,3 个变量 A、B、C 可组成 $2^3 = 8$ 个最小项:

$$\bar{A}\,\bar{B}\,\bar{C}、\bar{A}\,\bar{B}C、\bar{A}B\bar{C}、\bar{A}BC、A\bar{B}\,\bar{C}、A\bar{B}C、AB\bar{C}、ABC$$

② 最小项的编号　为了方便记忆,通常用编号 m_i 来表示最小项。下标 i 的确定:把最小项中的原变量记为 **1**,反变量记为 **0**,当变量顺序确定后,可以

15

按顺序排列成一个二进制数,则与这个二进制数相对应的十进制数,就是这个最小项的下标 i。例如,3 个变量 A、B、C 对应 8 个最小项的表示方法见表 1-14。

表 1-14　3 变量的最小项及其编号表示方法

序　号	变量取值 A B C			最　小　项	最小项编号 m_i
0	0	0	0	$\overline{A}\,\overline{B}\,\overline{C}$	m_0
1	0	0	1	$\overline{A}\,\overline{B}C$	m_1
2	0	1	0	$\overline{A}B\overline{C}$	m_2
3	0	1	1	$\overline{A}BC$	m_3
4	1	0	0	$A\overline{B}\,\overline{C}$	m_4
5	1	0	1	$A\overline{B}C$	m_5
6	1	1	0	$AB\overline{C}$	m_6
7	1	1	1	ABC	m_7

③ 最小项的性质

a. 任意一个最小项,只有一组变量取值使其值为 **1**。

b. 任意两个不同的最小项的乘积必为 **0**。

c. 全部最小项的和必为 **1**。

(2) 逻辑函数的最小项表达式

逻辑函数的最小项表达式又可称为**标准与或式**。任何一个逻辑函数都可以表示成唯一的一组最小项之和,即**标准与或式**具有唯一性。

如果已经列出了函数的真值表,则只要将函数值 Y 为 **1** 的那些最小项相加,便是函数的最小项表达式。

例 1-11 已知某函数的真值表见表 1-15,试写出该函数的最小项表达式。

表 1-15　某函数的真值表

A	B	C	Y	
0	**0**	**0**	**0**	
0	**0**	**1**	**1**	$\longrightarrow m_1 = \overline{A}\,\overline{B}C$
0	**1**	**0**	**0**	
0	**1**	**1**	**1**	$\longrightarrow m_3 = \overline{A}BC$
1	**0**	**0**	**0**	
1	**0**	**1**	**1**	$\longrightarrow m_5 = A\overline{B}C$
1	**1**	**0**	**1**	$\longrightarrow m_6 = AB\overline{C}$
1	**1**	**1**	**0**	

注意:

将真值表中函数值为 **0** 的那些最小项相加,便可得到反函数 $\overline{Y}$ 的最小项表达式。

解：$Y = m_1 + m_3 + m_5 + m_6 = \overline{A}\,\overline{B}C + \overline{A}BC + A\overline{B}C + AB\overline{C} = \sum m(1,3,5,6)$。

对于不是最小项表达式的**与或**表达式,可利用公式 $A+\overline{A}=1$ 来配项展开变换成最小项表达式。

🔒 **例 1–12**　将逻辑表达式 $Y=\overline{A}+BC$ 变成最小项表达式。

解:
$$
\begin{aligned}
Y &= \overline{A}+BC \\
&= \overline{A}(B+\overline{B})(C+\overline{C})+(A+\overline{A})BC \\
&= \overline{A}BC+\overline{A}B\overline{C}+\overline{A}\,\overline{B}C+\overline{A}\,\overline{B}\,\overline{C}+ABC+\overline{A}BC \\
&= \overline{A}\,\overline{B}\,\overline{C}+\overline{A}\,\overline{B}C+\overline{A}B\overline{C}+\overline{A}BC+ABC \\
&= m_0+m_1+m_2+m_3+m_7 \\
&= \sum m(0,1,2,3,7)
\end{aligned}
$$

(3) 逻辑函数的卡诺图表示法

① 最小项卡诺图

卡诺图是逻辑函数的图形表示法。这种方法是将 n 个变量的全部最小项填入具有 2^n 个小方格的图形中,其填入规则是使逻辑相邻的最小项在几何位置上也相邻。所得到的图形称为 n 变量最小项的卡诺图,简称卡诺图。图 1–13 所示为二、三、四变量的卡诺图。

(a) 二变量

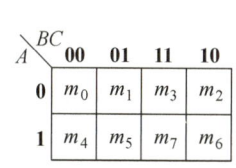

(b) 三变量

AB\CD	00	01	11	10
00	m_0	m_1	m_3	m_2
01	m_4	m_5	m_7	m_6
11	m_{12}	m_{13}	m_{15}	m_{14}
10	m_8	m_9	m_{11}	m_{10}

(c) 四变量

图 1–13
二、三、四变量的卡诺图

知识链接

关于卡诺图的相邻性

卡诺图最大的优点就是形象地表达了有关最小项之间的相邻性。

a. **几何相邻**　最小项在几何位置上的相邻关系。主要包括:一是相挨(挨在一起的两个小方格);二是相对(任意一行或一列的两端)。

b. **逻辑相邻**　如果任意两个最小项中只有一个变量不同(互补),则称这两个最小项为逻辑相邻。例如在图 1–13(b)中,$m_0=\overline{A}\,\overline{B}\,\overline{C}$ 和 $m_1=\overline{A}\,\overline{B}C$,两者只有 C 变量不同,故 m_0 与 m_1 逻辑相邻。同理可得,m_0 与 m_2、m_4 也逻辑相邻。

c. **重要结论**　在卡诺图中,凡是几何相邻的最小项必为逻辑相邻。这一结论体现了卡诺图作为化简工具的实质,同时说明了卡诺图的行、列变量只有按照循环反射码(**00**、**01**、**11**、**10**)的顺序标注,才能满足此结论的成立。

相邻的最小项才可以合并，消去有关互补变量，从而达到化简函数的目的。例如，$m_0 = \overline{A}\,\overline{B}\,\overline{C}$ 和 $m_1 = \overline{A}\,\overline{B}C$，因两者相邻，则 $m_0 + m_1 = \overline{A}\,\overline{B}\,\overline{C} + \overline{A}\,\overline{B}C = \overline{A}\,\overline{B}$，消去了 C 变量。

② 用卡诺图表示逻辑函数

由于任何一个逻辑函数都可变换为最小项表达式，因此，可以用卡诺图来表示逻辑函数。

用卡诺图表示逻辑函数是将逻辑函数转换为最小项表达式，然后在卡诺图上将式中包含的最小项在所对应的小方格内填上 **1**，其余位置上填上 **0**（或空着），得到的即为逻辑函数的卡诺图。

🔒 **例 1-13** 用卡诺图表示逻辑函数 $Y(A,B,C) = \sum m(2,3,5,7)$。

解：这是一个三变量逻辑函数，先画出三变量卡诺图。由于已知 Y 为最小项表达式，因此在对应卡诺图中 2、3、5、7 号小方格中填 **1**，其余小方格不填，即画出了函数 Y 的卡诺图，如图 1-14 所示。

图 1-14
例 1-13 的卡诺图

A\\BC	00	01	11	10
0			1	1
1		1	1	

🔒 **例 1-14** 用卡诺图表示逻辑函数 $Y = (\overline{A}B + A\overline{B})\overline{C} + \overline{B}CD + \overline{B}C\overline{D} + A\overline{B}\,\overline{C}D$。

分析：由于已知 Y 式不是**与或**式，因此先将其变成一般**与或**式，而后有两种方法：

其一，将 Y 式配项变成最小项表达式，再填入卡诺图，此方法较麻烦。

其二，不用变成最小项表达式，直接将一般**与或**式填入卡诺图，此方法较快捷。

解 1：

$$Y = (\overline{A}B + A\overline{B})\overline{C} + \overline{B}CD + \overline{B}C\overline{D} + A\overline{B}\,\overline{C}D$$
$$= \overline{A}B\overline{C} + A\overline{B}\,\overline{C} + \overline{B}CD + \overline{B}C\overline{D} + A\overline{B}\,\overline{C}D$$
$$= \overline{A}B\overline{C}\,\overline{D} + \overline{A}B\overline{C}D + A\overline{B}\,\overline{C}\,\overline{D} + A\overline{B}\,\overline{C}D + \overline{A}\,\overline{B}CD + A\overline{B}CD$$
$$+ \overline{A}\,\overline{B}C\overline{D} + A\overline{B}C\overline{D} + A\overline{B}\,\overline{C}D$$
$$= m_2 + m_3 + m_4 + m_5 + m_9 + m_{10} + m_{11} + m_{12} + m_{13}$$

将 Y 填入卡诺图如图 1-15 所示。

解 2：

① 先把已知 Y 式展开成一般**与或**式

$$Y = \overline{A}B\overline{C} + A\overline{B}\,\overline{C} + \overline{B}CD + \overline{B}C\overline{D} + A\overline{B}\,\overline{C}D$$

② 画出四变量卡诺图（空白）。

③ 将上式中的每个乘积项直接填入卡诺图中。

图 1-15
例 1-14 的卡诺图

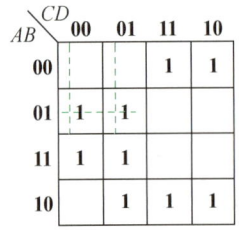

AB\\CD	00	01	11	10
00			1	1
01	1	1		
11	1	1		
10		1	1	1

具体方法：因为 $\overline{A}B\overline{C}$ 缺少 D 变量，所以不用看 D 变量。只看行变量

$\overline{AB}$(AB 取 **01**) 对应的第二行;列变量 $\overline{C}$(C 取 0) 对应的第一列和第二列,这样第二行和第一列、第二列交叉的小方格为 $\overline{ABC}$ 对应的最小项,即 4、5 号小方格(如图 1 - 15 中虚线所示),故在这两个小方格中填 **1**。其他**与项**以此类推,最后一项 $A\overline{B}\,\overline{C}D$ 为最小项,即 m_9,在 9 号小方格中填 **1**。注意,若有重复最小项的小方格,只填一个 **1**(因为 **1 + 1 = 1**)。如此填完全部**与项**,就画出了该函数 Y 对应的卡诺图,如图 1 - 15 所示。

(4) 用卡诺图化简逻辑函数

① 化简规律　2^n个相邻最小项合并为一项,可以消去 n 个变量。

两个相邻最小项合并为一项,消去一个变量,合并结果为它们的共有变量。在图 1 - 16(a)和图 1 - 16(b)中画出了两个最小项相邻的几种可能情况。例如图 1 - 16(a) 中 $\overline{A}BC$ (m_3) 和 ABC (m_7) 相邻,可合并为 $\overline{A}BC + ABC = (\overline{A}+A)BC = BC$。合并后将 A 和 $\overline{A}$ 这个互非变量消去,只剩下公共变量 B 和 C。

(a) 两个相邻最小项　　　　(b) 两个相邻最小项

(c) 4个相邻最小项　　　　(d) 4个相邻最小项

(e) 8个相邻最小项　　　　图 1 - 16　最小项相邻的几种情况

19

4个相邻最小项合并为一项,消去 2 个变量,合并结果为它们的共有变量。

如图 1-16(d)中示出了 4 个最小项相邻的合并情况。

$$Y = m_5 + m_7 + m_{13} + m_{15}$$
$$= \overline{A}B\overline{C}D + \overline{A}BCD + AB\overline{C}D + ABCD$$
$$= \overline{A}BD(\overline{C} + C) + ABD(\overline{C} + C)$$
$$= \overline{A}BD + ABD = BD$$

合并结果为这 4 个相邻最小项的共有变量,消去了 A、$\overline{A}$ 和 C、$\overline{C}$ 这两个互非的变量。只剩下 4 个最小项的公共变量 BD。

8个相邻最小项合并为一项时,消去 3 个变量,合并结果为它们的共有变量。

例如,在图 1-16(e)中,上边两行的 8 个最小项是相邻的,可将它们合并为一项 $\overline{A}$。其他互非的变量都被消去了。

至此,可以归纳出用卡诺图合并相邻最小项的一般规则:

a. 用卡诺图合并相邻最小项的个数必须是 2^n 个($n = 0, 1, 2, 3, \cdots$)。为清楚起见,通常用画包围圈的方法将合并的最小项圈起来。

b. 包围圈内相邻最小项合并的结果可直接从卡诺图中求得,即为各相邻最小项的共有变量。

② 卡诺图(圈 1 法)化简方法

用卡诺图化简逻辑函数的步骤如下:

a. 将逻辑函数填入卡诺图中,得到逻辑函数卡诺图。

b. 找出可以合并(即几何上相邻)的最小项,并用包围圈将其圈住。

c. 合并最小项,保留相同变量,消去相异变量。

d. 将合并后的各乘积项相**或**,即可得到最简**与或**表达式。

用卡诺图化简逻辑函数,画包围圈合并相邻项时,为保证化简结果的正确性,应注意以下规则:

a. 每个包围圈所圈住的相邻最小项(即小方块中对应的 **1**)的个数应为 2^n 个($n = 0,1,2,3,\cdots$)。

b. 包围圈尽量大。即圈中所包含的最小项越多,其公共因子越少,化简的结果越简单。

c. 包围圈的个数尽量少。因个数越少,乘积项就越少,化简后的结果就越简单。

d. 每个最小项均可以被重复包围,但每个圈中至少有一个最小项不被其他包围圈所圈过,以保证该化简项的独立性。

e. 不能漏圈任何一个最小项。

🔒 **例 1‑15**　用卡诺图化简法化简逻辑函数 $Y = A\overline{B} + B\overline{C} + \overline{B}C + \overline{A}B$。

解：（1）画出三变量 A、B、C 的卡诺图，如图 1‑17 所示。

（2）填卡诺图。将逻辑表达式中的最小项在卡诺图相应的方格内填 **1**，没有最小项的方格内填 **0** 或不填。

（3）画包围圈。合并相邻最小项。在包围圈内，若变量以互非出现（即以原变量出现，又以反变量出现）则被消去。

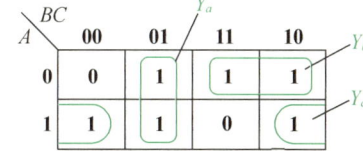

（a）合并最小项方案之一　　　　（b）合并最小项方案之二　　图 1‑17　例 1‑15 的卡诺图

由图 1‑17(a)、(b) 所示，有两种可取的合并最小项的方案。

（4）写出逻辑函数的最简**与或**表达式

将各包围圈相邻最小项的合并结果进行逻辑加，便为逻辑函数的最简**与或**表达式。按图 1‑17(a) 的方案合并最小项，则可得

$$Y = Y_a + Y_b + Y_c = \overline{A}C + B\overline{C} + A\overline{B}$$

按图 1‑17(b) 的方案合并最小项，则可得

$$Y = Y_a + Y_b + Y_c = \overline{B}C + \overline{A}B + A\overline{C}$$

两个化简结果都符合最简**与或**表达式的标准。

此例说明，有时一个逻辑函数的卡诺图化简结果也可能不是唯一的（可将此例结果与例 1‑9 进行对比）。

🔒 **例 1‑16**　用卡诺图化简法化简逻辑函数 $Y = \overline{A}BCD + \overline{A}B\overline{C}\overline{D} + \overline{A}B\overline{C}D + \overline{A}BCD + AB\overline{C}D + ABCD + ABC\overline{D} + A\overline{B}\,\overline{C}D$。

解：（1）画四变量卡诺图，如图 1‑18 所示。

（2）填卡诺图。有最小项的方格填 **1**。

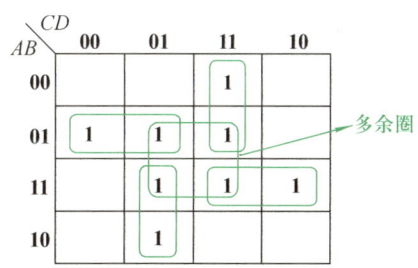

（a）正确的圈法　　　　　　（b）不正确的圈法　　图 1‑18　例 1‑16 的卡诺图

21

(3) 画包围圈,合并相邻最小项,如图 1−18(a)所示。逻辑函数的最简与或表达式的结果为

$$Y = \overline{AB}\,\overline{C} + A\overline{C}D + \overline{A}CD + ABC$$

在图 1−18(b)中多画了一个 4 个相邻项的包围圈,这样,就不能得到最简与或表达式,而多了一个与项 BD。因此,在卡诺图画完后应仔细观察一下有无多余的包围圈。

5. 具有约束项的逻辑函数化简

【实例剖析】 在十字路口有红、绿、黄三色交通信号灯,规定红灯亮停,绿灯亮行,黄灯亮稍等,试分析车行与三色信号灯之间的逻辑关系。

分析:设红、绿、黄灯分别用 A、B、C 表示,且灯亮为 1,灯灭为 0。车用 Y 表示,车行 $Y = 1$,车停 $Y = 0$。列出该函数的真值表,见表 1−16。

表 1−16 交通灯函数的真值表

A	B	C	Y
0	0	0	×
0	0	1	0
0	1	0	1
0	1	1	×
1	0	0	0
1	0	1	×
1	1	0	×
1	1	1	×

结论:由此例可见,实际逻辑问题中往往有些情况不会出现。此时,逻辑函数 Y 既不为 1,也不为 0,而用“×”来表示。

(1) 约束项、任意项和无关项

在分析某些具体的逻辑问题时,有些变量的取值组合是不可能出现的,这些取值组合对应的最小项称为**约束项**。例如在上面的交通灯实例中,有 5 个最小项是不会出现的,如 $\overline{A}\,\overline{B}\,\overline{C}$ (3 个灯都不亮)、ABC (红灯绿灯同时亮)等。因为一个正常的交通灯系统不可能出现这些情况,是受到约束的。因此,这 5 种组合对应的最小项称为约束项。而在有的情况下,逻辑函数在某些变量取值组合出现时,对逻辑函数值并没有影响,其值可以是 1,也可以是 0,这些变量取值组合对应的最小项称为**任意项**。约束项和任意项统称为**无关项**。这里所说的无关是指是否把这些最小项写入逻辑表达式无关紧要,可以写入,也可以删除。

带有约束项的逻辑函数的最小项表达式可表示为

$$Y = \sum m(\qquad) + \sum d(\qquad)$$

如本实例的函数可写成

$$Y = \sum m(2) + \sum d(0,3,5,6,7)$$

（2）利用无关项化简逻辑函数

具有无关项的逻辑函数化简的关键是如何利用无关项"×"来进行化简。

① 无关项"×"在卡诺图中既可看作 **1**，也可看作 **0**。

② 为使函数式尽可能地化简，可以把与有关最小项 **1** 方格相邻的无关项（"×"方格）当成 **1** 处理，画入圈内。圈中必须至少有一个有效的最小项，不能全是无关项。

③ 未用到的无关项当成 **0** 处理，不用。

🔒 **例 1 - 17**　化简逻辑表达式 $Y = \sum m(3,6,8,9,11,12) + \sum d(0,1,2,13,14,15)$。

解：利用卡诺图化简的结果如图 1 - 19 所示。

(a) 未利用无关项化简

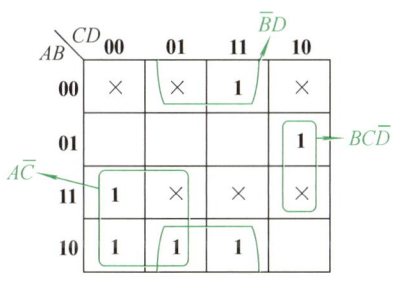
(b) 利用无关项化简

图 1 - 19　例 1 - 17 的卡诺图

未利用无关项化简时的卡诺图如图 1 - 19(a)所示，由图可得

$$Y = \overline{A}\,\overline{B}CD + \overline{A}BC\overline{D} + AC\overline{D} + A\overline{B}D$$

利用无关项化简时的卡诺图如图 1 - 19(b)所示，由图可得

$$Y = A\overline{C} + \overline{B}D + BC\overline{D}$$

结论：由本例可看出，利用无关项化简时所得到的逻辑表达式比未利用无关项时要简单得多。因此，在化简逻辑函数时应充分利用无关项。

🔒 **例 1 - 18**　表 1 - 17 是 8421BCD 码表，其中 **1010～1111** 六个状态不可能出现，为无关项。要求当十进制数为奇数时，输出 $Y = 1$。试求 Y 的最简与或式。

表 1-17 例 1-18 的 8421BCD 码

十进制数	输入变量				输出变量
	A	B	C	D	Y
0	0	0	0	0	0
1	0	0	0	1	1
2	0	0	1	0	0
3	0	0	1	1	1
4	0	1	0	0	0
5	0	1	0	1	1
6	0	1	1	0	0
7	0	1	1	1	1
8	1	0	0	0	0
9	1	0	0	1	1
不会出现	1	0	1	0	×
	1	0	1	1	×
	1	1	0	0	×
	1	1	0	1	×
	1	1	1	0	×
	1	1	1	1	×

图 1-20
例 1-18 的卡诺图

解：画出 Y 对应的卡诺图，如图 1-20 所示。

（1）若不考虑无关项，化简可得

$$Y = \overline{A}D + \overline{B}\,\overline{C}D$$

（2）若考虑无关项，并利用无关项"×"进行化简，如图 1-20 所示，其结果为

$$Y = D$$

结论：此例说明了利用无关项可将该逻辑问题大大简化，其实质可概括为"$D = 1$ 时，$Y = 1$。即当 $D = 1$ 时，十进制数就为奇数，与其他变量 A、B、C 无关"。

五、逻辑函数的表示方法及转换

逻辑函数常用的表示方法有真值表、逻辑表达式、卡诺图、逻辑图和波形图 5 种。

【实例剖析】 在举重比赛中，有甲、乙、丙 3 名裁判（其中甲是主裁判）。当有两名或两名以上裁判（其中必须包括主裁判）认为运动员成绩合格时，才发

出合格信号。

要求：试用不同的逻辑函数表示方法描述该逻辑问题。

（1）真值表

真值表是由变量的所有可能取值组合及其对应的函数值所构成的表格。本实例的真值表见表 1-18。可见，真值表中的后 3 种情况使函数 $Y = 1$。

表 1-18　裁判电路的真值表

（甲）A	（乙）B	（丙）C	Y
0	0	0	0
0	0	1	0
0	1	0	0
0	1	1	0
1	0	0	0
1	0	1	1
1	1	0	1
1	1	1	1

（2）逻辑表达式

逻辑表达式是由逻辑变量和各种逻辑运算符连接起来构成的式子。本实例的标准**与或**表达式为

$$Y = A\overline{B}C + AB\overline{C} + ABC$$
$$= \sum m(5,6,7)$$

（3）卡诺图

卡诺图是逻辑函数的图形表示形式。本实例的卡诺图如图 1-21 所示。

$A \backslash BC$	00	01	11	10
0	0	0	0	0
1	0	1	1	1

图 1-21
裁判电路的卡诺图

（4）逻辑图

逻辑图是由逻辑符号连接构成的数字逻辑电路图。经卡诺图化简可得该实例的最简**与或**表达式，进而可以变换为**与非-与非**表达式，最后可采用**与非**门实现该电路，本实例的逻辑图如图 1-22 所示。

👁 **注意：**

逻辑图是实现逻辑电路的工程文件，它具体表示出了电路的连线关系。

$$Y = AB + AC = \overline{\overline{AB} \cdot \overline{AC}}$$ ——**与非-与非**表达式

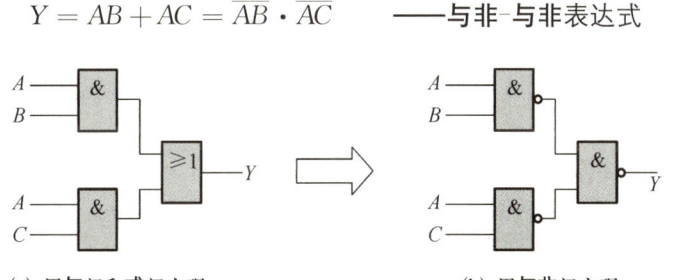

(a) 用**与**门和**或**门实现　　　(b) 用**与非**门实现　　图 1-22　裁判电路的逻辑图

25

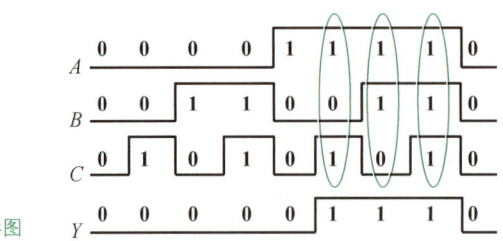

图 1-23
裁判电路的波形图

（5）波形图

波形图是由输入变量的所有可能取值组合的高、低电平及其对应的输出函数值的高、低电平所构成的图形。本实例的波形图如图 1-23 所示。

实际上，上述逻辑函数的 5 种表示方法所描述的是同一个逻辑问题。它们在本质上是相通的，只是形式上不同，且不同的表示方法之间可以相互转换，转换过程如图 1-24 所示。

图 1-24
从真值表到逻辑图的转换过程

▌知识拓展▐

用 Multisim 仿真软件进行逻辑函数的化简与转换

1. 逻辑转换仪及其面板

逻辑转换仪是 Multisim 软件特有的虚拟仪器设备，实验室中并不存在这样的实际仪器。逻辑转换仪的主要功能是很方便地完成真值表、逻辑表达式和逻辑电路三者之间的相互转换。逻辑转换仪的图标和面板如图 1-25 所示，图 1-26 所示是转换方式选择按钮。

由电路转换为真值表的方法：首先画出逻辑电路图，将其输入端接至逻辑转换仪的输入端，输出端接至逻辑转换仪的输出端。然后按下"电路→真值表"按钮，在真值表区就会出现该电路的真值表。

由真值表转化为逻辑表达式：首先根据输入信号的个数用鼠标单击逻辑

（a）逻辑转换仪图标

真值表区　　　　　转换方式选择区

逻辑表达式

(b) 逻辑转换仪面板

图 1-25　逻辑转换仪的图标和面板

"电路——真值表"按钮

"真值表——表达式"按钮

"真值表——简化表达式"按钮

"表达式——真值表"按钮

"表达式——电路"按钮

"表达式——与非电路"按钮

图 1-26　转换方式选择按钮

转换仪顶部代表输入端的小圆圈(A～H),选定输入信号,此时在真值表区将自动出现输入变量的所有组合,而右面的输出列的初始值全部为"?"。然后根据所要求的逻辑关系确定真值表的输出值(0、1 或×),方法是用鼠标多次单击真值表输出列中的输出值。最后单击"真值表→表达式"按钮,这时在面板底部逻辑表达式栏会出现相应的逻辑表达式。如果要得到简化的逻辑表达式,单击"真值表→简化表达式"按钮即可。注意表达式中用"'"表示逻辑变量的非运算。

此外,还可以直接在逻辑表达式栏中输入表达式(与或式及或与式均可),然后按下"表达式→真值表"按钮可得到相应的真值表;按下"表达式→电路"按钮可得到相应的逻辑电路;按下"表达式→与非电路"按钮可得到由与非门构成的电路。

⊙ 注意:

如果是逻辑非,例如 $\overline{A}$ 则应写成 A'; $\overline{A+B}$ 则应转换为 $\overline{A} \cdot \overline{B}$,输入 $A'B'$。

27

2. 用逻辑转换仪进行逻辑函数的化简与转换

🔒 **例 1-19** 用逻辑转换仪实现一个判断输入 8421BCD 码大于 5 的逻辑电路。

解：（1）设输入变量为 A、B、C、D，根据题意可列出真值表，见表 1-19。

表 1-19 例 1-19 的真值表

序 号	输 入				输 出
	A	B	C	D	
0	0	0	0	0	0
1	0	0	0	1	0
2	0	0	1	0	0
3	0	0	1	1	0
4	0	1	0	0	0
5	0	1	0	1	0
6	0	1	1	0	1
7	0	1	1	1	1
8	1	0	0	0	1
9	1	0	0	1	1
10	1	0	1	0	非 8421 BCD 码（无意义）
11	1	0	1	1	
12	1	1	0	0	
13	1	1	0	1	
14	1	1	1	0	
15	1	1	1	1	

（2）在 Multisim 的电路窗口中找到逻辑转换仪图标，双击该图标，在逻辑转换仪面板上的输入端部分选中"A""B""C""D"，这时真值表中列出了一个 16 行的真值表，但其输出的状态全部显示为"?"。

（3）根据表 1-19 所示的真值表，在逻辑转换仪面板中真值表的对应行输出状态处单击，可以看到其显示状态在 0、1、× 这 3 种状态之间切换，将面板中的真值表设置成与表 1-19 一致的输出状态。

（4）单击逻辑转换仪面板上的 `101 → AIB` 或 `101 SIMP→ AIB` 按钮，可以得到最小项表达式或化简的表达式。

（5）单击 `AIB → ⎓` 或 `AIB → NAND` 按钮，可以分别得到用门电路或用**与非门**构成的逻辑电路图，可以根据实际需要进行选择。图 1-27 所示为该例的结果图。

图 1-27 逻辑转换仪实现由真值表到电路的转换

知识点检测 1

1. 数字电路中,输入信号和输出信号之间的关系是＿＿＿＿＿＿关系,所以数字电路也称为＿＿＿＿＿电路。数字电路中,最基本的逻辑关系是＿＿＿＿、＿＿＿＿＿和＿＿＿＿＿。

2. 与逻辑实现的功能为＿＿＿＿＿＿＿＿;或逻辑实现的功能为＿＿＿＿＿＿＿＿＿;非逻辑实现的功能为＿＿＿＿＿＿＿＿。

3. $A + \overline{A}B = $＿＿＿＿＿; $A + \overline{A} = $＿＿＿＿＿; $A \oplus \overline{A} = $＿＿＿＿＿。

4. 实现下列进制之间的转换。

(1) $(10110)_2 = ($＿＿＿$)_{10}$

(2) $(49)_{10} = ($＿＿＿$)_2$

(3) $(4B)_{16} = ($＿＿＿$)_{10}$

(4) $(53)_{10} = ($＿＿＿$)_{16}$

(5) $(1101101)_2 = ($＿＿＿$)_{16}$

(6) $(D9)_{16} = ($＿＿＿＿＿$)_2$

5. $(235)_{10} = ($＿＿＿＿＿＿＿＿$)_{8421BCD}$。

6. $(01111001)_{8421BCD} = ($＿＿＿＿＿＿$)_{10}$。

7. $Y = A\overline{B} + \overline{A}B = $＿＿＿＿＿＿＿＿(与非式)。

8. $Y = AB + AC = $＿＿＿＿＿＿＿＿(最小项表达式)。

任务2　认识逻辑门电路

> **任务目标**
>
> ① 了解半导体开关特性及分立门电路的原理。
> ② 学习 TTL 型集成门电路的结构、原理及其特性。
> ③ 了解 CMOS 型集成门电路的结构、原理及其特性。
> ④ 熟悉数字集成电路的器件型号、查找方法及其应用。

一、认识分立元件门电路

用以实现逻辑关系的电路一般称为门电路,构成门电路的主要元件为晶体管。

1. 晶体管的开关特性

(1) 二极管的开关特性

二极管具有单向导电性,故相当于一个受外加电压极性控制的开关。二极管的伏安特性曲线如图 1-28(a)所示。由图可知,外加正向电压导通时,导通压降为 U_D,硅管约为 0.7 V,锗管约为 0.3 V。正向导通电阻 R_D 约为几欧至几十欧。因此,外加正向电压时,相当于开关闭合。其等效电路如图 1-28(b)所示。

图 1-28
二极管的伏安特性
曲线及等效电路

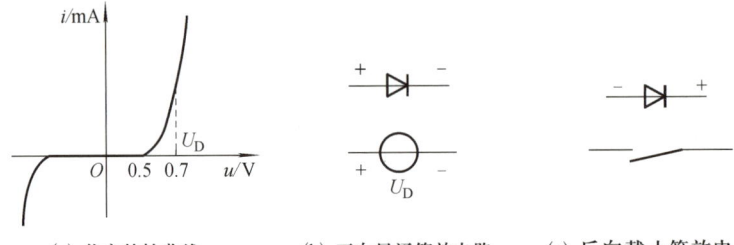

　　　　(a) 伏安特性曲线　　　　　(b) 正向导通等效电路　　　　(c) 反向截止等效电路

二极管加反向电压时截止,由于反向饱和电流极小、反向电阻很大(几百千欧),相当于开关断开,其等效电路如图 1-28(c)所示。

二极管从截止变为导通和从导通变为截止都需要一定的时间,两者相比,通常后者所需的时间长得多,一般为纳秒数量级。

知识链接

理想开关状态

数字电路中的晶体管一般工作于开关状态。理想的开关闭合时,不管流过多大的电流,它两端的电压总是为 0;断开时它两端的电压不论多大,流过的电流也总是为 0;而且开关状态的转换可以在瞬间完成。实际中并不存在这样的理想开关,但为了简化分析,往往作这样的近似等效。

（2）三极管的开关特性

在数字电路中，三极管作为开关元件，主要工作在饱和状态（也称"开"态）和截止状态（也称"关"态），放大区只是极短暂的过渡状态。三极管的 3 种工作状态如图 1-29 所示。

图 1-29
三极管的 3 种工作状态

① 截止条件

当输入信号电压为低电平 $u_I = U_{IL} = 0.3\text{ V}$ 时，三极管基极–发射极间电压小于其门限电压（三极管为硅管），即 $U_{BE} < 0.5\text{ V}$，三极管处于截止状态。三极管的集电极 C 和发射极 E 之间近似开路，相当于开关断开。此时，输出电压为高电平 $u_O = U_{OH} = V_{CC}$。三极管的截止条件为 $U_{BE} < 0.5\text{ V}$，可靠截止条件为 $U_{BE} \leqslant 0\text{ V}$。三极管截止状态的等效电路如图 1-30（a）所示。

② 饱和条件

当输入信号电压为高电平 $u_I = U_{IH} = 3.6\text{ V}$ 时，只要参数安排适当，使三极管工作于临界饱和状态，此时三极管的集电极–发射极间的电压称为临界饱和集电极电压 U_{CES}，其值约为 $0.1\sim0.3\text{ V}$。当三极管进入饱和状态时，i_C 不随 i_B 的增加而增加，即 $I_C \neq \beta I_B$，且集电极电流 I_C 相当大，集电极–发射极间电阻 r_{ce} 相当小，此时，输出电压为低电平 $u_O = U_{OL} = U_{CES}$。三极管饱和状态的等效电路如图 1-30（b）所示。

(a) 截止状态　　　　　　　　　　(b) 饱和状态

图 1-30
三极管的等效电路

肖特基三极管

图 1–31(a)所示为抗饱和三极管(肖特基三极管)的电路结构,它是在三极管基极和集电极之间并接一个肖特基二极管(简称 SBD)构成的。肖特基二极管的正向压降小,约为 0.4 V,容易导通,可分流三极管的一部分基极电流,使三极管工作在浅饱和状态,从而大大缩短三极管的开关时间,提高工作速度。在集成电路中肖特基二极管和三极管制作在一起,其符号如图 1–31(b)所示。

(a) 电路结构　　(b) 电路符号

图 1–31　肖特基三极管

(3) MOS 管的开关特性

在数字电路中,MOS 管也可作为开关元件来使用。一般采用增强型 MOS 管组成开关电路,并由栅源电压 u_{GS} 控制 MOS 管的截止和导通。图 1–32(a)所示为由 NMOS 管组成的开关电路,NMOS 管的开启电压为 $U_{GS(th)}$,其开关特性如下。

当 $u_{GS} < U_{GS(th)}$ 时,NMOS 管截止,漏极电流 $i_D = 0$,输出 $u_O = V_{DD}$,此时,NMOS 管相当于开关断开,等效电路如图 1–32(b)所示。

当 $u_{GS} > U_{GS(th)}$ 时,NMOS 管导通,其导通电阻为 R_{ON}。若 $R_D \gg R_{ON}$,则输出 $u_O \approx 0$ V。此时,NMOS 管相当于开关接通,等效电路如图 1–32(c)所示。

图 1–32
NMOS 管的开关
等效电路

(a) 电路图　　(b) 截止状态　　(c) 导通状态

2. 分立元件门电路

(1) 二极管与门

与门是实现与逻辑关系的电路,由两个二极管构成的二输入与门如图 1–33 所示。

(a) 电路	(b) 逻辑符号	图 1−33　二输入与门

当两个输入 u_A、u_B 均为低电平 0 V 时,二极管 VD_1、VD_2 均导通,输出端钳位在低电平 0.7 V;当有一个输入为低电平 0 V 时,二极管 VD_1、VD_2 中有一个导通,一个截止,输出仍为低电平 0.7 V;当两个输入均为高电平 3 V 时,二极管 VD_1、VD_2 也均导通,输出为高电平 3.7 V。其电平关系见表 1−20,转变成真值表见表 1−21。

表 1−20　与门电平关系

u_A　u_B	u_Y		VD_1　VD_2
0 V　0 V	0.7 V		导通　导通
0 V　3 V	0.7 V		导通　截止
3 V　0 V	0.7 V		截止　导通
3 V　3 V	3.7 V		导通　导通

表 1−21　与门真值表

A	B	Y
0	0	0
0	1	0
1	0	0
1	1	1

视频:二极管与门演示

由真值表可见,该电路符合与逻辑运算关系,其表达式为 $Y = AB$。

知识链接

逻辑电平与逻辑约定

（1）逻辑电平

在研究逻辑电路时,高、低电平可以不再是精确的某一个数值,而是可在一定范围内取值的逻辑电平,只要能确定高、低电平就可以确定逻辑状态。例如,TTL 门电路的电平范围如图 1−34 所示。由于逻辑电平允许有一定的变化范围(不同类型的元件不太相同),因此数字电路在元件的精度、电路的稳定性及可靠性等方面均比模拟电路要求低,这也是数字电路的特点。

图 1−34　TTL 门电路的电平范围

（2）逻辑约定（正、负逻辑）

逻辑关系中的逻辑变量和函数的取值有 **0** 和 **1** 两种状态,这在逻辑电路中通常是用带有高、低电平的电压信号来表示的。根据情况,有如下两种表示形式。

正逻辑:用逻辑 **1** 表示高电平,逻辑 **0** 表示低电平。

负逻辑：用逻辑 **0** 表示高电平，逻辑 **1** 表示低电平。

采用哪一种表示形式，称为**逻辑约定**，这在研究具体逻辑电路之前首先要确定。通常在没有特殊说明时均采用**正逻辑**约定。

互动测试：逻辑电平

(2) 二极管或门

或门是实现**或**逻辑关系的电路，二输入**或**门如图 1－35 所示。

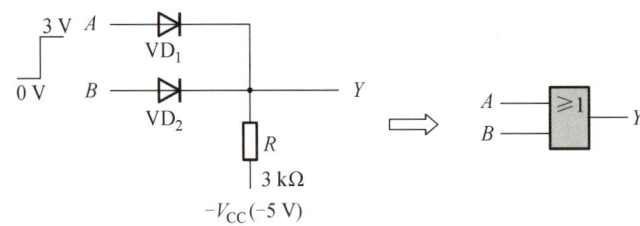

| 图 1－35　二输入或门 | (a) 电路 | (b) 逻辑符号 |

图 1－36　三极管非门　　(a) 电路　　(b) 逻辑符号

要求： 自行分析该电路的工作过程，分别列出其电平关系和真值表，并写出其逻辑表达式。

(3) 三极管非门

非门是实现非逻辑关系的电路，由三极管构成的非门如图 1－36 所示，其又称为**反相器**。

① $u_A = 0$ V 时，三极管截止，$i_B = 0$，$i_C = 0$，输出电压 $u_Y = V_{CC} = 5$ V。

② $u_A = 5$ V 时，三极管导通。基极电流为

$$i_B = \frac{u_A - U_{BE}}{R_B} = \frac{5 - 0.7}{4.3} \text{ mA} = 1 \text{ mA}$$

三极管临界饱和时的基极电流为

$$I_{BS} = \frac{V_{CC} - U_{CES}}{\beta R_C} = \frac{5 - 0.3}{40 \times 1} \approx 0.12 \text{ mA}$$

因为 $i_B > I_{BS}$，三极管工作在饱和状态。故输出电压为

$$u_Y = U_{CES} = 0.3 \text{ V}.$$

可见，Y 端与 A 端的逻辑状态相反。即：A 为 **1** 态时，Y 为 **0** 态；A 为 **0** 态时，Y 为 **1** 态，符合非逻辑关系，其表达式为 $Y = \overline{A}$。

二、认识 TTL 集成门电路

目前广泛应用的是集成门电路，基本上都是单片集成芯片，主要有两大

类：**TTL 集成门电路和 CMOS 集成门电路。**其中集成与非门最为常用。

1. 电路组成

图 1 - 37 所示是国产 TTL(74/54 系列)集成与非门的典型电路,主要由输入级、中间级、输出级三部分组成。

(a) 电路结构

(b) 逻辑符号

图 1 - 37
TTL 集成与非门的
典型电路

由图 1 - 37 可以看出,该电路的输入端和输出端都是由晶体管组成,即为晶体管-晶体管逻辑门电路(transistor-transistor logic),简称 TTL 集成门电路。TTL 集成门电路具有体积小、功耗低、价格低廉等优点,同时产品性能稳定、工作可靠,因此应用比较普遍。TTL 集成门电路主要有 74(民用)和 54(军用)两大系列,54 系列的电源电压和工作温度范围均大于 74 系列。

知识延伸:
TTL 集成门
电路的系列

2. 原理分析

TTL 与非门的主要工作过程可概括为：输入级 VT_1 管为多射级三极管,可等效为一个与门,从而实现与逻辑功能;中间级 VT_2 管相当于一个反相器,实现非逻辑功能,至此已经完成了与非逻辑运算;最后的输出级为推挽式放大电路,主要目的是为了增强门电路驱动负载的能力。

具体工作原理分析如下:

① 当输入端有低电平(0.3 V)时,VT_1 管发射极导通,将 u_{B1} 钳位于 $0.7\sim1$ V 左右。此电压不足以使 VT_1 的集电极、VT_2 的发射极和 VT_4 的发射极导通,所以 VT_2、VT_4 截止,而 VT_3 导通,输出 Y 为高电平 **1**。

② 当输入端全部接高电平(3.6 V),即 A、B 全为 **1** 时,V_{CC} 通过 R_1 对 VT_1 的集电极、VT_2 的发射极和 VT_4 的发射极提供足够大的电流,使 VT_2 和 VT_4 处于饱和状态,输出 Y 为低电平 **0**。

通过以上分析可得出 TTL 与非门的电平关系,见表 1 - 22,其真值表见表 1 - 23。

表 1-22　TTL 与非门的电平关系

u_A/V	u_B/V	u_Y/V
0.3	0.3	3.6
0.3	3.6	3.6
3.6	0.3	3.6
3.6	3.6	0.3

表 1-23　TTL 与非门的真值表

A	B	Y
0	0	1
0	1	1
1	0	1
1	1	0

$$Y = \overline{AB}$$

注意：

集成电路内部的各个单元门电路是互相独立的，可以单独使用，但电源 V_{CC} 和地 GND 是公共的。

综上所述，此电路满足与非的逻辑功能，为一个**与非**逻辑门电路。

3. TTL 与非门集成器件实例

上面讨论的仅仅是一个与非门的工作原理，而实际的集成电路往往是将多个门电路集成在一个器件之中，下面以较常见的 74LS00（四-2 输入与非门）为例来说明实际集成门电路的情况，如图 1-38 所示。74LS00 的互换型号有 7400、74HC00、CT7400、SN5400 等。

图 1-38
74LS00
集成电路

(a) 器件实物

(b) 引脚排列图

注意：

有时集成电路的个别引脚没有使用（为空脚），用 NC 表示，如图 1-39 所示的 74LS20 中的 3、11 脚。

图 1-39
74LS20 的引脚排列图

下面再来看一下 74LS20（双-4 输入与非门）的引脚排列图，如图 1-39 所示。74LS20 的互换型号有 7420、74HC20、CT7420、MC7420、SN5420 等。74LS20 的逻辑表达式为

$$Y = \overline{ABCD}$$

集成门电路型号种类繁多，不可能一一列举，可参考本书的附录 A 或查阅有关技术手册。

4. TTL 门电路的主要特性与指标

为了保证数字电路很好地工作，必须充分了解它们的实际性能指标。这里虽然仅以 TTL 与非门为例加以讨论，但多数参数指标具有一定的普遍性。

（1）电压传输特性

电压传输特性是门电路输出电压 U_O 随输入电压 U_I 变化的特性曲线，如图 1-40 所示。

视频：TTL 与
非门 74LS00

图 1-40　TTL 与非门的电压传输特性

动画：双列直插式集成芯片

AB 段：当输入电压 $U_I < 0.6\,\text{V}$ 时，U_O 为高电平 $3.6\,\text{V}$，此时与非门处于**截止(关门)状态**。

BC 段：当输入电压在 $0.6\,\text{V} \leqslant U_I < 1.3\,\text{V}$ 之间变化时，输出电压 U_O 随输入电压 U_I 的增加而线性下降，故称 *BC* 段为线性区。

CD 段：当输入电压在 $1.3\,\text{V} < U_I < 1.4\,\text{V}$ 之间变化时，输出电压 U_O 随输入电压 U_I 的增加而迅速下降，并很快达到低电平 U_{OL}，即 $U_O = 0.3\,\text{V}$，所以 *CD* 段称为转折区。

DE 段：当输入电压 $U_I > 1.4\,\text{V}$ 时，U_O 为低电平 $0.3\,\text{V}$，此时与非门处于**导通(开门)状态**。

(2) 主要指标

① 阈值电压 U_{TH}　U_{TH} 是输出高电平和低电平的分界线。当输入电压在 U_{TH} 附近变化时，输出电压急剧地由高电平向低电平，或从低电平向高电平转变，因此经常形象地称 U_{TH} 为**阈值电压**或**门槛电压**。由图 1-40 可知，TTL 与非门的典型值 $U_{TH} \approx 1.4\,\text{V}$。

② 关门电平 U_{OFF}　要保证与非门可靠地截止，输出为高电平，则必须满足 $U_I < U_{OFF}$。U_{OFF} 是输入低电平的上限值。由图 1-40 可知，$U_{OFF} \approx 1.1\,\text{V}$。

③ 开门电平 U_{ON}　要保证与非门可靠地饱和，输出为低电平，则必须满足 $U_I > U_{ON}$。U_{ON} 是输入高电平的下限值。由图 1-40 可知，$U_{ON} \approx 1.6\,\text{V}$。

④ 噪声容限 U_N　噪声容限又称抗干扰能力，它表示门电路在输入信号电

压上允许叠加多大的噪声电压下仍能正常工作。可分为低电平噪声容限 U_{NL} 和高电平噪声容限 U_{NH}。

由图 1－40 可得

$$U_{NL} = U_{OFF} - U_{IL} = (1.1 - 0.3)V = 0.8 \text{ V}$$
$$U_{NH} = U_{IH} - U_{ON} = (3 - 1.6)V = 1.4 \text{ V}$$

⑤ 扇出系数 N_O　N_O 是指一个与非门能带同类门的最大数目，它表示与非门的带负载能力。对于 TTL 与非门，典型值 $N_O \geqslant 8$。

⑥ 平均传输延迟时间 t_{pd}　t_{pd} 是衡量门电路工作速度(开关速度)快慢的参数。

知识延伸：集成电路的主要工程指标

图 1－41
TTL 与非门的
传输延迟时间

如图 1－41 所示，从输入波形 U_I 上升沿 $0.5U_{Im}$ 处到输出波形 U_O 下降沿 $0.5U_{Om}$ 处之间的时间称为导通延迟时间，用 t_{PHL} 表示。从输入波形 U_I 下降沿 $0.5U_{Im}$ 处到输出波形 U_O 上升沿 $0.5U_{Om}$ 处之间的时间称为截止延迟时间，用 t_{PLH} 表示。平均传输延迟时间 t_{pd} 为 t_{PHL} 和 t_{PLH} 的平均值，即

$$t_{pd} = \frac{t_{PHL} + t_{PLH}}{2}$$

t_{pd} 越小，与非门的开关速度越快，其工作频率也越高。对于 TTL 与非门，t_{pd} 典型值为 6 ns。

知识链接

TTL 与非门的改进——肖特基系列

为进一步提高 TTL 门的工作速度，又研制出了肖特基系列**与非门**，即 74S 系列门电路。

前面介绍的普通 74 系列**与非门**，由于**与非门**中的三极管工作在深度饱和和导通状态，致使工作速度还不够高。如果能使三极管导通时避免进入深度饱和状态，则可以提高其开关速度。为此，在 74S 肖特基系列**与非门**电路中采用了肖特基三极管(抗饱和三极管)和有源泄放电路。电路如图 1－42(a)所示。

肖特基三极管的特点是：在静态时始终处于浅饱和状态。因此，与 74 系列**与非门**相比，肖特基系列具有如下优点：

(1) 采用了抗饱和三极管

由于在 74S 系列中 VT_4 工作时不进入饱和状态，所以不需采用抗饱和三极管，其余各管均采用了抗饱和三极管，从而提高了三极管的开关速度。

（2）采用有源泄放电路

在 74S 系列中，有源泄放电路由 VT_6、R_B、R_C 组成。有源泄放电路改善了整个电路的电压传输特性，输出电压很快下降为低电平，而不用经过 BC（虚线）线性段，如图 1–42（b）所示，从而提高了工作速度。肖特基系列与非门的 t_{pd} 约为 3 ns。

(a) 74S系列与非门电路　　　　(b) 74S系列与非门的传输特性

图 1–42　肖特基系列与非门

5. 其他类型的 TTL 门电路

（1）集电极开路与非门（OC 门）

图 1–43 所示为集电极开路与非门，简称 OC 门（open collector）。它与普通 TTL 与非门的主要区别是 VT_5 的集电极开路，并作为电路的输出端。工作时，需要在输出端 Y 和 V_{CC} 之间外接一个负载电阻 R_L，也称上拉电阻。只要 R_L 阻值选择合适，电路不仅能实现与非功能，而且输出端能实现线与功能，不致产生过大电流而损坏器件。一般地，R_L 应选 1 kΩ 左右的电阻。

视频：OC 门
功能演示

(a) 电路图　　　　(b) 逻辑符号

图 1–43
集电极开路与非门

OC 门的主要应用是可以实现线与，如图 1–44 所示。此时，OC 门电路的输出为 $Y = Y_1 Y_2 = \overline{AB}\,\overline{CD} = \overline{AB + CD}$。此外，还可以驱动（LED）显示和实现电平转换，分别如图 1–45、图 1–46 所示。

图 1-44 OC 门实现线与

图 1-45 OC 门驱动(LED)显示

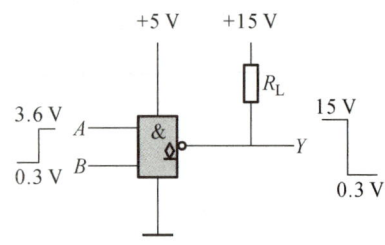

图 1-46 OC 门实现电平转换

(2) 三态输出与非门(TSL 门)

三态输出与非门的输出有高电平、低电平和高阻(Z)3 种状态，简称三态门。与普通与非门不同，三态门有一个控制端(又称使能端)EN，该控制端分为高电平有效和低电平有效，其逻辑符号如图 1-47 所示。表 1-24 为控制端高电平有效的三态功能表，表 1-25 为控制端低电平有效的三态功能表。

图 1-47 三态输出与非门的逻辑符号　(a) 控制端高电平有效　(b) 控制端低电平有效

表 1-24 控制端高电平有效的三态功能表

EN(控制端)	Y(输出端)
$EN = 1$	$Y = \overline{AB}$ (正常)
$EN = 0$	Y 呈高阻(禁止)

表 1-25 控制端低电平有效的三态功能表

EN(控制端)	Y(输出端)
$\overline{EN} = 0$	$Y = \overline{AB}$ (正常)
$\overline{EN} = 1$	Y 呈高阻(禁止)

三态门的主要应用是实现计算机总线上的分时传输数据，用三态门构成

图 1-48 用三态门构成单向数据总线

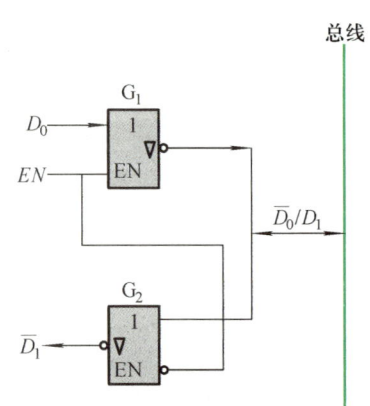

图 1-49 用三态门构成双向数据总线

单向数据总线如图 1-48 所示。在同一时刻,只有一个三态输出门处于工作状态,其余三态门输出都为高阻,则各个三态门输出的数据便轮流送到总线上,不会产生相互干扰。

三态门还可以实现数据的双向传输,用三态门构成双向数据总线如图 1-49 所示。当 $EN = 1$ 时,G_1 工作,G_2 输出为高阻状态,数据 D_0 经 G_1 反相后送到总线上;当 $EN = 0$ 时,G_2 工作,G_1 输出为高阻状态,总线上的数据 D_1 经 G_2 反相后输出,从而实现了数据的双向传输。

实用技能

用万用表检测 TTL 系列门电路

① 将万用表拨到 $R \times 1$ k 挡,黑表笔接被测电路的地端,红表笔依次测量其他各端。正常情况下,各端对地的直流电阻约为 5 kΩ(其中电源对地的电阻约为 3 kΩ)。若测得某一端电阻小于 1 kΩ,则被测电路已损坏;若测得某一端电阻大于 12 kΩ,则表明电路功能下降,需要更换。

② 将表笔对换依次测量各端的反向电阻,多数应大于 40 kΩ(其中电源对地的反向电阻为 3~10 kΩ)。若阻值近乎为零,则表明电路内部已经短路;若阻值几乎为无穷大,则表明电路内部已经断路。

③ 少数 TTL 电路有空脚(如 74LS20 的 3、11 脚),测量时应注意查阅电路型号及其引脚排列,以免误判。

三、认识 CMOS 集成门电路

CMOS 门电路是由 N 沟道增强型 MOS 场效晶体管和 P 沟道增强型 MOS 场效晶体管构成的一种互补对称型场效晶体管集成门电路。与 TTL 门电路相比,CMOS 门电路具有集成度高、功耗小和抗干扰能力强等优点,因此近年来发展迅速,广泛应用于中、大规模数字集成电路中。CMOS 门电路主要有 40/45、74HC(HCT)、74AC(ACT)等系列。

知识延伸:CMOS 集成门电路的系列

1. CMOS 与非门

(1) 电路组成

图 1-50 所示为 CMOS 与非门电路。它由两个增强型 NMOS 管 VT_{N1} 和 VT_{N2} 串联,作为驱动管;两个增强型 PMOS 管 VT_{P1} 和 VT_{P2} 并联,作为负载管。VT_{N1} 和 VT_{P1} 的栅极连接在一起作为输入端 A,VT_{N2} 和 VT_{P2} 的栅极连接在一起作为输入端 B。

(2) 工作原理

当输入 $A = 0$、$B = 0$ 时,VT_{N1} 和 VT_{N2}

图 1-50 CMOS 与非门电路

都截止，VT_{P1} 和 VT_{P2} 同时导通，输出 $Y = 1$；当输入 $A = 0$、$B = 1$ 时，VT_{N1} 截止，VT_{P1} 导通，输出 $Y = 1$；当输入 $A = 1$、$B = 0$ 时，VT_{N2} 截止，VT_{P2} 导通，输出 $Y = 1$；当输入 $A = 1$、$B = 1$ 时，VT_{N1} 和 VT_{N2} 同时导通，VT_{P1} 和 VT_{P2} 均截止，输出 $Y = 0$。由以上分析可知，电路实现了**与非逻辑功能**，其逻辑表达式为

$$Y = \overline{AB}$$

2. 常用 CMOS 集成门

① CMOS 与非门　CC4011 是一种常用的四－2 输入与非，采用 14 引脚双列直插塑料封装，其引脚排列图如图 1－51 所示，可互换型号有 CD4011、CT4011、74HC00 等。

图 1－51　CC4011(四－2 输入与非门)引脚排列图

图 1－52　CC40106(六反相器)引脚排列图

视频：传输门
功能演示

② CMOS 反相器　CC40106 是一种常用的六反相器，其引脚排列图如图 1－52 所示，可互换型号有 CD40106、74HC04 等。

③ CMOS 传输门　CC4016 是 4 双向模拟开关传输门，其引脚排列图如图 1－53 所示，互换型号有 CD4016B、MC14016B 等，其逻辑符号如图 1－54 所示，其真值表见表 1－26。

图 1－53　CC4016 引脚排列图

图 1－54　CC4016 逻辑符号

表 1－26　CMOS 传输门真值表

控 制 端	开 关 通 道
C_A	$I/O_A \sim O/I_A$
1	导通
0	截止

3. CMOS 集成门电路的主要特点

① 静态功耗低　CMOS 门电路工作时，几乎没有静态电流，所以功耗极低。

② 电源电压范围宽　CMOS 门电路的工作电源电压范围很宽(3～18 V)，与严格限制电源电压的 TTL 门电路相比要方便得多，便于和其他电路接口。

③ 抗干扰能力强　CMOS 门电路输出高、低电平的差值大，因此具有较强的抗干扰能力，工作稳定性好。

④ 制作工艺简单，集成度高，易于实现大规模集成。

⑤ CMOS 门电路的缺点是工作速度比 74LS 系列低。

CMOS 门电路和 TTL 门电路在逻辑功能上是相同的，而且当 CMOS 电路的电源电压 $V_{DD} = +5$ V 时，它可以与 74LS 系列直接兼容。

实用技能

常见数字集成电路的查找及其型号

1. 数字集成电路技术参数的获得途径

(1) 来自数字集成电路手册

市面上各种各样的数字集成电路手册十分丰富，既有比较权威的综合性手册，如《中外集成电路简明速查手册》和《中国集成电路大全》等，也有各生产厂家提供的产品手册。

(2) 来自互联网

在互联网的搜索引擎上输入所要查找的集成电路的型号，如"74LS138"，即可查到该电路的有关资料和信息。

2. 数字集成电路的型号

数字集成电路的型号一般由五部分组成。

第一部分(字母)：前缀，中国国家标准为字母"C"＋器件类型，国外多为厂商代码。

第二部分(数字)：系列代码，常见的数字集成电路系列有"74""54""40""45""140"等。

第三部分(字母)：子系列代码，表示器件的工艺类型。无此部分时表示普通类型。

第四部分(数字)：功能代码，表示器件的功能(这部分最重要)。

第五部分(字母)：中国国家标准为"工作温度范围"和"封装形式"，国外不同厂商的产品有不同的含义。

数字集成电路型号举例：

▌知识拓展▐

TTL 与 CMOS 集成电路的使用注意事项

1. TTL 集成电路使用常识

(1) TTL 系列电路

为满足提高工作速度及降低功耗等需要,TTL 电路有多种标准化产品,尤其以 54/74 系列应用最为广泛。其中 54 系列为军品,工作温度为 -55～+125 ℃,工作电压为 5 V(±10%);74 系列为民品,工作温度为 0～70 ℃,工作电压为 5 V(±5%),它们同一型号的逻辑功能、引脚排列均相同。

TTL 集成电路主要有以下 5 种不同的系列:

① 74 系列　标准 TTL 系列,为 74 系列的早期产品,与国产 CT1000 系列对应。该系列功耗 $P_C = 10$ mW,平均传输延迟时间 $t_{pd} = 9$ ns。

② 74L 系列　低功耗 TTL 系列,没有相应的国产系列与之对应。它是借助增大电阻元件阻值把功耗 P_C 降到 1 mW 以下,但是 t_{pd} 却增大为 33 ns。

③ 74H 系列　高速 TTL 系列,与国产 CT2000 系列对应。与 74 系列相比,它做了两方面的改进,一是减少电阻值,二是采用达林顿管,从而提高了工作速度,把 t_{pd} 减少到 6 ns,不过 P_C 上升到 22 mW。

④ 74S 系列　肖特基 TTL 系列,与国产 CT3000 系列对应。它采用了正向压降只有 0.3 V 的肖特基势垒二极管,有效地减轻三极管的饱和深度,使 t_{pd} 减少到 3 ns,在各种 TTL 系列中 t_{pd} 最小,P_C 为 19 mW。

⑤ 74LS 系列　低功耗肖特基 TTL 系列,与国产 CT4000 系列对应。它除了采用肖特基二极管来提高工作速度外,还通过增大电阻阻值来减小功耗。因此,获得了良好的综合效果,应用最为广泛。该系列 $t_{pd} = 9$ ns(与 74 系列相同),$P_C = 2$ mW,仅为 74 系列的 1/5。

一个性能优越的门电路应具有功耗低、开关速度快的特点,然而这两者是矛盾的。为了衡量一个门电路品质的优劣,常用功耗 P_C 和平均传输延迟时间 t_{pd} 的乘积(简称**功耗-延迟积**)M 进行评价,即

$$M = P_C \cdot t_{pd}$$

M 也称品质因数,其值越小,说明电路的性能越优越。

(2) 闲置输入端的处理

对于闲置输入端的处理,以不改变电路逻辑状态及工作稳定性为原则,常用的方法有以下几种:

① **与非门**的闲置输入端可直接接电源电压 V_{CC} 或通过 1～10 kΩ 的电阻接电源 V_{CC},如图 1-55(a)、(b)所示。

② 如前级驱动能力允许,可将闲置输入端与有用输入端并联使用,如图

(a) 直接接V_{CC}　　(b) 通过电阻接V_{CC}　　(c) 和有用输入端并联

(d) 悬空或剪断　　(e) 接地　　(f) 接地

图 1–55
与非门和或非门闲置输入端的处理

1–55(c)所示。

③ 在外界干扰很小时,**与非门**的闲置输入端可以剪断或悬空(相当于接高电平**1**),如图 1–55(d)所示。但不允许接开路长线,以免引入干扰而产生逻辑错误。

④ **或非门**不使用的闲置输入端应接地,**与或非门**中不使用的**与门**至少有一个输入端接地,如图 1–55(e)、(f)所示。

(3) 电路安装接线和焊接应注意的问题

① 连线要尽量短,最好用绞合线。整体接地要好,地线要粗而短。

② 焊接用的电烙铁功率不大于 25 W,焊接时间要短。使用中性焊剂,如松香酒精溶液,不可使用焊油。

③ 印制电路板焊接完毕后,不得浸泡在有机溶液中清洗,应用少量酒精擦去引脚焊接点上的焊剂和污垢。

2. CMOS 集成逻辑门的使用注意事项

(1) 使用时的工作条件

对于各种集成电路,在技术手册中都会给出各主要参数的工作条件和极限值,使用时一定要在推荐的工作条件范围内。

(2) 电源电压

① CMOS 电路的电源极性不可接反,否则可能会造成电路永久性失效。

② CC4000 系列的电源电压可在 3～15 V 的范围内选择,最大不允许超过极限值 18 V。电源电压选择得越高,抗干扰能力也越强。

③ 高速 CMOS 电路,HC 系列的电源电压可在 2～6 V 的范围内选用,HCT系列的电源电压在 4.5～5.5 V 的范围内选用,最大不允许超过极限值 7 V。

④ 在进行 CMOS 电路实验,或对 CMOS 数字系统进行调试、测量时,应先接入直流电源,后接信号。使用结束时,应先撤掉信号源,后关掉直流电源。

（3）闲置输入端的处理

① 闲置输入端不允许悬空。对于**与门**和**与非门**电路，闲置输入端应接正电源或高电平；对于**或门**和**或非门**电路，闲置输入端应接地或低电平。

② 闲置输入端不宜与输入端并联使用，因为这样会增大输入电容，从而使电路的工作速度下降。只有在工作速度很低的情况下，才允许与输入端并联使用。

（4）输出端的连接

① 输出端不允许直接与电源 V_{DD} 或与地相连。因为电路的输出级通常为 CMOS 反相器结构，这会使输出级的 NMOS 管或 PMOS 管可能因电流过大而损坏。

② 为提高电路的驱动能力，可将同一芯片上相同门电路的输入端、输出端并联使用。

③ 当 CMOS 电路输出端接大容量的负载电容时，流过管子的电流很大，有可能使管子损坏。因此，需在输出端和电容之间串接一个限流电阻，以保证流过管子的电流不超过允许值。

（5）其他注意事项

① 注意静电防护，预防栅极击穿损坏。CMOS 集成电路在存放和运输时，应放在金属容器内。

② 焊接时，电烙铁必须接地良好。必要时，可将电烙铁的电源插头拔下，利用余热焊接。

③ 组装、调试时，应使所有的仪表、工作台面等具有良好的接地。

▌实用资料▐
数字集成电路的种类与封装形式

1. 数字集成电路的种类

目前中小规模数字集成电路最常用的是 TTL 系列和 CMOS 系列，它们又主要可以细分为 54/74×× 系列、54/74LS×× 系列、CMOS×× 系列、HCMOS×× 系列、ACMOS×× 系列等，见表 1-27。

表 1-27　数字集成电路按工艺类型的分类

系　列	子系列	代　号	名　　称	平均传输延迟时间 /ns	工作电压 /V	功　耗
TTL	TTL	54/74	普通 TTL 系列	10	74 系列：4.75～5.25	10 mW
	HTTL	54/74H	高速 TTL 系列	6		22 mW
	LTTL	54/74L	低功耗 TTL 系列	33	54 系列：4.5～5.5	1 mW
	STTL	54/74S	肖特基 TTL 系列	3		19 mW

续　表

系　列	子系列	代　号	名　　称	平均传输延迟时间 /ns	工作电压 /V	功　耗
TTL	ASTTL	54/74AS	先进肖特基 TTL 系列	3	74 系列：4.75~5.25 54 系列：4.5~5.5	8 mW
	LSTTL	54/74LS	低功耗肖特基 TTL 系列	9.5		2 mW
	ALSTTL	54/74ALS	先进低功耗肖特基 TTL 系列	3.5		1 mW
	FTTL	54/74F	快速 TTL 系列	3.4		4 mW
CMOS	CMOS	40/45	互补型场效晶体管系列	125	3~18	1.25 μW
	HCMOS	74HC	高速 CMOS 系列	8	2~6	2.5 μW
	HCTMOS	74HCT	与 TTL 兼容型 HCMOS 系列	8	4.5~5.5	2.5 μW
	ACMOS	74AC	先进 CMOS 系列	5.5	2~5.5	2.5 μW
	ACTMOS	74ACT	与 TTL 兼容型 ACMOS 系列	4.75	4.5~5.5	2.5 μW

2. 常见数字集成电路的封装形式

集成电路的外形大小、形状、外部连接线的引出方式和尺寸标准统称为**封装形式**,同一型号的集成电路可以有不同的封装形式。在使用集成电路之前一定要搞清楚它的封装,特别是在设计印制电路板时,缺乏经验者往往在印制电路板做完后,组装器件时才发现封装不符合,从而造成印制电路板的报废。

集成电路的种类众多,常见的封装形式有 DIP、PLCC、QFP、SOJ、BGA、PGA 等,如图 1-56 所示(从图中分辨不出 BGA 与 PGA 的区别,它们的区别是 BGA 的引脚是一个球形,PGA 的引脚是一个针形细圆柱)。随着科技的发展,集成电路必将会出现更多种类的封装形式。

图片：数字电路集成芯片

拓展课堂："芯"应用,"芯"征程

(a) DIP双列直插封装

(b) SOJ小尺寸J形引脚封装

(c) QFP四边引出扁平封装

(d) PLCC塑料有引线芯片载体

(e) BGA球栅阵列封装

(f) PGA针栅阵列矩阵

图 1-56
常见的集成
电路封装形式

47

▎技能训练▎
TTL 与非门的功能测试与转换

1. 实训目的
① 验证 TTL 与非门的功能及外特性测试。
② 了解常用 74 系列门电路的引脚排列。
③ 掌握门电路的功能转换方法。

2. 实训器材
数字电路实验箱 1 台;示波器 1 台;万用表 1 块;集成电路 74LS00 及导线若干。

3. 实训原理及操作

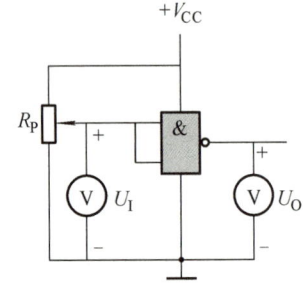

图 1-57
传输特性测试电路

(1) 电压传输特性测试

在 74LS00 中任选一门,按图 1-57 所示接线,将一个输入端接到电位器 R_P 的可调端,其余无用的闲置端与之相连(也可悬空),输出端空载。调节 R_P,使输入电压 U_I 在 0~5 V 内逐渐增大,用万用表测量 U_I 和对应的 U_O 值,记入表 1-28 中,并绘制出电压传输特性曲线。

表 1-28　TTL 与非门的电压传输特性

U_I/V	0.3	0.8	1.2	1.4	2.0	3.0
U_O/V						

(2) TTL 与非门功能测试

图 1-58 所示为采用 Multisim 仿真软件设计的二输入与非门测试电路,其中灯亮为 1,灯灭为 0。例如:图中显示输入有一个为 0,则输出为 1。

图 1-58
二输入与非门仿真测试电路

图 1-59　与非门逻辑
功能的测试接线图

与非门逻辑功能的测试接线图如图 1 - 59 所示,将结果记录在表 1 - 29 中,判断是否满足 $Y = \overline{AB}$。

(3) TTL 与非门功能的转换

用与非门可以转换成其他功能的门电路。

① 组成或门　根据 $Y = A + B = \overline{\overline{A}\,\overline{B}}$,可用 74LS00 构成或门电路,如图 1 - 60 所示,并将测试结果记录在表 1 - 29 中。

(a) 逻辑电路　　　　(b) 接线图　　图 1 - 60　用与非门构成或门电路

② 组成与门　提示:$Y = AB = \overline{\overline{AB}}$。自行分析接线图,并将结果记录在表 1 - 29 中。

③ 组成非门　提示:$Y = \overline{A} = \overline{A \cdot \mathbf{1}}$。自行分析接线图,并将结果记录在表 1 - 29 中。

表 1 - 29　功能测试及转换表

输　入		输　出			
		与非门	与门	或门	非门
A	B	$Y = \overline{AB}$	$Y = AB$	$Y = A + B$	$Y = \overline{A}$
0	0				
0	1				
1	0				
1	1				

思考:

如何用 74LS00 实现异或逻辑门电路?需要几块 74LS00?画出接线图。

(4) 与非门对信号的控制作用

将与非门的 1 脚输入 1 kHz 的脉冲信号,2 脚接逻辑电平开关,输出端 3 脚接示波器。当逻辑电平开关为 **0** 或 **1** 时,用示波器观察输出 Y 的波形,如图 1 - 61 所示。

4. 实训总结

① 整理测试表格,写出实训报告。

② 查资料说明 TTL 与非门的高、低电平的范围是多少。

③ 注意:门电路的输出端不允许直接接地(或电源),也不允许接逻辑电平开关。

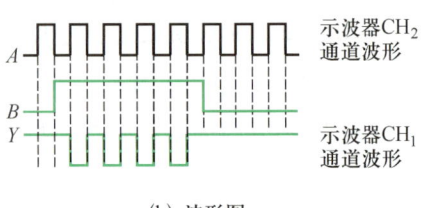

图 1-61
与非门对信号的控制作用　　　　　　(a) 测试接线图　　　　　　　　　　(b) 波形图

知识点检测 2

1. TTL **与非门**闲置输入端的处理方法是＿＿＿＿＿＿＿＿＿＿＿＿＿

＿＿＿＿＿＿＿＿＿＿＿＿＿＿＿＿＿＿＿＿＿＿＿＿＿＿＿＿。

2. CMOS 门电路的输出端不允许＿＿＿＿＿＿＿＿＿＿＿，否则将损坏器件。

3. 数字电路中的晶体管一般工作于＿＿＿＿＿状态。

4. TTL 门电路工作电源电压为＿＿＿V。

5. 三态输出**与非门**有＿＿＿＿＿＿＿＿＿＿＿＿3 种状态。

6. 74LS00 是＿＿＿＿＿＿＿＿门集成电路。

7. 在**与门**的输入信号中,起封锁作用的是＿＿＿电平。

应会制作

项目制作　裁判电路的组装与制作

1. 项目制作目的

① 掌握简单数字电路的设计、组装及调试技能。

② 通过对裁判电路的安装和调试,训练学生运用电子技术知识的工程实践能力。

2. 项目要求

(1) 制作要求

① 画出实际设计电路的原理图和装配图(手工绘制)。

② 列出元器件及参数清单。

③ 元器件的检测与预处理。

④ 元器件焊接与电路装配。

⑤ 在制作过程中及时发现故障并进行处理。

（2）能力要求

① 能独立进行电路工作原理的分析。

② 掌握电路有关现象的测试方法并对其进行调试。

3. 认识电路及其工作过程

举重裁判电路的分析详见本项目任务 1 中第五部分"逻辑函数表示方法及转换"，逻辑电路如图 1－62 所示。

图 1－62
裁判电路的逻辑电路图

工作过程：当主裁判同意（按下按钮 S_1），副裁判至少有一个同意（S_2、S_3 至少有一个按下），即发光二极管 LED_1 亮的同时，LED_2、LED_3 至少有一个亮，电路 Y_1 输出为高电平。经过 OC 门 ULN2003（采用 OC 门，输出电流大，故可直接驱动继电器等控制器件，也可直接驱动低压电灯）后 Y 输出低电平，使发光二极管 LED_4 正向导通而发光。

图 1－63 所示是采用 Multisim 仿真软件设计的裁判电路，在此图中，主裁判及一名副裁判面前的灯亮（灯亮表示裁判同意），所以输出灯亮，表示运动员成绩合格。

仿真演示：裁判电路

图 1－63　裁判电路仿真设计及测试图

4. 电路装配焊接

① 设计电路图　查阅集成电路手册（或上网搜索），了解 ULN2003 的引脚排列

及其工作性能。按图 1－62 所示,在实验板(或万能板)上设计出电路的连线安装图。

② 元器件选择　对照原理图,确定元器件清单,见表 1－30。

文本：ULN2003
中文资料

表 1－30　裁判电路元器件清单

代　号	名　　称	规格型号	数　量
IC_1	四-2 输入与非门	74LS00	1
IC_2	OC 门	ULN2003AN	1
$R_1 \sim R_5$	电阻	360 Ω	5
$S_1 \sim S_3$	自锁按钮		3
LED_1	蓝色发光二极管		1
LED_2、$LED3$	绿色发光二极管		2
LED_4	红色发光二极管		1
	集成电路插座	14 脚	1
	集成电路插座	16 脚	1
	实验板(万能板)		1

图片：电子万
能板

③ 电路装配　集成电路应安装在对应的 IC 插座上,应避免插反或引脚未完全插牢等现象。LED 占用两个焊盘,其引脚高度不能超过集成电路插座的高度。

④ 焊接　可以焊接在自制的 PCB(印制电路板)上,也可以焊接在万能板上。焊接时所有连接线拐弯处均采用直角焊,焊后应剪去剩余的引脚。

注意：上述过程也可通过实验用面包板插接来实现,插接的好处是可灵活更改线路。

图片：实验用
面包板

5. 电路调试与检测

① 电路安装连接完毕后,对照原理图,仔细检查连接关系是否正确及发光二极管的极性是否正确。

② 用万用表检测电源是否有短路、断路现象。若存在问题,应查找原因,及时排除故障点。

③ 确认无误后,按集成电路标记口的方向在 IC 插座中插好集成电路,然后通电测试。

具体测试要求：设 S_1、S_2、S_3 按下为 **1**,未按下为 **0**,按表 1－31 的要求分别设置 S_1、S_2、S_3 的不同状态,用万用表分别测量 A、B、C、Y_1、Y 点的电位,将测量数据填入表 1－31 中,并观察记录 LED 的状态。

表 1－31　测量数据记录表

S_1	S_2	S_3	V_A	V_B	V_C	V_{Y_1}	V_Y	LED_1	LED_2	LED_3	LED_4
0	0	0									
0	0	1									
0	1	0									

续　表

S_1 S_2 S_3	V_A V_B V_C V_Y $V_{\bar{Y}}$	LED$_1$ LED$_2$ LED$_3$ LED$_4$
0 1 1		
1 0 0		
1 0 1		
1 1 0		
1 1 1		

④ 按要求完成测试,做好记录,并分析测试结果。

6. 项目考核与评价(表 1 - 32)

表 1 - 32　裁判电路考核与评价表

考 核 内 容		分数分配	自评	互评	教师评价
电路设计		10分			
元器件识别与测量	74LS00 使用　　10分	20分			
	发光二极管识别与使用　5分				
	色环电阻阻值读取　5分				
电路实物	元器件布局　　5分	30分			
	焊接质量　　5分				
	功能实现　　20分				
实物演示及工作过程	实物演示　　10分	20分			
	工作过程　　10分				
答辩		10分			
报告		10分			

> **◉ 注意:**
>
> 测试完毕后,应先断开电源开关,再拆除电源及其他连接导线,否则可能损伤元器件或造成逻辑混乱。

知识归纳

1. 二进制是数字电路中最常用的计数制,**0** 和 **1** 还可用来表示电平的高与低、开关的闭合与断开、事件的是与非等。二进制还可进行许多形式的编码。

2. 基本的逻辑关系有**与**、**或**、**非** 3 种,与其对应的逻辑运算是逻辑乘、逻辑加和逻辑非。任何复杂的逻辑关系都由基本的逻辑关系组合而成。

3. 逻辑代数是分析和设计逻辑电路的工具,逻辑代数中的基本定律及基本公式是逻辑代数运算的基础,熟练掌握这些定律及公式可提高运算速度。

4. 逻辑函数可用真值表、逻辑表达式、逻辑图和卡诺图表示,它们之间可以互换。

5. 逻辑函数的化简方法有卡诺图化简法及公式化简法两种。由于公式化简法无固定的规律可循,因此必须在实际练习中逐渐掌握应用各种公式进行化简的方法及技巧。

6. 卡诺图化简法有固定的规律和步骤,而且直观、简单。只要按已给步骤进行,即可较快地寻找到化简的规律。卡诺图化简法对 5 变量以下的逻辑函数化简非常方便。

7. 逻辑门电路是数字电路的基本单元电路。本项目从分立元器件基本逻辑门入手,重点介绍了集成逻辑门电路。数字电路中,半导体器件都工作在开关状态,电路的高、低电平如何对应逻辑关系,即电路采用何种逻辑约定(正、负逻辑)是非常重要的。

8. 分立元器件基本逻辑门电路结构简单,但现已基本淘汰不用。这部分主要通过它来理解基本逻辑门电路的基础,对于此部分要掌握它的定性分析和定量计算。

9. TTL 集成逻辑门电路产生较早,至今仍广泛使用。它工作速度快,带负载能力强,种类齐全。此部分要了解电路的内部结构,掌握逻辑功能及外特性,并会熟练使用。

10. CMOS 集成逻辑门功耗低、集成度高、电源适应性强,近年来硅栅 HC 系列和 HCT 系列 CMOS 电路发展迅速,CMOS 集成逻辑门目前被广泛应用。这部分同样要注意电路的外特性和使用。

思考与练习1

1. 完成下列数制的转换。

(1) $(10010)_2 = ($ $)_{10} = ($ $)_{16}$

(2) $(42)_{10} = ($ $)_2 = ($ $)_{16}$

(3) $(1024)_{10} = ($ $)_2 = ($ $)_{16}$

(4) $(255)_{10} = ($ $)_2 = ($ $)_{16}$

2. 利用基本定律和常用公式证明下列等式。

(1) $AB + BCD + \overline{A}C + \overline{B}C = AB + C$

(2) $\overline{A \oplus B} = AB + \overline{A}\,\overline{B}$

(3) $A \oplus \overline{A} = 1$

3. 用公式法将下列函数化简成最简与或式。

(1) $Y = \overline{A}B + A\overline{B} + B$

(2) $Y = AC + ACD + \overline{A}B + BCD$

(3) $Y = (A \oplus B)\overline{\overline{A}\,\overline{B} + AB} + AB$

4. 用卡诺图将下列逻辑函数化简为最简与或式。

(1) $Y = ABD + \overline{A}\,\overline{C}\,\overline{D} + \overline{A}B + \overline{A}CD + A\overline{B}D$

(2) $Y = \overline{\overline{AB + BC} + A\overline{C}}$

(3) $Y = \sum m(0,2,3,4,6)$

(4) $Y = \sum m(0,1,2,3,4,6,8,9,10,11,12,14)$

(5) $Y = \sum m(2,3,4,5,9) + \sum d(10,11,12,13)$

(6) $Y = \sum m(0,1,5,7,8,11,14) + \sum d(3,9,15)$

5. 指出图 1-64 所示电路中,能实现 $Y = \overline{AB + CD}$ 的电路。

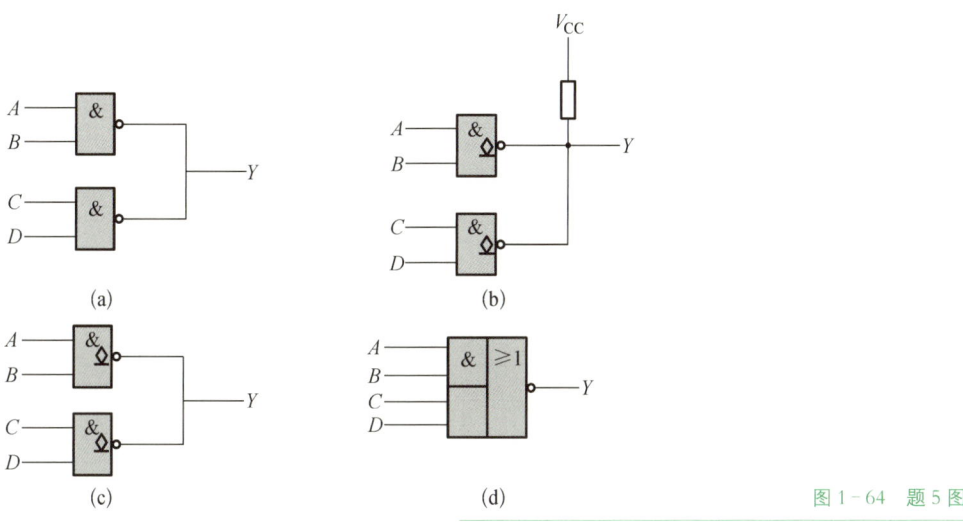

图 1-64　题 5 图

6. 试画出图 1-65(a)中**与非**门输出 Y 的波形,其输入信号 A、B 的波形如图 1-65(b)所示。

图 1-65　题 6 图

7. 如图 1-66 所示,u_A、u_B 是两输入端门的输入波形,试分别画出对应下列门的输出波形。

(1) **与**门

(2) **或**门

(3) **与非**门

(4) **异或**门

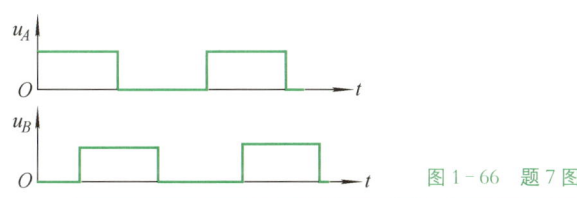

图 1-66　题 7 图

8. 若**与非**门有一个输入端接 5 V 电源,其他输入端做以下 4 种不同的处理,则输出分别为何种状态?

(1) 其他输入端悬空。

（2）其他输入端通过电阻接电源正极。

（3）其他输入端中有一个接地。

（4）其他输入端全部接地。

9. 分别写出图 1-67 所示各 TTL 门电路输出（F_1、F_2、F_3）的逻辑表达式。

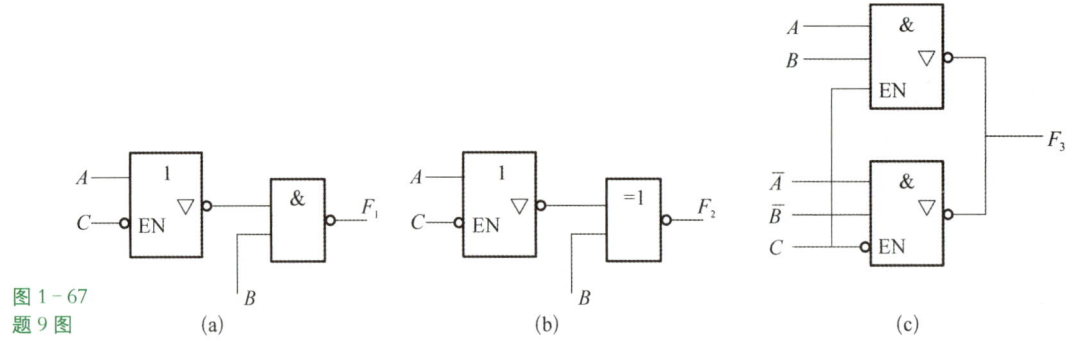

图 1-67
题 9 图　　　　(a)　　　　　　　　　　(b)　　　　　　　　(c)

10. 已知门电路输入 A、B 和输出 Y 的波形如图 1-68(a) 和 (b) 所示，试分别写出它们的真值表和输出逻辑表达式，并画出相应的逻辑符号。

图 1-68
题 10 图　　　　　　(a)　　　　　　　　　　(b)

项目 **2** 译码显示电路的制作

项目剖析

在数字系统当中,为了便于信号的处理,常常需要将十进制数进行 BCD 编码,处理完再进行译码,最后显示成人们熟悉的十进制数。十进制编码、译码显示电路基本原理如图 2–1 所示,电路实物如图 2–2 所示。

```
┌──────────┐
│ 译码显示器 │
└──────────┘
     ⇑
┌──────────┐
│8421BCD编码器│
└──────────┘
     ⇑
┌──────────┐
│ 0~9十进制数 │
└──────────┘
```

图 2–1 十进制编码、译码显示电路基本原理

图 2–2 十进制编码、译码显示电路实物

这个电路中的编码器和译码显示器采用什么型号的集成芯片? 如何使用这些芯片? 怎样进行电路的设计及制作? 通过以下任务的学习,相信在找到答案的同时,还会有更多的收获。本项目要完成以下 4 个学习任务:

任务 1 组合逻辑电路的分析与设计

任务 2 认识编码器和译码器

任务 3 数据选择器及其应用

任务 4 认识加法器

学习目标

根据逻辑功能的不同,可将数字电路分为两大类:一类是组合逻辑电路,另一类是时序逻辑电路。组合逻辑电路在逻辑功能上的特点是:任意时刻的输出状态仅取决于该时刻的输入状态(现态),与电路原来的状态无关。在电

路结构上的特点是：它是由各种门电路组成的，而且只有从输入到输出的通路，没有从输出到输入的反馈回路。组合逻辑电路是一种无记忆功能的电路。由此可知，前面介绍的各种门电路都属于组合逻辑电路。

通过本项目的学习，应达到以下目标：

① 掌握典型中规模集成逻辑器件的使用。

② 掌握组合逻辑电路的分析方法。

③ 掌握中小规模组合逻辑电路的设计方法。

④ 了解组合逻辑电路的竞争和冒险问题。

⑤ 学会制作 1 位十进制编码、译码显示电路。

应知理论

任务 1　组合逻辑电路的分析与设计

任务目标

① 掌握组合逻辑电路的分析与设计步骤。

② 能够对中小规模组合逻辑电路进行分析。

③ 能够采用门电路及中规模集成组合电路进行组合逻辑电路的设计。

一、组合逻辑电路的分析方法

分析组合逻辑电路的目的是为了确定电路的逻辑功能，**分析步骤如下**：

① 根据给定的逻辑电路写出逻辑表达式。

② 化简、变换逻辑表达式。

③ 列出真值表。

④ 确定组合逻辑电路的逻辑功能。

对于典型的组合逻辑电路，可直接说出其功能，对于非典型的组合逻辑电路，应根据真值表中逻辑变量或逻辑函数的取值规律来说明，即指出输入为哪些状态时，输出为 1 或 0。

组合逻辑电路的分析步骤如图 2-3 所示。

注意：

上述分析步骤中第③步列真值表是根据需要而定的，从化简和变换后的逻辑函数表达式中，若不能立刻看出这个电路的逻辑功能，则需列出与之对应的真值表。

组合逻辑电路 → 逻辑表达式 →（化简变换）→ 最简表达式 → 真值表 → 逻辑功能

图 2-3　组合逻辑电路的分析步骤

例 2‑1　分析图 2‑4 所示电路的逻辑功能。

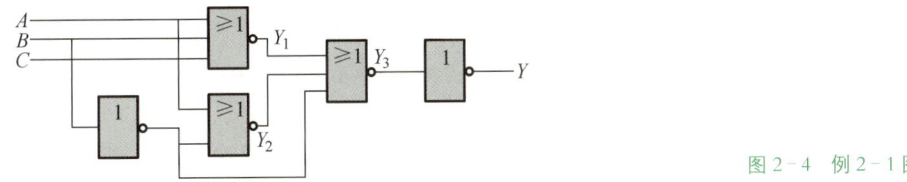

解：

(1) 写逻辑表达式

$$Y_1 = \overline{A+B+C}$$
$$Y_2 = \overline{A+\overline{B}}$$
$$Y_3 = \overline{Y_1+Y_2+\overline{B}}$$

$$\Rightarrow Y = \overline{Y_3} = Y_1 + Y_2 + \overline{B} = \overline{A+B+C} + \overline{A+\overline{B}} + \overline{B}$$

(2) 化简及变换

$$Y = \overline{A}\,\overline{B}\,\overline{C} + \overline{A}B + \overline{B} = \overline{A}B + \overline{B} = \overline{A} + \overline{B} = \overline{AB}$$

(3) 逻辑功能描述

电路的输出 Y 只与输入 A、B 有关，而与输入 C 无关。Y 和 A、B 的逻辑关系是**与非**的关系：当 A、B 输入全为 **1** 时，输出 Y 为 **0**；否则，输出 Y 为 **1**。

二、组合逻辑电路的设计方法

组合逻辑电路的设计，就是根据给定的实际逻辑问题求出实现这一逻辑功能的最简逻辑电路。所谓"**最简**"，就是指电路所用的器件数最少、器件种类最少、器件间的连线也最少。

组合逻辑电路的**设计步骤**如下：

1. 进行逻辑抽象

将给定的实际逻辑问题通过抽象用一个逻辑表达式来描述。其具体方法如下：

① 分析事件的因果关系，确定输入、输出变量，并对输入、输出变量进行逻辑赋值。用逻辑 **0**、逻辑 **1** 分别代表输入变量和输出变量的两种不同状态。

② 根据给定的实际逻辑问题中的因果关系列出真值表。

③ 根据真值表写出逻辑表达式。

2. 选择器件种类

根据对电路的具体要求和器件资源情况决定采用哪一种类型的器件。

3. 将逻辑表达式进行化简或进行适当的形式变换

可采用代数化简法或卡诺图化简法对逻辑函数进行化简；若对所用器件的种类有所限制，需将逻辑表达式变换成与器件相适应的形式。

◉ 注意：

由例 2‑1 可以看出，通过设定中间变量可以准确地写出逻辑表达式。在设计的初级阶段及电路较复杂时，建议采用这种方法。

4. 根据化简或变换后的逻辑表达式画逻辑图

组合逻辑电路的设计步骤如图 2‑5 所示。

图 2‑5
组合逻辑电路的设计步骤

逻辑抽象 → 真值表 → 器件选择 → 化简或变换表达式 → 画逻辑图

🔒 **例 2‑2** 采用与非门设计一个三人表决电路。当三个人中多数表示同意,则表决通过,否则表决不通过。

解:

(1) 逻辑抽象

① 分析设计要求,确定输入变量、输出变量,并对其进行逻辑赋值。

设三个人的意见为输入变量,分别用 A、B、C 表示,且为 **1** 时表示同意,为 **0** 时表示不同意。表决的结果为输出变量,用 Y 表示,且为 **1** 时表示通过,为 **0** 时表示不通过。

② 根据命题列真值表,见表 2‑1。

动画:组合逻辑电路设计

表 2‑1 例 2‑2 的真值表

输　　入			输　　出
A	B	C	Y
0	0	0	0
0	0	1	0
0	1	0	0
0	1	1	1
1	0	0	0
1	0	1	1
1	1	0	1
1	1	1	1

③ 根据真值表写出逻辑表达式。

$$Y = \overline{A}BC + A\overline{B}C + AB\overline{C} + ABC$$

$$= m_3 + m_5 + m_6 + m_7$$

(2) 选定逻辑器件

采用与非门 74LS00 和 74LS10 实现。

74LS00

74LS10

图 2‑6
例 2‑2 三人表决器逻辑图

(3) 化简、变换逻辑函数

$$Y = \overline{A}BC + A\overline{B}C + AB\overline{C} + ABC$$

$$= AB + BC + AC$$

$$= \overline{\overline{AB + BC + AC}} = \overline{\overline{AB} \cdot \overline{BC} \cdot \overline{AC}}$$

(4) 画逻辑图

逻辑图如图 2‑6 所示。

知 识 点 检 测 1

1. 组合逻辑电路分析步骤_____

_____。

2. 组合逻辑电路设计步骤_____

_____。

3. $Y = AB + AC + BC =$ _____（与非式）。

任务 2 认识编码器和译码器

任务目标

① 理解编码和译码的定义。

② 掌握编码器和译码器的使用方法。

③ 熟练掌握采用 3 线–8 线译码器实现逻辑函数的方法。

一、编码器

所谓**编码**,就是将具有特定含义的信息(如数字、文字、符号等)用二进制代码来表示的过程。能实现编码功能的电路称为编码器。在二值逻辑电路中,信号都是以高、低电平形式给出的。因此,编码器的逻辑功能就是把输入的每一个高、低电平信号编成一个对应的二进制代码。

文本：编码器的结构

1. 二进制编码器

用 n 位二进制代码对 2^n 个信息进行编码的电路称为**二进制编码器**。图 2–7 所示的电路是由**或**门组成的 3 位二进制编码器。它有 7 个编码输入端 $I_1 \sim I_7$,有 3 个二进制代码输出端 $Y_0 \sim Y_2$。

由图 2–7 可写出编码器输出端的逻辑函数表达式:

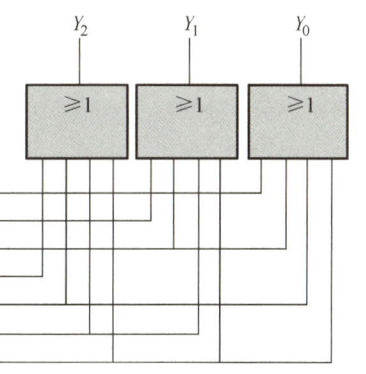

图 2–7
3 位二进制编码器

$$Y_2 = I_4 + I_5 + I_6 + I_7$$
$$Y_1 = I_2 + I_3 + I_6 + I_7$$
$$Y_0 = I_1 + I_3 + I_5 + I_7$$

由上式可列出该编码器的真值表,见表 2–2。

表 2 - 2　3 位二进制编码器真值表

输　　入								输　　出		
I_0	I_1	I_2	I_3	I_4	I_5	I_6	I_7	Y_2	Y_1	Y_0
0	0	0	0	0	0	0	1	1	1	1
0	0	0	0	0	0	1	0	1	1	0
0	0	0	0	0	1	0	0	1	0	1
0	0	0	0	1	0	0	0	1	0	0
0	0	0	1	0	0	0	0	0	1	1
0	0	1	0	0	0	0	0	0	1	0
0	1	0	0	0	0	0	0	0	0	1
1	0	0	0	0	0	0	0	0	0	0

3 位二进制编码器的逻辑功能说明如下：

① $I_1 \sim I_7$ 为 7 个输入端，输入**高电平有效**。高电平有效即输入信号为高电平时表示有编码请求；输入信号为低电平时，表示无编码请求。当 $I_1 \sim I_7$ 全为低电平，即 $I_1 \sim I_7$ 无编码请求时，输出 $Y_2 \sim Y_0$ 全为低电平，此时相当于对 I_0 进行编码（即在电路中无须有 I_0，对 I_0 的编码是隐含的），所以该编码器能对 8 个输入信号进行编码。

② $Y_2 \sim Y_0$ 为 3 个二进制代码输出端，输出高电平有效。3 个二进制代码从高位到低位的顺序为 Y_2、Y_1、Y_0，输出为二进制原码。

③ 任何时刻只允许有一个输入信号请求编码。此编码器任何时刻都不允许有两个或两个以上输入信号同时请求编码，否则输出将发生混乱，因此这种编码器的输入信号是相互排斥的。

例 2 - 3　设计一个 4 线-2 线编码器。

解：设输入为 I_0、I_1、I_2、I_3 四个信号，输出为 Y_1、Y_0，高电平表示请求编码，并依此按 I_i 下角标的值与 Y_1、Y_0 二进制代码的值相对应进行编码，真值表见表 2 - 3。

表 2 - 3　4 线-2 线编码器真值表

输　　入				输　　出	
I_0	I_1	I_2	I_3	Y_1	Y_0
1	0	0	0	0	0
0	1	0	0	0	1
0	0	1	0	1	0
0	0	0	1	1	1

注意：

当 $I_1 \sim I_3$ 全为低电平，即 $I_1 \sim I_3$ 无编码请求时，输出 Y_1、Y_0 全为低电平，此时相当于对 I_0 进行隐含编码。

根据真值表得逻辑表达式为

$$Y_1 = I_2 + I_3$$
$$Y_0 = I_1 + I_3$$

4 线-2 线编码器逻辑电路如图 2-8 所示。

2. 优先编码器

优先编码器克服了二进制编码器输入信号相互排斥的问题,它允许同时有多个信号请求编码,而电路只对其中优先级别最高的输入信号进行编码。常用的优先编码器有 74LS148、74LS147 等。

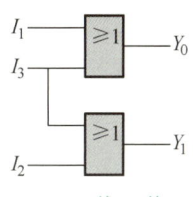

图 2-8 4 线-2 线编码器逻辑电路

(1) 二进制优先编码器

图 2-9 所示为 3 位二进制优先编码器 74LS148 的符号图和引脚排列图。由于它有八个编码信号输入端 $\overline{I_7} \sim \overline{I_0}$,三个二进制代码输出端 $\overline{Y_2} \sim \overline{Y_0}$,为此又把它叫作 **8 线-3 线优先编码器**。

(a) 国际符号 (b) 惯用符号 (c) 引脚排列图

图 2-9 74LS148 的符号图和引脚排列图

表 2-4 为 74LS148 优先编码器的真值表。

表 2-4 74LS148 优先编码器的真值表

输 入									输 出				
$\overline{S}$	$\overline{I_0}$	$\overline{I_1}$	$\overline{I_2}$	$\overline{I_3}$	$\overline{I_4}$	$\overline{I_5}$	$\overline{I_6}$	$\overline{I_7}$	$\overline{Y_2}$	$\overline{Y_1}$	$\overline{Y_0}$	$\overline{Y_{EX}}$	$\overline{Y_S}$
1	×	×	×	×	×	×	×	×	1	1	1	1	1
0	1	1	1	1	1	1	1	1	1	1	1	1	0
0	×	×	×	×	×	×	×	0	0	0	0	0	1
0	×	×	×	×	×	×	0	1	0	0	1	0	1
0	×	×	×	×	×	0	1	1	0	1	0	0	1
0	×	×	×	×	0	1	1	1	0	1	1	0	1
0	×	×	×	0	1	1	1	1	1	0	0	0	1
0	×	×	0	1	1	1	1	1	1	0	1	0	1
0	×	0	1	1	1	1	1	1	1	1	0	0	1
0	0	1	1	1	1	1	1	1	1	1	1	0	1

下面根据 74LS148 的真值表对其逻辑功能说明如下:

① $\overline{I_7} \sim \overline{I_0}$ 为 8 个编码输入端,低电平有效。$\overline{I_7}$ 优先级别最高,依次降低,$\overline{I_0}$ 优先级别最低。

②$\overline{Y_2} \sim \overline{Y_0}$ 为 3 个二进制代码输出端,低电平有效,即采用反码形式。

③$\overline{S}$ 为选通输入端,低电平有效。

当 $\overline{S} = 1$ 时,禁止编码器工作。此时不管编码输入端有无编码请求,输出 $\overline{Y_2} \, \overline{Y_1} \, \overline{Y_0} = 111$、$\overline{Y_S} = 1$、$\overline{Y_{EX}} = 1$。

当 $\overline{S} = 0$ 时,允许编码器工作。当输入端无编码请求时,输出 $\overline{Y_2} \, \overline{Y_1} \, \overline{Y_0} = 111$,此时 $\overline{Y_S} = 0$、$\overline{Y_{EX}} = 1$。当输入端有编码请求时,编码器按优先级别为优先权高的输入信号进行编码,此时 $\overline{Y_S} = 1$、$\overline{Y_{EX}} = 0$。

④$\overline{Y_S}$ 为选通输出端、$\overline{Y_{EX}}$ 为扩展输出端。应用 $\overline{Y_S}$ 和 $\overline{Y_{EX}}$ 端,可以实现编码器的功能扩展。

(2) 二-十进制优先编码器

二-十进制编码器也就是 BCD 编码器,是对输入的十进制数 0～9 进行二进制编码。图 2-10 所示是集成 8421BCD 优先编码器 74LS147 的符号图和引脚排列图。

图 2-10 74LS147 的符号图和引脚排列图

(a) 国际符号　　　(b) 惯用符号　　　(c) 引脚排列图

表 2-5 为 74LS147 优先编码器的真值表。

表 2-5　74LS147 优先编码器的真值表

输				入					输		出	
$\overline{I_9}$	$\overline{I_8}$	$\overline{I_7}$	$\overline{I_6}$	$\overline{I_5}$	$\overline{I_4}$	$\overline{I_3}$	$\overline{I_2}$	$\overline{I_1}$	$\overline{Y_3}$	$\overline{Y_2}$	$\overline{Y_1}$	$\overline{Y_0}$
1	1	1	1	1	1	1	1	1	1	1	1	1
0	×	×	×	×	×	×	×	×	0	1	1	0
1	0	×	×	×	×	×	×	×	0	1	1	1
1	1	0	×	×	×	×	×	×	1	0	0	0
1	1	1	0	×	×	×	×	×	1	0	0	1
1	1	1	1	0	×	×	×	×	1	0	1	0
1	1	1	1	1	0	×	×	×	1	0	1	1
1	1	1	1	1	1	0	×	×	1	1	0	0
1	1	1	1	1	1	1	0	×	1	1	0	1
1	1	1	1	1	1	1	1	0	1	1	1	0

下面根据 74LS147 的真值表对其逻辑功能说明如下:

①$\overline{I_1} \sim \overline{I_9}$ 为 9 个编码输入端,低电平有效。优先级别最高的是 $\overline{I_9}$,依次降低,$\overline{I_1}$ 优先权最低。当 $\overline{I_9} \sim \overline{I_1}$ 全为高电平,即无编码请求时,输出端 $\overline{Y_3} \sim \overline{Y_0}$ 全为高电平,此时相当于对 $\overline{I_0}$ 进行隐含编码。

②$\overline{Y_3} \sim \overline{Y_0}$ 为 4 个 BCD 码的输出端,低电平有效,即输出为 8421BCD 的反码。

二、译码器与显示器

译码是编码的逆过程,是将输入的二进制代码译成对应的输出高、低电平信号。能实现译码功能的电路称为译码器。常用的译码器有二进制译码器、二-十进制译码器和显示译码器 3 种。

1. 二进制译码器

二进制译码器的输入是一组二进制代码,输出是一组与输入代码对应的高、低电平信号。常见的译码器有二输入-四输出译码器(简称 2 线- 4 线译码器)、3 线- 8 线译码器、4 线- 16 线译码器等。

图 2 - 11 所示为二进制 3 线- 8 线译码器 74LS138 的符号图和引脚排列图。

(a) 国际符号　　　(b) 惯用符号　　　(c) 引脚排列图

图 2 - 11
74LS138
的符号图和
引脚排列图

表 2 - 6 为二进制 3 线- 8 线译码器 74LS138 的真值表。

表 2 - 6　二进制 3 线-8 线译码器 74LS138 的真值表

S_1	$\overline{S_2}+\overline{S_3}$	A_2	A_1	A_0	$\overline{Y_0}$	$\overline{Y_1}$	$\overline{Y_2}$	$\overline{Y_3}$	$\overline{Y_4}$	$\overline{Y_5}$	$\overline{Y_6}$	$\overline{Y_7}$
×	1	×	×	×	1	1	1	1	1	1	1	1
0	×	×	×	×	1	1	1	1	1	1	1	1
1	0	0	0	0	0	1	1	1	1	1	1	1
1	0	0	0	1	1	0	1	1	1	1	1	1
1	0	0	1	0	1	1	0	1	1	1	1	1
1	0	0	1	1	1	1	1	0	1	1	1	1
1	0	1	0	0	1	1	1	1	0	1	1	1
1	0	1	0	1	1	1	1	1	1	0	1	1
1	0	1	1	0	1	1	1	1	1	1	0	1
1	0	1	1	1	1	1	1	1	1	1	1	0

根据 74LS138 的真值表对其逻辑功能说明如下：

① A_2、A_1、A_0 为 3 个二进制代码输入端，输入的是 3 位二进制原码。

② $\overline{Y_7} \sim \overline{Y_0}$ 为 8 个输出端，低电平有效。

由其真值表可写出各输出端的逻辑表达式：

$$\overline{Y_0} = \overline{\overline{A_2}\ \overline{A_1}\ \overline{A_0}} = \overline{m_0} \qquad \overline{Y_4} = \overline{A_2\ \overline{A_1}\ \overline{A_0}} = \overline{m_4}$$

$$\overline{Y_1} = \overline{\overline{A_2}\ \overline{A_1}A_0} = \overline{m_1} \qquad \overline{Y_5} = \overline{A_2\ \overline{A_1}A_0} = \overline{m_5}$$

$$\overline{Y_2} = \overline{\overline{A_2}A_1\ \overline{A_0}} = \overline{m_2} \qquad \overline{Y_6} = \overline{A_2 A_1\ \overline{A_0}} = \overline{m_6}$$

$$\overline{Y_3} = \overline{\overline{A_2}A_1 A_0} = \overline{m_3} \qquad \overline{Y_7} = \overline{A_2 A_1 A_0} = \overline{m_7}$$

③ S_1、$\overline{S_2}$、$\overline{S_3}$ 为 3 个输入控制端，其中 S_1 高电平有效，$\overline{S_2}$、$\overline{S_3}$ 低电平有效。

当 $S_1 = \mathbf{0}$ 或 $\overline{S_2} + \overline{S_3} = \mathbf{1}$ 时，译码器不工作，$\overline{Y_7} \sim \overline{Y_0}$ 均为高电平；当 $S_1 = \mathbf{1}$ 且 $\overline{S_2} + \overline{S_3} = \mathbf{0}$ 时，译码器工作。

图 2-12 所示为采用 Multisim 仿真软件设计的 74LS138 功能测试电路。从图中可以看出，当输入 **001** 时，Y_1 为低电平，其余输出为高电平。

仿真演示：
74LS138 功能
测试

图 2-12
74LS138 功能
测试电路

利用 S_1、$\overline{S_2}$、$\overline{S_3}$ 这三端可以扩展译码器的功能，例如两片 3 线-8 线译码器可以扩展为一个 4 线-16 线译码器，逻辑电路如图 2-13 所示。

2. 二-十进制译码器 74LS42

二-十进制译码器是将输入的 8421BCD 码译成对应的十进制数的电路，也称这种译码器为 4 线-10 线译码器。图 2-14 所示为二-十进制译码器 74LS42 的符号图和引脚排列图。

图 2 - 13
两片 3 线 - 8 线译码器扩展成 4 线 - 16 线译码器

(a) 国际符号　　　　　(b) 惯用符号　　　　　(c) 引脚排列图

图 2 - 14　74LS42 的符号图和引脚排列图

表 2 - 7 为二-十进制译码器 74LS42 的真值表。

表 2 - 7　二-十进制译码器 74LS42 的真值表

十进制数	输　　入				输　　　　　出									
	A_3	A_2	A_1	A_0	$\overline{Y_0}$	$\overline{Y_1}$	$\overline{Y_2}$	$\overline{Y_3}$	$\overline{Y_4}$	$\overline{Y_5}$	$\overline{Y_6}$	$\overline{Y_7}$	$\overline{Y_8}$	$\overline{Y_9}$
0	0	0	0	0	0	1	1	1	1	1	1	1	1	1
1	0	0	0	1	1	0	1	1	1	1	1	1	1	1
2	0	0	1	0	1	1	0	1	1	1	1	1	1	1
3	0	0	1	1	1	1	1	0	1	1	1	1	1	1
4	0	1	0	0	1	1	1	1	0	1	1	1	1	1
5	0	1	0	1	1	1	1	1	1	0	1	1	1	1
6	0	1	1	0	1	1	1	1	1	1	0	1	1	1
7	0	1	1	1	1	1	1	1	1	1	1	0	1	1
8	1	0	0	0	1	1	1	1	1	1	1	1	0	1
9	1	0	0	1	1	1	1	1	1	1	1	1	1	0

续 表

十进制数	输 入				输 出									
	A_3	A_2	A_1	A_0	$\overline{Y_0}$	$\overline{Y_1}$	$\overline{Y_2}$	$\overline{Y_3}$	$\overline{Y_4}$	$\overline{Y_5}$	$\overline{Y_6}$	$\overline{Y_7}$	$\overline{Y_8}$	$\overline{Y_9}$
无效码	1	0	1	0	1	1	1	1	1	1	1	1	1	1
	1	0	1	1	1	1	1	1	1	1	1	1	1	1
	1	1	0	0	1	1	1	1	1	1	1	1	1	1
	1	1	0	1	1	1	1	1	1	1	1	1	1	1
	1	1	1	0	1	1	1	1	1	1	1	1	1	1
	1	1	1	1	1	1	1	1	1	1	1	1	1	1

下面根据 74LS42 的真值表对其逻辑功能说明如下：

① $A_3 \sim A_0$ 为 4 个输入端，输入的是 8421BCD 码。

② $\overline{Y_0} \sim \overline{Y_9}$ 为 10 个输出端，低电平有效。

③ 当输入伪码，即代码为 **1010～1111** 时，输出端 $\overline{Y_9} \sim \overline{Y_0}$ 全为高电平。

该译码器也可当作 3 线-8 线译码器使用。此时可用 A_3 作为输入控制端，$\overline{Y_0} \sim \overline{Y_7}$ 作为输出端，$\overline{Y_8}$、$\overline{Y_9}$ 闲置。当 A_3 为低电平时，译码器工作；当 A_3 为高电平时，禁止译码器工作。

👁 思考：

编码和译码的定义是什么？它们之间的关系如何？

3. 显示译码器

在数字系统中常常需要将数字、字母或符号等直观地显示出来，以便人们观测、查看。能够显示数字、字母或符号等图形的电路器件称为显示器。需要显示的数字、字母或符号等先要以一定的二进制代码的形式表示出来，所以在送到显示器之前要先经显示译码器进行译码，即将这些二进制代码转换成显示器所需的驱动信号。这些驱动信号是一组高、低电平信号。

（1）七段数码显示器

七段数码显示器是用来显示十进制数 0～9 十个数码的器件。常见的七段数码显示器有半导体数码（LED）显示器和液晶显示器（LCD）两种，它们是由七段可发光的字段组合而成的。

① 七段半导体数码（LED）显示器

LED 显示器（又称数码管）是由七段发光二极管组成的，如图 2-15（a）所

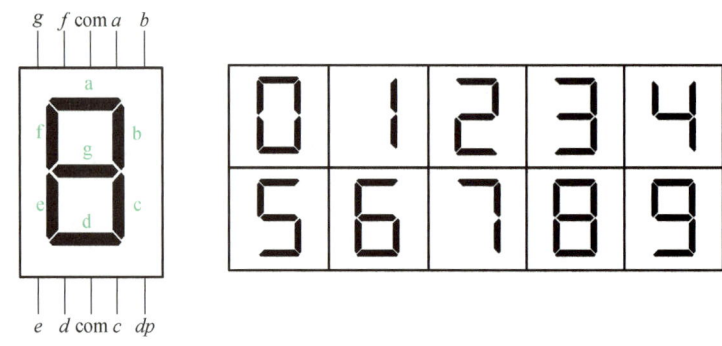

图 2-15　LED 显示器　　　　（a）外形　　　　（b）显示的10个数字

示。七段的不同组合能显示出 10 个阿拉伯数字,如图 2-15(b)所示。

LED 显示器的内部接法有两种,分别为**共阴极**接法和**共阳极**接法,如图
2-16 所示。

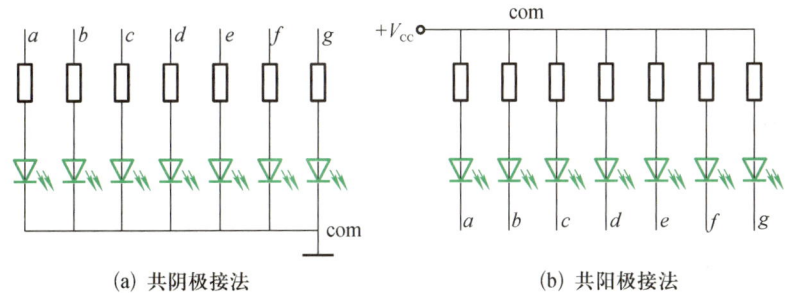

(a) 共阴极接法　　　　　　(b) 共阳极接法

图 2-16
LED 显示器的内部接法

LED 显示器的主要优点是清晰悦目、工作电压低(1.5～3 V)、体积小、寿命长(一般大于 1 000 h)、可靠性高、响应时间短(1～100 ns);缺点是工作电流大。LED 数码管是目前最常用的数字显示器件,常见的共阴极型号有 BS201、BS202、BS207 及 LC5011-11 等;共阳极型号有 BS204、BS206 及 LA5011-11 等。

② 液晶显示器(LCD)

液晶是既有液体的流动性,又有某些光学特性的有机化合物,它的透明度和颜色受外电场的控制。利用这一特点,可做成电场控制的七段液晶数码显示器,其字形与七段半导体数码显示器相同。这种显示器在没有外加电场时,液晶分子排列整齐,入射的光线大部分被反射回来,液晶为透明状态,显示器呈白色。当在相应字段的电极上加上电压后,液晶中的分子因电离产生正离子,这些正离子在电场作用下运动,并不断撞击其他液晶分子,从而破坏了液晶分子的整齐排列,原来透明的液晶变成了暗灰色,显示出相应的数字。当外加电压撤掉时,液晶分子又恢复到整齐排列的状态,显示的数字也随之消失。

液晶显示器的主要优点是功耗极小,工作电压低;缺点是亮度较差,响应速度慢。

(2) BCD 七段显示译码器

LED 显示器若要显示十进制数字,需要在其输入端加驱动信号。**BCD 七段显示译码器**就是一种能将 BCD 代码转换成 LED 显示器所需要的驱动信号的逻辑电路。它输入的是 8421BCD 码,输出的是与 LED 显示器相对应的 7 位二进制代码,其结构框图如图 2-17 所示。

BCD 七段显示译码器按其输出有效电平不同(即可使每段"点亮"的驱动电平不同),可分为输出低电平有效和输出高电平有效两大类。图 2-18 所示为 BCD 七段显示译码器 74LS48 的符号图和引脚排列图。它输出高电平有效,因此可与共阴极 LED 显示器配合使用。

图 2-17　七段显示译码器结构框图

图 2-18
74LS48 的符号图
和引脚排列图

（a）国际符号　　　　　　　　（b）惯用符号　　　　　　　　（c）引脚排列图

表 2-8 为 BCD 七段显示译码器 74LS48 的真值表。

表 2-8　BCD 七段显示译码器 74LS48 的真值表

输　　入						输　　出							显示字形
$\overline{LT}$	$\overline{RBI}$	A_3	A_2	A_1	A_0	Y_a	Y_b	Y_c	Y_d	Y_e	Y_f	Y_g	
0	×	×	×	×	×	1	1	1	1	1	1	1	8
1	1	0	0	0	0	1	1	1	1	1	1	0	0
1	×	0	0	0	1	0	1	1	0	0	0	0	1
1	×	0	0	1	0	1	1	0	1	1	0	1	2
1	×	0	0	1	1	1	1	1	1	0	0	1	3
1	×	0	1	0	0	0	1	1	0	0	1	1	4
1	×	0	1	0	1	1	0	1	1	0	1	1	5
1	×	0	1	1	0	0	0	1	1	1	1	1	6
1	×	0	1	1	1	1	1	1	0	0	0	0	7
1	×	1	0	0	0	1	1	1	1	1	1	1	8
1	×	1	0	0	1	1	1	1	0	0	1	1	9

根据 74LS48 的真值表，对其逻辑功能说明如下：

① $A_3 \sim A_0$ 为 4 个数码输入端，输入的是 8421BCD 码。

② $Y_a \sim Y_g$ 为 7 个输出端，输出的是 7 位二进制代码，高电平有效。输出代码中的 **1** 对应 LED 显示器的线段亮，**0** 对应的 LED 显示器的线段不亮。

③ $\overline{LT}$ 为试灯输入端，低电平有效。当 $\overline{LT} = 0$ 时，无论输入端 $A_3 \sim A_0$ 为

何状态,输出端 $Y_a \sim Y_g$ 全为高电平,可使 LED 显示器的七段同时点亮,由此可判断 LED 显示器的各段能否正常发光。此时 $\overline{BI}/\overline{RBO}$ 作为输出端,输出高电平。七段显示译码器工作时,需置 $\overline{LT} = \mathbf{1}$。

④ $\overline{RBI}$ 为灭零输入端,低电平有效。当 $\overline{LT} = 1$、$A_3 \sim A_0 = \mathbf{0000}$ 时,LED 显示器应显示数字"0"。此时,若使 $\overline{RBI} = \mathbf{0}$ 便可使这个零熄灭。其作用是将多余的 0 熄灭。

⑤ $\overline{BI}/\overline{RBO}$ 为灭灯输入/灭零输出端。$\overline{BI}$ 输入低电平时,无论 $\overline{LT}$、$\overline{RBI}$、$A_3 \sim A_0$ 为何状态,输出端 $Y_a \sim Y_g$ 均为低电平,LED 显示器各段同时被熄灭。当译码器工作时,$\overline{BI}$ 应置高电平。$\overline{BI}/\overline{RBO}$ 作为输出端使用时,只有当 $\overline{LT} = \mathbf{1}$、$A_3 \sim A_0 = \mathbf{0000}$、$\overline{RBI} = \mathbf{0}$ 时,$\overline{RBO}$ 才会输出低电平。

将灭零输入端与灭零输出端配合使用,即可实现多位数码显示系统的灭零控制。图 2–19 所示为灭零控制的连接方法。

图 2–19　灭零控制的连接方法

知识链接

显示译码器与数码管的配接

显示译码器按输出电平不同可分为高电平有效和低电平有效两种。输出高电平有效的显示译码器(例如,74LS48、74LS248、CC4511 等)可与共阴极数码管直接相连;输出低电平有效的显示译码器(例如,74LS47、74LS247 等)可与共阳极数码管直接相连。

4. 译码器实现组合逻辑函数

二进制译码器的输出为输入量的全部最小项,即每一个输出都对应一个最小项。而任何一个逻辑函数都可变换为最小项之和的标准**与或**表达式,因此,二进制译码器和门电路配合可实现任何组合逻辑函数。

🔒 **例 2–4** 试用 3 线–8 线译码器配合门电路实现逻辑函数:$Y = \overline{A}\,\overline{B}\,\overline{C} + AB\overline{C} + BC$。

解: 设输入变量 $A = A_2$、$B = A_1$、$C = A_0$。

先变换逻辑表达式为最小项之和的形式:

$$Y = \overline{A}\,\overline{B}\,\overline{C} + AB\overline{C} + BC$$
$$= \overline{A}\,\overline{B}\,\overline{C} + AB\overline{C} + BC(A + \overline{A})$$
$$= \overline{A}\,\overline{B}\,\overline{C} + AB\overline{C} + \overline{A}BC + ABC$$
$$= m_0 + m_6 + m_3 + m_7$$
$$= \overline{\overline{m_0} \cdot \overline{m_3} \cdot \overline{m_6} \cdot \overline{m_7}}$$
$$= \overline{\overline{Y_0} \cdot \overline{Y_3} \cdot \overline{Y_6} \cdot \overline{Y_7}}$$

然后根据变换后的逻辑函数连线,保证译码器处于译码工作状态,即 $S_1 = $ **1**、$\overline{S_2} = \overline{S_3} = $ **0**,其逻辑图如图 2-20 所示。

图 2-20 例 2-4 逻辑图

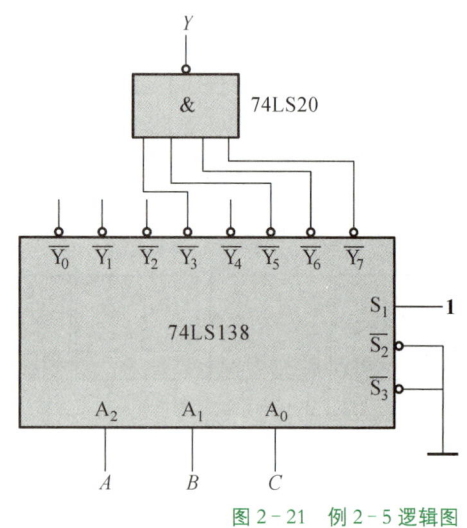

图 2-21 例 2-5 逻辑图

例 2-5 试用译码器配合门电路设计一个三人表决电路。当三个人中多数表示同意,则表决通过,否则表决不通过。

解:

(1) 逻辑抽象(同项目 2 任务 1 中例 2-2)。

(2) 选定逻辑器件。

采用 3 线-8 线译码器 74LS138 和双 4 输入与非门 74LS20 实现。

(3) 变换逻辑函数。

$$Y = \overline{A}BC + A\overline{B}C + AB\overline{C} + ABC$$
$$= m_3 + m_5 + m_6 + m_7$$
$$= \overline{\overline{m_3} \cdot \overline{m_5} \cdot \overline{m_6} \cdot \overline{m_7}}$$

(4) 画逻辑图,如图 2-21 所示。

◉ 注意:

在设计组合逻辑电路时,如果采用门电路实现,需将函数化简成最简**与或**式,然后根据设计要求进行相应的变换;如果采用集成组合逻辑器件(如译码器、数据选择器)实现,则无须对最小项进行化简,只需进行相应的变换即可。

知识点检测 2

1. 数字电路中,编码的定义为_____
_____,译码是_____的逆过程。

2. 一个班级有 36 名学生,现采用二进制编码器对每位学生进行编码,则编码器的输出至少应为_____位二进制码才能满足要求。

3. 七段数码管内部有两种接法,分别为_____接法和_____接法。

4. 74LS48 可直接驱动_____数码管,74LS47 可直接驱动_____数码管。

5. 74LS48 试灯输入端 $\overline{LT}$_____电平有效。工作时,应置为 $\overline{LT}$ 为_____电平。

6. 一片 74LS138 译码器可同时实现_____(一个还是多个)函数。

7. 用译码器实现函数时,须得出_____(最小项或最简)表达式。

任务 3　数据选择器及其应用

任务目标

① 理解数据选择器的定义。
② 掌握 4 选 1 及 8 选 1 数据选择器的使用。
③ 熟练掌握采用数据选择器实现组合逻辑函数。

一、认识数据选择器

数据选择器又称多路选择器或多路开关,它是从多路输入数据中选择一路数据输出。其功能相当于图 2 - 22 所示的受控单刀多掷开关,是一个多输入、单输出的组合逻辑电路。

从图 2 - 22 中可以看出,$D_0 \sim$ D_{N-1} 为 N 个数据输入端,Y 为数据输出端。某一时刻,在输入端 N 个数据输入信号中,只允许有一个输入信号被选择作为输出信号。$A_{n-1} \sim A_0$ 为 n 个数据选择输入端,也称**地址输入端**。输入信号的选择

图 2 - 22
数据选择器功能示意图

是通过数据选择输入端的二进制代码来控制的(其中 $N = 2^n$)。常用的数据选择器有 4 选 1、8 选 1、16 选 1 数据选择器等。

1. 4 选 1 数据选择器

74LS153 是双 4 选 1 数据选择器,符号图和引脚排列图如图 2－23 所示。

图 2－23
74LS153 符号图
和引脚排列图

（a）国际符号　　　　（b）惯用符号　　　　（c）引脚排列图

表 2－9 为双 4 选 1 数据选择器 74LS153 的真值表,根据其真值表,对 74LS153 的逻辑功能说明如下:

① $1D_0 \sim 1D_3$、$2D_0 \sim 2D_3$ 分别为两个数据选择器的数据输入端。

② $1Y$、$2Y$ 分别为两个数据选择器的输出端。

③ A_1、A_0 为地址输入端,两个数据选择器共用。输出信号选择输入信号中的哪一路,是由地址输入端决定的。例如地址输入端 $A_1A_0 = \mathbf{00}$ 时,$1Y = 1D_0$、$2Y = 2D_0$;若 $A_1A_0 = \mathbf{10}$,则 $1Y = 1D_2$、$2Y = 2D_2$。

④ $1\overline{S}$、$2\overline{S}$ 分别为两个数据选择器的选通输入端,低电平有效。$\overline{S} = \mathbf{1}$ 时数据选择器不工作,输出 Y 保持低电平;$\overline{S} = \mathbf{0}$ 时数据选择器工作。

仿真演示:
74LS153 功能
测试

表 2－9　双 4 选 1 数据选择器 74LS153 的真值表

输　　　　入							输　出
$\overline{S}$	A_1	A_0	D_3	D_2	D_1	D_0	Y
1	×	×	×	×	×	×	0
0	0	0	×	×	×	0	0
0	0	0	×	×	×	1	1
0	0	1	×	×	0	×	0
0	0	1	×	×	1	×	1
0	1	0	×	0	×	×	0
0	1	0	×	1	×	×	1
0	1	1	0	×	×	×	0
0	1	1	1	×	×	×	1

根据其真值表得 4 选 1 数据选择器输出逻辑表达式为

$$Y = \overline{A_1}\,\overline{A_0}D_0 + \overline{A_1}A_0D_1 + A_1\,\overline{A_0}D_2 + A_1A_0D_3$$
$$= m_0D_0 + m_1D_1 + m_2D_2 + m_3D_3$$

图 2‑24 所示为采用 Multisim 仿真软件设计的 74LS153 功能测试电路。从图中可以看出,当地址输入为 **10** 时,选择 1C2 端数据输出,所以输出端的指示灯亮。

👁 **思考:**

8 选 1 数据选择器如何使用,它有几个地址输入端? 能否写出 8 选 1 数据选择器的输出逻辑表达式?

图 2‑24　74LS153 功能测试电路

2. 8 选 1 数据选择器

图 2‑25 所示为 8 选 1 数据选择器 74LS151 的符号图和引脚排列图。表 2‑10 为 8 选 1 数据选择器 74LS151 的真值表。

(a) 国际符号　　　　(b) 惯用符号　　　　(c) 引脚排列图

图 2‑25
74LS151 符号图和
引脚排列图

表 2‑10　8 选 1 数据选择器 74LS151 的真值表

输　　入				输　　出	
$\overline{S}$	A_2	A_1	A_0	Y	$\overline{Y}$
1	×	×	×	0	1
0	0	0	0	D_0	$\overline{D_0}$

续　表

输　　入				输　　出	
$\overline{S}$	A_2	A_1	A_0	Y	$\overline{Y}$
0	0	0	1	D_1	$\overline{D_1}$
0	0	1	0	D_2	$\overline{D_2}$
0	0	1	1	D_3	$\overline{D_3}$
0	1	0	0	D_4	$\overline{D_4}$
0	1	0	1	D_5	$\overline{D_5}$
0	1	1	0	D_6	$\overline{D_6}$
0	1	1	1	D_7	$\overline{D_7}$

根据真值表得 8 选 1 数据选择器的输出逻辑表达式为

$$Y = \overline{A_2}\,\overline{A_1}\,\overline{A_0}D_0 + \overline{A_2}\,\overline{A_1}A_0 D_1 + \overline{A_2}A_1\,\overline{A_0}D_2 + \overline{A_2}A_1 A_0 D_3$$
$$+ A_2\,\overline{A_1}\,\overline{A_0}D_4 + A_2\,\overline{A_1}A_0 D_5 + A_2 A_1\,\overline{A_0}D_6 + A_2 A_1 A_0 D_7$$
$$= m_0 D_0 + m_1 D_1 + m_2 D_2 + m_3 D_3 + m_4 D_4 + m_5 D_5 + m_6 D_6 + m_7 D_7$$

二、数据选择器的应用

1. 数据选择器的扩展

74LS153 是双 4 选 1 数据选择器,用 74LS153 可以实现 8 选 1 数据选择器的功能,电路连接如图 2 - 26 所示。

微课：数据选择器

图 2 - 26　一片 74LS153 实现 8 选 1 数据选择器功能

> **思考:**
> 图 2 - 26 中输出为什么采用或门实现？如果将或门改成与门,输出状态如何？

通过分析图 2 - 26 可知,在某一时刻其中一个数据选择器被选通,另一个被禁止工作。也就是说 1Y 和 2Y 中一个为数据的输出,另一个为低电平 0,所以总的输出采用**或**门来实现。如果将**或**门改成**与**门,则总的输出始终维持低电平 **0**。

> **思考:**
> 如何采用两片 74LS151 实现 16 选 1 数据选择器的功能？

2. 实现组合逻辑函数

当数据选择器处于工作状态即 $\overline{S} = \mathbf{0}$,而且输入的全部数据($D_0 \sim D_7$)为

1 时,输出函数 Y 的表达式便是地址变量的全体最小项之和。而任何一个逻辑
函数都可以写成最小项之和的形式,所以用数据选择器可以很方便地实现组
合逻辑函数。其方法是若在数据选择器的输出函数表达式中包含逻辑函数中
的最小项时,则相应的输入数据取 **1**,而对于不包含在逻辑函数中的最小项,则
相应输入数据取 **0**。

🔒 **例 2-6** 试用下列两种方法实现逻辑函数 $F = A\overline{B}C + \overline{A}B + \overline{A}\,\overline{C}$ 。

(1) 8 选 1 数据选择器实现;(2) 4 选 1 数据选择器实现。

解:

(1) 用 8 选 1 数据选择器实现

① 写出逻辑函数的最小项表达式。

$$F = A\overline{B}C + \overline{A}B(\overline{C}+C) + \overline{A}\,\overline{C}(\overline{B}+B)$$

$$= A\overline{B}C + \overline{A}B\overline{C} + \overline{A}BC + \overline{A}\,\overline{B}\,\overline{C} + \overline{A}B\overline{C}$$

$$= m_5 + m_2 + m_3 + m_0 + m_2$$

$$= m_0 + m_2 + m_3 + m_5$$

② 将转换后的逻辑表达式与 8 选 1 数据选择器的输出函数表达式
比较。

8 选 1 数据选择器输出函数表达式为

$$Y = \overline{A_2}\,\overline{A_1}\,\overline{A_0}D_0 + \overline{A_2}\,\overline{A_1}A_0D_1 + \overline{A_2}A_1\,\overline{A_0}D_2 + \overline{A_2}A_1A_0D_3$$

$$+ A_2\,\overline{A_1}\,\overline{A_0}D_4 + A_2\,\overline{A_1}A_0D_5 + A_2A_1\,\overline{A_0}D_6 + A_2A_1A_0D_7$$

$$= m_0D_0 + m_1D_1 + m_2D_2 + m_3D_3 + m_4D_4 + m_5D_5 + m_6D_6 + m_7D_7$$

令 $A_2 = A, A_1 = B, A_0 = C$。当 $D_0 = D_2 = D_3 = D_5 = $ **1**、$D_1 = D_4 = D_6 = D_7 = $ **0** 时,则 $Y = F$。

③ 根据上述结论画连线图,如图 2-27 所示。

图 2-27　例 2-6 采用 74LS151 实现

(2) 用 4 选 1 数据选择器实现

① 分离变量及变换逻辑表达式。

因为所求逻辑函数的输入变量为 3 个,而 4 选 1 数据选择器的地址变量为两个,所以需要将多余的一个输入变量分离出去,再将剩余的变量组合变换成最小项形式。

$$
\begin{aligned}
F &= A\overline{B}C + \overline{A}B + \overline{A}\,\overline{C} \\
&= A\overline{B}(C) + \overline{A}B + \overline{A}(\overline{C}) \\
&= A\overline{B}(C) + \overline{A}B + \overline{A}\,\overline{B}(\overline{C}) + \overline{A}B(\overline{C}) \\
&= A\overline{B}(C) + \overline{A}B + \overline{A}\,\overline{B}(\overline{C}) \\
&= m_2(C) + m_1 + m_0(\overline{C}) \\
&= m_0(\overline{C}) + m_1 \cdot \mathbf{1} + m_2(C)
\end{aligned}
$$

② 将转换后的逻辑表达式与 4 选 1 数据选择器的输出函数表达式比较。

4 选 1 数据选择器输出函数表达式为

$$
\begin{aligned}
Y &= \overline{A_1}\,\overline{A_0}D_0 + \overline{A_1}A_0 D_1 + A_1\overline{A_0}D_2 + A_1 A_0 D_3 \\
&= m_0 D_0 + m_1 D_1 + m_2 D_2 + m_3 D_3
\end{aligned}
$$

令 $A_1 = A$、$A_0 = B$。当 $D_0 = \overline{C}$、$D_1 = \mathbf{1}$、$D_2 = C$、$D_3 = \mathbf{0}$ 时,则 $Y = F$。

③ 根据上述结论画连线图,如图 2 - 28 所示。

想一想:

任意四变量的组合逻辑函数采用一片 8 选 1 数据选择器可以实现吗?

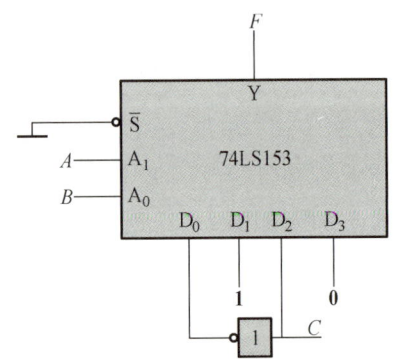

图 2 - 28 例 2 - 6 采用 74LS153 实现

例 2 - 7 采用数据选择器设计一个三人表决电路。当 3 个人中多数表示同意,则表决通过,否则表决不通过。

解:

(1) 逻辑抽象及逻辑表达式(同项目 2 任务 1 中例 2 - 2)。

(2) 选定逻辑器件及画逻辑图。

① 采用 74LS151 实现。

画逻辑图,如图 2 - 29 所示。令 $A_2 = A$,$A_1 = B$,$A_0 = C$,且 $D_0 = D_1 =$

$D_2 = D_4 = \mathbf{0}$、$D_3 = D_5 = D_6 = D_7 = \mathbf{1}$。

图 2 - 29 例 2 - 7 采用 74LS151 实现的逻辑图

图 2 - 30 例 2 - 7 采用 74LS153 实现的逻辑图

② 采用 74LS153 实现。

变换逻辑函数为

$$
\begin{aligned}
Y &= \overline{A}BC + A\overline{B}C + AB\overline{C} + ABC \\
&= \overline{A}B(C) + A\overline{B}(C) + AB(\overline{C}) + AB(C) \\
&= m_1 C + m_2 C + m_3 \overline{C} + m_3 C \\
&= m_1 C + m_2 C + m_3 \cdot \mathbf{1}
\end{aligned}
$$

画逻辑图,如图 2 - 30 所示。令 $A_1 = A, A_0 = B$,取 $D_0 = \mathbf{0}$、$D_1 = C$、$D_2 = C$、$D_3 = \mathbf{1}$。

根据上述例题可以得出以下结论:

① 逻辑函数的变量个数与数据选择的地址输入变量的个数相同时,可直接用数据选择器来实现。

② 逻辑函数的变量个数多于数据选择的地址输入变量的个数时,应分离多余的变量,将余下的变量分别有序地加到数据选择器的地址输入端上。

仿真演示:
74LS153 实现
故障报警电路

▌知识拓展▌
数据分配器的使用

在数字系统尤其是计算机数字系统中,为了减少传输线,经常采用总线技术,即在同一条线上对多路数据进行接收或传送。用来实现这种逻辑功能的数字电路就是数据选择器和数据分配器,如图 2 - 31 所示。数据选择器和数据分配器的作用相当于单刀多掷开关。数据选择器是多输入,单输出;数据分配器是单输入,多输出。

数据分配器是数据选择器的逆过程。数据分配器有一根输入线、n 根选择

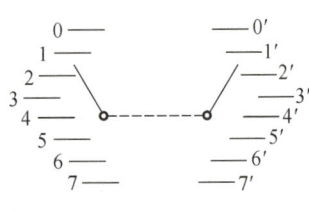

图 2 – 31
在一条总线上接收与传送 8 路数据　　　(a) 逻辑功能框图　　　　　　　　(b) 示意图

控制线和 2^n 根输出线。根据 n 个选择变量的不同代码组合来选择输入数据从哪个输出通道输出。

在集成电路系列器件中并没有专门的数据分配器，一般说来，凡具有使能控制输入的译码器都能作为数据分配器使用。只要将译码器使能控制输入端作为数据输入端，将二进制代码输入端作为地址控制端即可。

图 2 – 32
8 路数据分配器

图 2 – 32 所示为由 3 线 – 8 线译码器 74LS138 构成的 8 路数据分配器。图中 $\overline{S_2}$ 作为数据输入端 D，$A_2 \sim A_0$ 为地址信号输入端，$\overline{Y_0} \sim \overline{Y_7}$ 为数据输出端。

在许多通信应用中，通信线路是成本较高的资源，为了有效利用线路资源，经常采用分时复用线路的方法。多个发送设备(如 X_0、X_1、X_2…)与多个接收设备(如 Y_0、Y_1、Y_2…)间只使用一条线路连接，如图 2 – 33 所示。

图 2 – 33　传输线路的分时复用法

当发送设备 X_2 需要向接收设备 Y_5 发送数据时，发送设备选择控制端送入 **010**，数据选择器将 X_2 的输出接到传输线路上。而接收设备选择控制端送入

101,数据分配器将线路上的数据分配到接收设备 Y_5 的接收端,实现了信息传送。这种方法称为**分时复用技术**。

当然在 X_2 向 Y_5 传送数据时,其他设备就不能传送数据,打电话时听到的"占线"或者"线路忙"就是这样一种情况。

知识点检测 3

1. 74LS153 属于＿＿选 1 数据选择器,74LS151 属于＿＿选 1 数据选择器。

2. 74LS153 数据选择器输出逻辑表达式为＿＿＿＿＿＿＿＿＿＿＿＿＿＿＿＿＿＿＿＿＿＿＿＿,74LS151 数据选择器输出逻辑表达式为＿＿＿＿＿＿＿＿＿＿＿＿＿＿＿＿＿＿＿＿＿＿＿＿＿＿＿＿。

3. 两片 74LS151 级联,可实现＿＿＿＿选 1 数据选择器。

4. 采用数据选择器进行 16 选 1,需＿＿位地址输入端。

5. 74LS153 内有＿＿＿＿个 4 选 1 数据选择器。

6. 一片 74LS151 数据选择器可同时实现＿＿＿＿＿(一个还是多个)函数。

任务 4　认识加法器

任务目标

① 了解半加器的使用。
② 掌握全加器的设计。
③ 会采用多个全加器构成多位加法器。
④ 掌握集成加法器的使用。

在数字系统中,两个二进制数经常要进行加、减、乘、除等算术运算。加法运算是算术运算中最基本的运算,其他的运算都可以转化成加法运算来实现。能实现加法运算的电路称为加法器。加法器按加数位数不同可分为：1 位加法器和多位加法器。

一、1 位二进制加法器

1. 半加器

两个 1 位二进制数相加,而不考虑来自低位进位数的运算称为**半加**,能实现半加运算的电路称为半加器。

设 A 和 B 为两个加数,S 为本位和,C 为向高位的进位。表 2-11 为半加器的真值表。

表 2 - 11 半加器的真值表

输	入	输	出
A	B	S	C
0	0	0	0
0	1	1	0
1	0	1	0
1	1	0	1

由真值表可写出半加器的逻辑表达式，即

$$S = \overline{A}B + A\overline{B} = A \oplus B$$

$$C = AB$$

根据逻辑表达式，画出半加器的逻辑图。半加器的逻辑图和逻辑符号如图 2 - 34 所示。

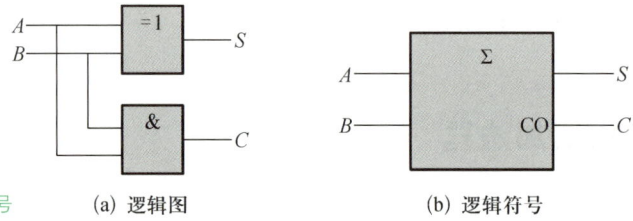

图 2 - 34 半加器的逻辑图和逻辑符号 　(a) 逻辑图　　　　　　　　　　(b) 逻辑符号

2. 全加器

两个 1 位二进制数相加，而且还要考虑来自低位进位的运算称为**全加**。能实现全加运算的电路称为全加器。例如，在两个二进制数进行全加运算时，不仅要考虑第 i 位上的加数 A_i 和 B_i，还要考虑来自低位的进位数 C_{i-1}，进而得到本位的和 S_i 和向高位的进位数 C_i。根据二进制加法的运算规则，可列出全加器的真值表，见表 2 - 12。

表 2 - 12 全加器的真值表

输		入	输	出
A_i	B_i	C_{i-1}	S_i	C_i
0	0	0	0	0
0	0	1	1	0
0	1	0	1	0
0	1	1	0	1
1	0	0	1	0
1	0	1	0	1
1	1	0	0	1
1	1	1	1	1

由真值表得到最小项表达式,然后进行变换为

$$S_i = \overline{A_i}\,\overline{B_i}C_{i-1} + \overline{A_i}B_i\,\overline{C_{i-1}} + A_i\,\overline{B_i}\,\overline{C_{i-1}} + A_iB_iC_{i-1}$$

$$= (\overline{A_i \oplus B_i})C_{i-1} + (A_i \oplus B_i)\,\overline{C_{i-1}}$$

$$= A_i \oplus B_i \oplus C_{i-1}$$

$$C_i = \overline{A_i}B_iC_{i-1} + A_i\,\overline{B_i}C_{i-1} + A_iB_i\,\overline{C_{i-1}} + A_iB_iC_{i-1}$$

$$= (A_i \oplus B_i)C_{i-1} + A_iB_i$$

由上述函数表达式可画出全加器的逻辑图,图 2 - 35 所示为全加器的逻辑图和逻辑符号。

(a) 逻辑图　　　　　　　　　　(b) 逻辑符号

👁 **思考:**

怎样采用多个全加器构成多位加法器?

图 2 - 35　全加器的逻辑图和逻辑符号

二、多位二进制加法器

能实现多位二进制加法运算的电路,称**多位二进制加法器**。多个 1 位二进制全加器级联就可以实现多位二进制加法运算。根据级联的方式不同,多位加法器可分为串行进位加法器和超前进位加法器两种。

图 2 - 36 所示是由 4 个全加器组成的 4 位二进制串行进位加法器。

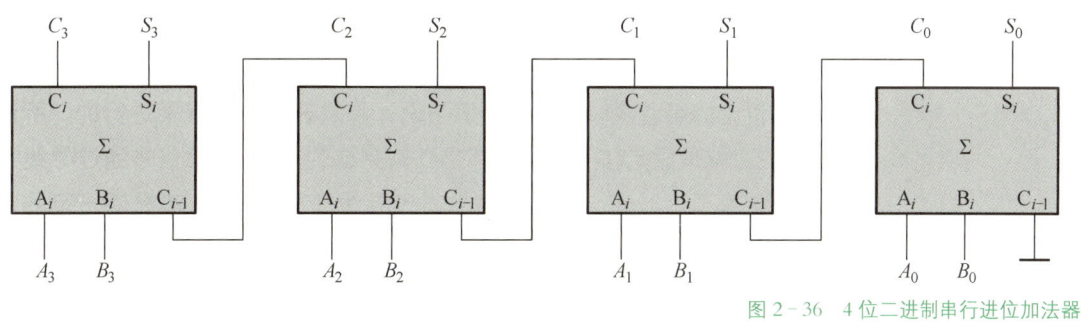

图 2 - 36　4 位二进制串行进位加法器

串行进位加法器的特点是低位全加器输出的进位信号 C_i 依次加到相邻的高位全加器的进位输入端 C_{i-1},最低位的进位输入端 C_{i-1} 接地。显然每一位的相加结果必须等到低一位的进位信号产生后才能建立起来。因此串行加法器的运算速度比较慢,这是它的主要缺点,但它的电路结构比较简单。当要求运算速度较高时,可采用超前进位加法器。它是根据加到第 i 位的进位输入信号 C_{i-1} 是由 A_{i+1}、B_{i+1} 这两个加数之前各位加数 A_i、A_{i-1}、$\cdots$、A_0 和 B_i、

B_{i-1}、…、B_0决定的原理，通过逻辑电路事先得出每一位全加器的进位输入信号。从而无须再从最低位开始向高位逐位传递进位信号了，因而有效地提高了运算速度。

74LS283就是一个4位二进制超前进位加法器，可进行4位二进制数的加法运算。图2-37所示为其逻辑符号和引脚排列图。

图2-37 74LS283的逻辑符号和引脚排列图

(a) 逻辑符号　　　　(b) 引脚排列图

下面对74LS283的功能做如下说明：

① $A_3 \sim A_0$、$B_3 \sim B_0$为8个数据输入端，可输入两组4位二进制数。A_3、B_3分别为两组4位二进制数的最高位，A_0、B_0分别为最低位。

② $S_3 \sim S_0$为4个数据输出端，可输出两组4位二进制数的和。

③ CI为来自低位的进位输入端。

④ CO为向高位进位的输出端。

> **思考：**
>
> 怎样采用两片74LS283构成一个8位二进制加法器？

┃ 知识拓展 ┃
组合逻辑电路的竞争和冒险问题

1. 竞争-冒险现象及产生的原因

前面讨论的组合逻辑电路的分析与设计都是在理想情况下进行的。所谓"理想"情况，就是假定信号的变化都是立刻完成的，没有考虑信号通过导线和逻辑门的传输延迟时间。实际上信号通过导线和门电路时，都需要一定的传输时间。

> **注意：**
>
> 大多数组合逻辑电路都存在着竞争，但不是所有的竞争都一定会产生冒险。

在组合逻辑电路中，同一个门的一组输入信号，由于它们在此前通过不同数目的门、经过不同长度导线的传输，到达门输入端的时间会有先有后，这种现象称为**竞争**。在组合逻辑电路中，因输入端的竞争而导致在输出端产生错误，即输出端产生不应有的窄干扰脉冲现象称为**冒险**。

在图2-38(a)所示的电路中，输出$Y = A + \overline{A}$。理想情况下其工作波形如图2-38(b)所示。如果考虑G_1门的平均传输延迟时间$1t_{pd}$时，则G_2输出端出现了一个不应该有的负向窄脉冲，波形如图2-38(c)所示，通常称之为**0冒险**。

(a) 逻辑图　　　(b) 理想波形图　　　(c) 存在 0 冒险的波形图

图 2 - 38
产生 0 冒险

同理,在图 2 - 39(a)所示的电路中,如考虑 G_1 门的平均传输延迟时间 $1t_{pd}$ 时,则在 G_2 输出端出现了一个不应有的正向窄脉冲,如图 2 - 39(b)所示,通常称之为 **1 冒险**。

(a) 逻辑图　　　(b) 波形图

图 2 - 39　产生 1 冒险

由上述分析可以看出,在组合逻辑电路中,当一个门电路输入两个同时向相反方向变化的互补信号时,则在输出端可能会产生冒险现象。

2. 判别冒险现象的方法

在组合逻辑电路中是否存在冒险现象可通过逻辑表达式来判别。其方法如下:

① 首先观察逻辑表达式中是否存在某变量的原变量和反变量,即先判断是否存在竞争,因为只有存在竞争才可能产生冒险。

② 若存在竞争,消去逻辑表达式中不存在竞争的变量,仅留下有竞争能力的变量。若得到的表达式为 $Y = A + \overline{A}$ 或 $Y = A \cdot \overline{A}$,则该组合逻辑电路存在 **0 冒险**或 **1 冒险**现象。

🔒 **例 2 - 8**　判断逻辑表达式 $Y = AB + \overline{A}C$ 是否存在冒险现象。

解:(1) 观察逻辑表达式是否存在竞争。

因为表达式中存在原变量 A 及反变量 $\overline{A}$,所以 A 变量存在竞争。

(2) 为了判断变量 A 是否存在冒险,则需消去变量 B 和 C。

令 $BC = 00$,可得 $Y = 0$;

　$BC = 01$,可得 $Y = \overline{A}$;

$BC = 10$,可得 $Y = A$;

$BC = 11$,可得 $Y = A + \overline{A}$。

由上述结论可知,当取 $B = 1$、$C = 1$ 时,$Y = A + \overline{A}$,故逻辑表达式 $Y = AB + \overline{A}C$ 存在 0 冒险现象。

🔒 **例 2-9** 判断逻辑表达式 $Y = (A + B)(\overline{B} + C)$ 是否存在冒险现象。

解:(1)观察逻辑表达式是否存在竞争。

表达式中存在原变量 B 及反变量 $\overline{B}$,所以 B 变量存在竞争。

(2)判断变量 B 是否存在冒险,则需消去变量 A、C。

令 $AC = 00$,可得 $Y = B \cdot \overline{B}$;

$AC = 01$,可得 $Y = B$;

$AC = 10$,可得 $Y = \overline{B}$;

$AC = 11$,可得 $Y = 1$。

由上述结论可知,当取 $A = 0$、$C = 0$ 时,$Y = B \cdot \overline{B}$,故逻辑表达式 $Y = (A + B)(\overline{B} + C)$ 存在 1 冒险现象。

3. 消除冒险现象的方法

(1)接入滤波电容

由于冒险现象产生的干扰脉冲的宽度一般都很窄,在可能产生冒险的门电路输出端与地之间接入一个容量为几十皮法的滤波电容,利用电容两端的电压不能突变的特性,使输出波形上升沿(由 0 变到 1)和下降沿(由 1 变到 0)都变化得比较缓慢,从而起到消除冒险现象的作用。

(2)加选通脉冲

在电路中增加一个选通脉冲,接到可能产生冒险的门电路的输入端。只有在输入信号转换完成并稳定后,才引入选通脉冲将门打开。这样,输出端就不会出现冒险现象。

(3)修改逻辑设计

在例 2-8 中,逻辑表达式 $Y = AB + \overline{A}C$,当 $B = 1$、$C = 1$ 时存在冒险现象。若变换逻辑表达式,可消除冒险现象。

$$Y = AB + \overline{A}C = AB + \overline{A}C + BC$$

发现增加冗余项 BC 后,在 $B = 1$、$C = 1$ 时,$Y = 1$,不会出现 $Y = A + \overline{A}$ 的情况,即消除了冒险现象。

▌**实用资料**▌
常见的集成译码器与编码器

集成译码器和编码器种类较多,表 2-13 中列出了一些常见译码器和编码器的类型及其功能,以供参考。

表 2-13　常见译码器和编码器的类型及其功能

1. 双 2 线 - 4 线译码器

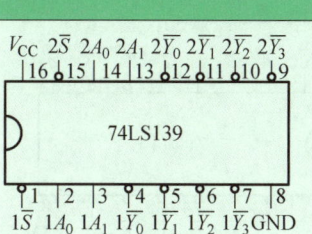

V_{CC} $2\overline{S}$ $2A_0$ $2A_1$ $2\overline{Y_0}$ $2\overline{Y_1}$ $2\overline{Y_2}$ $2\overline{Y_3}$
16 15 14 13 12 11 10 9

74LS139

1 2 3 4 5 6 7 8
$1\overline{S}$ $1A_0$ $1A_1$ $1\overline{Y_0}$ $1\overline{Y_1}$ $1\overline{Y_2}$ $1\overline{Y_3}$ GND

数据输入：A_0、A_1 高电平有效
译码输出：$\overline{Y_0}\sim\overline{Y_3}$ 低电平有效
使能端：$\overline{S}$ 低电平有效

V_{CC} $2\overline{A_2}$ $2\overline{S}$ A_0 $2\overline{Y_3}$ $2\overline{Y_2}$ $2\overline{Y_1}$ $2\overline{Y_0}$
16 15 14 13 12 11 10 9

74LS155/6

1 2 3 4 5 6 7 8
$1A_2$ $1\overline{S}$ A_1 $1\overline{Y_3}$ $1\overline{Y_2}$ $1\overline{Y_1}$ $1\overline{Y_0}$ GND

数据输入：A_0、A_1 高电平有效
译码输出：$\overline{Y_0}\sim\overline{Y_3}$ 低电平有效
使能端：$1\overline{S}$ 低电平有效
　　　　$1A_2$ 高电平有效
　　　　$2\overline{S}$ 低电平有效
　　　　$2\overline{A_2}$ 低电平有效
74LS156 为 OC 输出

V_{DD} $2\overline{E}$ $2A$ $2B$ $2Q_0$ $2Q_1$ $2Q_2$ $2Q_3$
16 15 14 13 12 11 10 9

CD4555

1 2 3 4 5 6 7 8
$1\overline{E}$ $1A$ $1B$ $1Q_0$ $1Q_1$ $1Q_2$ $1Q_3$ V_{SS}

V_{DD} $2\overline{E}$ $2A$ $2B$ $2\overline{Q_0}$ $2\overline{Q_1}$ $2\overline{Q_2}$ $2\overline{Q_3}$
16 15 14 13 12 11 10 9

CD4556

1 2 3 4 5 6 7 8
$1\overline{E}$ $1A$ $1B$ $1\overline{Q_0}$ $1\overline{Q_1}$ $1\overline{Q_2}$ $1\overline{Q_3}$ V_{SS}

数据输入：A、B 高电平有效
译码输出：$Q_0\sim Q_3$、$\overline{Q_0}\sim\overline{Q_3}$
　　　　CD4555 为高电平有效
　　　　CD4556 为低电平有效
使能端：$\overline{E}$ 低电平有效

2. 3 线 - 8 线译码器

V_{CC} $\overline{Y_0}$ $\overline{Y_1}$ $\overline{Y_2}$ $\overline{Y_3}$ $\overline{Y_4}$ $\overline{Y_5}$ $\overline{Y_6}$
16 15 14 13 12 11 10 9

74LS138

1 2 3 4 5 6 7 8
A B C $\overline{G_{2A}}$ $\overline{G_{2B}}$ G_1 $\overline{Y_7}$ GND

数据输入：A、B、C 高电平有效
译码输出：$\overline{Y_0}\sim\overline{Y_7}$ 低电平有效
使能端：$\overline{G_{2A}}$、$\overline{G_{2B}}$ 低电平有效
　　　　G_1 高电平有效

3. 4 线 - 16 线译码器

V_{CC} A B C D $\overline{S_B}$ $\overline{S_A}$ $\overline{Y_{15}}$ $\overline{Y_{14}}$ $\overline{Y_{13}}$ $\overline{Y_{12}}$ $\overline{Y_{11}}$
24 23 22 21 20 19 18 17 16 15 14 13

74LS154/9

1 2 3 4 5 6 7 8 9 10 11 12
$\overline{Y_0}$ $\overline{Y_1}$ $\overline{Y_2}$ $\overline{Y_3}$ $\overline{Y_4}$ $\overline{Y_5}$ $\overline{Y_6}$ $\overline{Y_7}$ $\overline{Y_8}$ $\overline{Y_9}$ $\overline{Y_{10}}$ GND

数据输入：A、B、C、D 高电平有效
译码输出：$\overline{Y_0}\sim\overline{Y_{15}}$ 低电平有效
使能端：$\overline{S_A}$、$\overline{S_B}$ 低电平有效
74LS159 为 OC 输出

V_{DD} $\overline{INH}$ D C Y_{10} Y_{11} Y_8 Y_9 Y_{14} Y_{15} Y_{12} Y_{13}
24 23 22 21 20 19 18 17 16 15 14 13

CD4514

1 2 3 4 5 6 7 8 9 10 11 12
$\overline{ST}$ A B Y_7 Y_6 Y_5 Y_4 Y_3 Y_2 Y_1 Y_0 V_{SS}

V_{DD} $\overline{INH}$ D C $\overline{Y_{10}}$ $\overline{Y_{11}}$ $\overline{Y_8}$ $\overline{Y_9}$ $\overline{Y_{14}}$ $\overline{Y_{15}}$ $\overline{Y_{12}}$ $\overline{Y_{13}}$
24 23 22 21 20 19 18 17 16 15 14 13

CD4515

1 2 3 4 5 6 7 8 9 10 11 12
$\overline{ST}$ A B $\overline{Y_7}$ $\overline{Y_6}$ $\overline{Y_5}$ $\overline{Y_4}$ $\overline{Y_3}$ $\overline{Y_2}$ $\overline{Y_1}$ $\overline{Y_0}$ V_{SS}

4 线 - 16 线译码器带锁存
数据输入：A、B、C、D 高电平有效
译码输出：$Y_0\sim Y_{15}$、$\overline{Y_0}\sim\overline{Y_{15}}$
　　　　CD4514 高电平有效
　　　　CD4515 低电平有效
使能端：$\overline{INH}$ 低电平有效
锁存端：$\overline{ST}=0$ 时锁存输入数据

4. 4 线—10 线译码器

数据输入：A、B、C、D 高电平有效，
　　　　　BCD 码
译码输出：$\overline{Y_0} \sim \overline{Y_9}$ 低电平有效
使能端：无
74145 为 OC 输出

数据输入：A、B、C、D 高电平有效，
　　　　　BCD 码
译码输出：$Y_0 \sim Y_9$ 高电平有效

数据输入：A、B、C、D 高电平有效
　　　　　7443 余 3 码输入
　　　　　7444 余 3 格雷码输入
译码输出：$\overline{Y_0} \sim \overline{Y_9}$ 低电平有效

5. 七段译码器

数据输入：A、B、C、D 高电平有效
译码输出：$\overline{a}$、$\overline{b}$、$\overline{c}$、$\overline{d}$、$\overline{e}$、$\overline{f}$、$\overline{g}$ 低电平
　　　　　有效
OC 输出（接共阳极 LED 数码管）
辅助端：$\overline{LT}$ 试灯端，低电平有效
　　　　$\overline{RBI}$ 灭零输入端，低电平
　　　　　有效
　　　　$\overline{BI}/\overline{RBO}$ 灭灯端/灭零输
　　　　　出端
负载电压：7446 为 30 V，7447 为 15 V
7446 与 74246、7447 与 74247 仅
"6" 与 "9" 的字形不同

与 7446 的区别：
OC 门，含上拉电阻，高电平有效输
出，可直接驱动共阴极 LED 数码
管，不需限流电阻
7448 与 74248 仅 "6" 与 "9" 的字形
不同

数据输入：A、B、C、D 高电平有效
译码输出：a、b、c、d、e、f、g 高电平有效，
　　　　　OC 输出
辅助端：$\overline{BI}$ 灭灯端，低电平有效
7449 与 74249 仅 "6" 与 "9" 的字形不同

数据输入：A、B、C、D 高电平有效
译码输出：a、b、c、d、e、f、g 高电平有效
接共阴极 LED 数码管
辅助端：$\overline{BI}$ 灭灯端，低电平有效
　　　　$\overline{LT}$ 试灯端，低电平有效
　　　　LE 锁存端，高电平有效

数据输入：A、B、C、D 高电平有效
译码输出：a、b、c、d、e、f、g 高电平有效
接共阴极 LED 数码管
辅助端：$\overline{BI}$ 灭灯端，低电平有效

6. 10线-4线优先编码器

74147

数据输入：$\overline{0} \sim \overline{9}$ 低电平有效
编码输出：$\overline{D} \sim \overline{A}$ 低电平有效

CD40147

数据输入：$0 \sim 9$ 高电平有效
编码输出：$D \sim A$ 高电平有效

7. 8线-3线优先编码器

74LS148/348

数据输入：$\overline{0} \sim \overline{7}$ 低电平有效
编码输出：$\overline{A_2} \sim \overline{A_0}$ 低电平有效
使能端：$\overline{EI}$ 低电平有效
辅助端：$\overline{EO}$（输出）无输入，低电平有效
　　　　$\overline{GS}$（输出）有输出，低电平有效
74348 为三态输出，输出无效时为高阻态

CD4532

数据输入：$D_0 \sim D_7$ 高电平有效
编码输出：$Q_2 \sim Q_0$ 高电平有效
使能端：EI 高电平有效
辅助端：EO（输出）无输入，高电平有效
　　　　GS（输出）有输出，高电平有效

▌技能训练▌
用数据选择器实现组合逻辑电路

1. 实训目的

① 掌握数据选择器的工作原理与逻辑功能。

② 掌握数据选择器的使用方法与应用。

③ 通过报警电路的设计与制作，熟练掌握采用数据选择器实现组合逻辑
电路。

2. 实训器材

74LS153：1 块；数字电路实验箱：1 台。

3. 实训原理及操作

(1) 74LS153 芯片介绍

74LS153 是双 4 选 1 数据选择器，引脚排列如图 2-40 所示。$1D_0 \sim 1D_3$、
$2D_0 \sim 2D_3$ 分别为两个数据选择器的数据输入端；$1Y$、$2Y$ 分别为两个数据选择
器的输出端；A_1、A_0 为地址输入端，两个数据选择器共用；$1\overline{S}$、$2\overline{S}$ 分别为两个数

据选择器的选通输入端,低电平有效,$\overline{S} = 1$ 时数据选择器不工作,$\overline{S} = 0$ 时数据选择器工作。

图 2-40　74LS153 引脚排列图

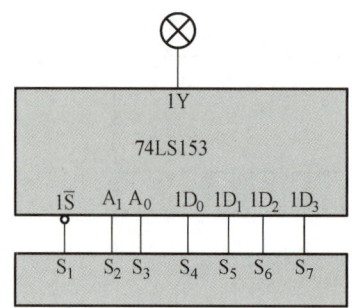

图 2-41　74LS153 逻辑功能测试电路

（2）74LS153 逻辑功能测试

74LS153 逻辑功能测试电路如图 2-41 所示。在实验箱上连接电路,用开关 $S_1 \sim S_7$ 分别控制 $1\overline{S}$、A_1、A_0、$1D_0$、$1D_1$、$1D_2$ 及 $1D_3$ 端,状态变化按表 2-14 所列的状态进行,用 LED 指示灯检测输出端 1Y 的状态,将记录的测试结果填入表 2-14 中。

表 2-14　74LS153 逻辑功能测试表

输			入				输　出
$1S$	A_1	A_0	$1D_0$	$1D_1$	$1D_2$	$1D_3$	$1Y$
1	×	×	×	×	×	×	
0	0	0	0	×	×	×	
0	0	0	1	×	×	×	
0	0	1	×	0	×	×	
0	0	1	×	1	×	×	
0	1	0	×	×	0	×	
0	1	0	×	×	1	×	
0	1	1	×	×	×	0	
0	1	1	×	×	×	1	

（3）故障报警电路的设计

① 设计题目

某工厂用红、黄两盏灯指示 3 台设备的工作情况,当 1 台设备出故障时黄灯亮,当 2 台设备出故障时红灯亮,当 3 台设备都出故障时两盏灯都亮。

② 设计过程

设 3 台设备为输入变量,分别用 A、B、C 表示,且为 1 时表示设备出故障,

为 **0** 时表示设备工作正常。两盏灯为输出变量,用 R 表示红灯,用 Y 表示黄灯,且为 **1** 时表示灯亮,为 **0** 时表示灯灭。根据命题列真值表,见表 2–15。

表 2–15　故障报警电路的真值表

输		入	输	出
A	B	C	R	Y
0	0	0	0	0
0	0	1	0	1
0	1	0	0	1
0	1	1	1	0
1	0	0	0	1
1	0	1	1	0
1	1	0	1	0
1	1	1	1	1

根据真值表写出逻辑表达式,同时进行相应的变换。

$$R = \overline{A}BC + A\overline{B}C + AB\overline{C} + ABC$$
$$= \overline{A}B(C) + A\overline{B}(C) + AB(\overline{C}) + AB(C)$$
$$= m_1 C + m_2 C + m_3\,\overline{C} + m_3 C$$
$$= m_1 C + m_2 C + m_3 \cdot \mathbf{1}$$
$$Y = \overline{A}\,\overline{B}C + \overline{A}B\overline{C} + A\overline{B}\,\overline{C} + ABC$$
$$= \overline{A}\,\overline{B}(C) + \overline{A}B(\overline{C}) + A\overline{B}(\overline{C}) + AB(C)$$
$$= m_0 C + m_1\,\overline{C} + m_2\overline{C} + m_3 C$$

令 $A_1 = A$、$A_0 = B$、$1\overline{S} = 2\overline{S} = \mathbf{0}$。使 $1D_0 = \mathbf{0}$、$1D_1 = 1D_2 = C$、$1D_3 = \mathbf{1}$,$1Y = R$(接红灯);$2D_0 = C$、$2D_1 = 2D_2 = \overline{C}$、$2D_3 = C$,$2Y = Y$(接黄灯)。

设计电路如图 2–42 所示。

图 2–42　故障报警电路

③ 电路连接及测试

按照图 2-42 所示的电路图在实验箱上连接电路。用逻辑开关 S_1、S_2、S_3 控制输入信号 A、B、C,用红、黄两盏指示灯测试输出 R、Y 的状态,记录测试结果,与表 2-15 对应比较。

想一想：

此故障报警电路采用 74LS151 如何设计? 需要几片 74LS151?

4. 实训总结

① 整理测量数据,分析实训结果,写出实训报告。

② 在实验中若出现故障,说明故障现象和解决方法。

知识点检测 4

1. 半加概念：_____。

2. 全加概念：_____。

3. 两片集成加法器 74LS283 级联可构成_____位二进制加法器。

4. 逻辑电路中竞争的定义：_____

_____；

冒险的定义：_____

_____。

5. 组合逻辑电路中,消除冒险的方法有_____

_____。

应会制作

项目制作 1 位十进制编码、译码显示电路的制作

1. 项目制作目的

① 掌握编码、译码显示电路的功能,并熟悉其应用。

② 掌握编码、译码显示电路的安装和测试技巧。

2. 项目要求

(1) 制作要求

① 画出实际设计电路的原理图和装配图(手工绘制)。

② 列出元器件及参数清单。

③ 元器件的检测与预处理。

④ 元器件焊接与电路装配。

⑤ 在制作过程中及时发现故障并进行处理。

(2) 能力要求

① 能独立进行电路的设计和工作原理的分析。

② 掌握电路有关现象的测试方法并对其进行调试。

3. 认识电路及其工作过程

图 2 - 43 所示为 1 位十进制编码、译码显示电路原理图。

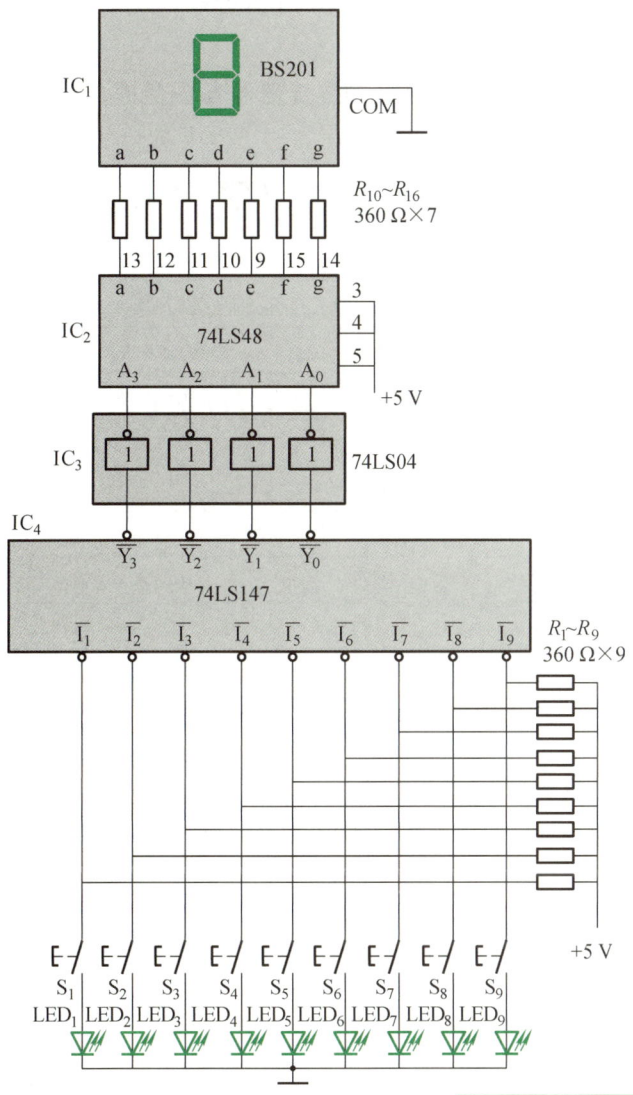

图 2 - 43
1 位十进制编码、译码显示电路原理图

工作过程：8421BCD 优先编码器 74LS147 输出采用反码的形式，而 BCD 译码器 74LS48 输入采用原码的形式，所以将 74LS147 的输出经反相器 74LS04 后再接到 74LS48 的输入端。74LS48 输出高电平有效，所以选择共阴极数码管 BS201。当 $S_1 \sim S_9$ 中某一个或某几个按钮按下时，相对应的发光二极管亮，则按钮对应下标的十进制数请求编码(当无开关闭合时，十进制数"0"请求编码)，而 74LS147 对其中优先级别最高的进行编码，编码输出经反相器送给 74LS48 译成 LED 所需要的七段代码输出给 BS201，则 LED 显示对应的十进制数。

4. 电路装配焊接

① 设计电路图　查阅集成电路手册(或上网搜索),了解 74LS147、74LS48、74LS04、BS201 的引脚排列及其工作性能。按图 2 - 43 所示,设计出电路的连线安装图,可以两面布线。

② 元器件选择　对照原理图,确定元器件清单,见表 2 - 16。

表 2 - 16　编码、译码显示电路元器件明细表

代　　号	名　　称	规 格 型 号	数　　量
IC$_1$	LED 数码管	BS201	1
IC$_2$	显示译码器	74LS48	1
IC$_3$	六反相器	74LS04	1
IC$_4$	8421BCD 优先编码器	74LS147	1
$R_1 \sim R_{16}$	电阻	360 Ω	16
$S_1 \sim S_9$	自锁按钮		9
	集成电路插座	14 脚	1
	集成电路插座	16 脚	2
	实验板(万能板)		1

③ 电路装配　集成电路应安装在对应的 IC 插座上,应避免插反或引脚未完全插靠等现象。

④ 焊接　参照图 2 - 43 焊接电路,可以焊接在自制的 PCB(印制电路板)上,也可以焊接在万能板上,或通过实验用面包板插接。

5. 电路调试与检测

① 电路安装连接完毕后,对照原理图,仔细检查连接关系是否安装正确。

② 用万用表检测电源是否有短路、断路现象。若存在问题,应查找原因,及时排除故障点。

③ 确认无误后,按集成电路标记口的方向在 IC 插座中插好集成电路,然后通电测试。

④ 常见故障及检测方法。当 LED 数码管不亮时,检测 LED 数码管的两个公共端是否接地,各个集成芯片的电源和地是否连接好。当 LED 显示不正常时,利用 74LS48 的试灯输入端,测试 LED 数码管各段是否损坏;检测 74LS48 的输出与 LED 数码管的输入 $a \sim g$ 是否对应连接;检测 74LS147 的输出 $\overline{Y_3} \sim \overline{Y_0}$ 通过反相器与 74LS48 输入 $A_3 \sim A_0$ 对应是否正确。

⑤ 按要求完成测试,排除故障,做好记录,并分析测试结果。

6. 项目考核与评价(表 2 - 17)

表 2 - 17　编码、译码显示电路考核与评价表

考 核 内 容		分数分配	自评	互评	教师评价
电路设计		10 分			
元器件识别与测量	七段数码管使用　　5 分	20 分			
	74LS48 使用　　5 分				
	74LS04 使用　　5 分				
	74LS147 使用　　5 分				
电路实物	元器件布局　　5 分	30 分			
	焊接质量　　5 分				
	功能实现　　20 分				
实物演示及工作过程	实物演示　　10 分	20 分			
	工作过程　　10 分				
答辩		10 分			
报告		10 分			

 知识归纳

1. 组合逻辑电路在逻辑功能上的特点是任意时刻的输出仅取决于该时刻的输入,而与电路原来的状态无关;在电路结构上的特点是由各种门电路组成的,无记忆功能。

2. 由于中规模集成组合逻辑器件可靠性高、使用简单、灵活,得到了比较广泛的应用。其中编码器、译码器、数据选择器和加法器是最常用的集成组合逻辑器件。

3. 组合电路的分析是通过逻辑电路图写出逻辑表达式,通过化简、变换、列真值表一系列的步骤分析出该电路的逻辑功能。

4. 组合逻辑电路的设计是通过分析设计要求,然后进行逻辑抽象、器件选定、函数化简及变换,最终画出逻辑电路图。采用门电路及中规模集成组合逻辑器件是设计组合逻辑电路的两种方法。

5. 在组合逻辑电路中存在竞争与冒险现象。若组合逻辑电路有冒险现象,输出端会出现很窄的负向干扰脉冲或正向干扰脉冲,分别称为 **0 冒险**和 **1 冒险**。在组合逻辑电路中是否存在冒险现象可通过逻辑表达式来判别。消除冒险的方法通常有接滤波电容、加选通脉冲、修改逻辑设计 3 种。

 思考与练习2

1. 分别写出图 2 - 44 所示各电路输出端 Y 的逻辑表达式。

图 2‐44 题 1 图　　　　　　　(c)　　　　　　　　　　(d)

2. 采用 3 线‐8 线译码器 74LS138 配合**与非**门实现下列函数：

(1) $Y = \overline{A}\,\overline{B}C + BC + A\overline{C}$

(2) $Y = \overline{A}\,\overline{B} + A\overline{C}$

3. 采用数据选择器配合**非**门实现下列函数：

(1) $Y = \overline{A}B\overline{C} + \overline{A}BC + B\overline{C}$

(2) $Y = B\overline{C} + \overline{A}BC + (A + \overline{B})\overline{C}$

4. 分析图 2‐45 所示组合逻辑电路的逻辑功能。

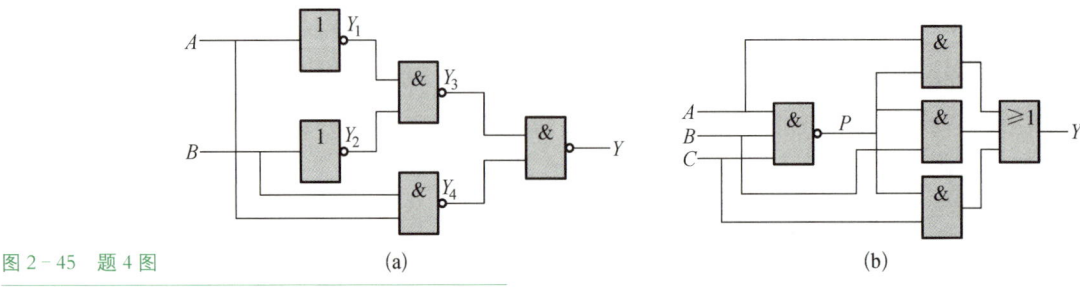

图 2‐45 题 4 图　　　　　　　(a)　　　　　　　　　　(b)

5. 组合逻辑电路如图 2‐46 所示。要求：(1) 分析此电路的逻辑功能；

（2）能否用更简单的电路实现这一功能？如果能，画出相应的逻辑图。

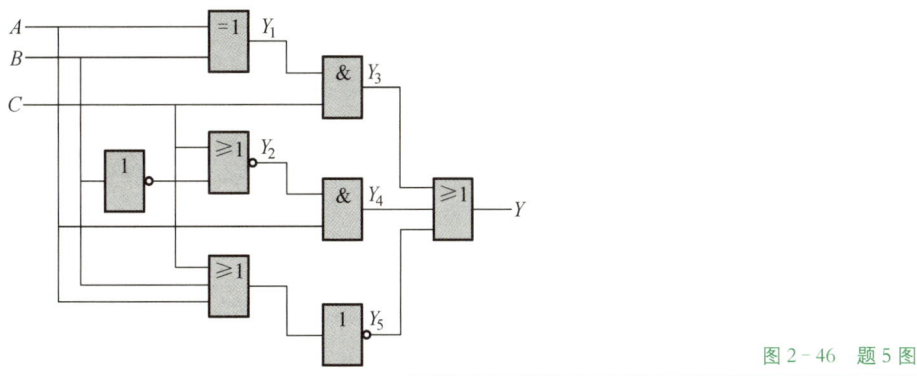

图 2 - 46　题 5 图

6. 采用下列两种方法设计一个 1 位全加器：

（1）一片 74LS138 译码器配合**与非**门实现。

（2）一片 74LS153 配合**非**门实现。

7. 采用两片 74LS283 设计一个 8 位二进制加法器。

8. 试采用**与非**门设计一个 3 位奇偶校验电路。当输入变量中 **1** 的个数为偶数时，输出为 **1**；否则，输出为 **0**。

9. 有一水箱由大、小两台水泵 M_L 和 M_S 供水，如图 2 - 47 所示。水箱中设置了 3 个水位检测元件 A、B、C。要求当水位超过 C 点时水泵停止工作；水位低于 C 点而高于 B 点时，M_S 单独工作；水位低于 B 点而高于 A 点时，M_L 单独工作；水位低于 A 点时，M_L 和 M_S 同时工作。设计一个控制两台水泵的逻辑电路，要求采用**与非**门实现。

图 2 - 47　题 9 图

10. 图 2 - 48 所示为一个数值比较器，它能够对两个 1 位二进制数的大小进行比较。A 和 B 是两个待比较的 1 位二进制数，比较结果由 $F_{A<B}$、$F_{A=B}$、$F_{A>B}$ 的输出状态决定。试说明该电路的功能。

文本：思考与练习 2 参考答案

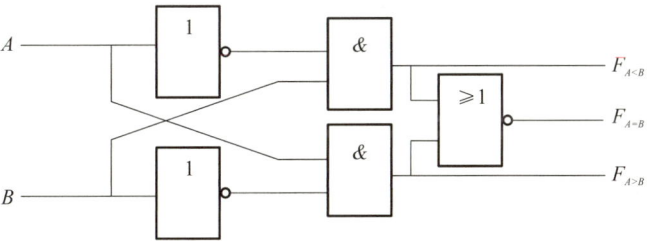

图 2 - 48　题 10 图

项目 **3** 多路竞赛抢答器的制作

项目剖析

在知识竞赛等活动中,当主持人宣布开始抢答后,参赛选手只有准备充分,同时反应迅速,才能够抢得先机,获得抢答优先权。四路竞赛抢答器原理框图如图 3‐1 所示,实物如图 3‐2 所示。

图 3‐1
四路竞赛抢答器原理框图

图 3‐2 四路竞赛抢答器实物图

抢答器的控制核心是什么元件? 如何实现抢答功能并设计制作电路? 通过完成以下任务,将会对数字电路产生新的认识。本项目由以下 5 个学习任务组成:

任务 1 认识触发器

任务 2　认识数据锁存器

任务 3　认识移位寄存器

任务 4　掌握脉冲产生的原理与整形电路

任务 5　认识 555 集成定时器

 学习目标

触发器具有记忆功能,是数字电路的基本存储单元。它在某个时刻的输出不仅取决于该时刻的输入,而且还和它本身的状态有关。

通过本项目的学习,应达到以下目标:

① 掌握 RS、JK、D、T 及 T' 触发器的逻辑功能及转换。

② 掌握集成触发器的使用方法。

③ 学会数据锁存器和移位寄存器的使用。

④ 学会采用触发器制作一些实用的电子电路。

⑤ 了解单稳态触发器、多谐振荡器和施密特触发器的电路结构和工作原理,掌握这三种电路的特点及应用。

⑥ 熟练掌握由 555 定时器构成的三种基本应用电路。

⑦ 能够采用 555 定时器设计、制作一些实用电路。

 应知理论

任务 1　认识触发器

任务目标

① 了解基本 RS 触发器的电路结构及工作原理。

② 掌握基本 RS 触发器、同步触发器和边沿触发器的优缺点。

③ 掌握 RS、JK、D、T 及 T' 触发器的逻辑功能及转换。

④ 掌握集成触发器的使用方法。

一、认识基本 RS 触发器

基本 RS 触发器是构成其他各种触发器最基本的单元,下面以与非门组成的基本 RS 触发器为例,介绍它的电路结构及工作原理。

1. 电路结构

图 3-3 所示是由与非门组成的基本 RS 触发器的逻辑图和逻辑符号,它

由两个**与非门**交叉耦合而成,Q 和 $\overline{Q}$ 为两个互补输出端。当 $Q=1$、$\overline{Q}=0$ 时称为触发器的"**1**"态;当 $Q=0$、$\overline{Q}=1$ 时称为触发器的"**0**"态。触发器的这两种状态相对稳定,只有在一定的外加触发信号作用下,才可能从一种稳态转变到另一种稳态。$\overline{S}$ 和 $\overline{R}$ 为两个输入端,输入低电平有效,其中 $\overline{S}$ 称为置 **1** 端(置位端),$\overline{R}$ 称为置 **0** 端(复位端)。

(a) 逻辑图 (b) 逻辑符号

图 3 − 3　基本 RS 触发器的逻辑图和逻辑符号

(a) 控制端输入为 **1** (b) 控制端输入为 **0**

图 3 − 4　二输入与非门的特点

2. 工作原理

触发器在接收触发信号之前的稳定状态称为**原态(初态)**,用 Q^{n} 表示;触发器在接收触发信号之后新建立的稳定状态称为**次态**,用 Q^{n+1} 表示。触发器的次态 Q^{n+1} 是由输入信号和触发器的原态 Q^{n} 共同决定的。

在分析电路之前,先回顾一下**与非门**的特点。二输入与非门一端为信号 A 的输入端,另一端为控制端。当控制端输入为 **1** 时,信号顺利通过,输出为 $\overline{A}$;当控制端输入为 **0** 时,信号通不过,输出保持高电平 **1**,如图 3 − 4 所示。了解与非门的特点后,再来分析由与非门组成的基本 RS 触发器的逻辑功能就容易多了。

(1) 置 **1** 功能

当 $\overline{S}=0$、$\overline{R}=1$ 时,由于 $\overline{S}=0$,G_1 门被封锁,其输出 $Q^{n+1}=1$,此时 G_2 门的两个输入端全为 **1**,则 G_2 门的输出 $\overline{Q^{n+1}}=0$。可见,当给置 **1** 端 $\overline{S}$ 加入有效电平低电平时,无论触发器原态是"**1**"态还是"**0**"态,次态一定是"**1**"态,这就是触发器的置 **1** 功能。

(2) 置 **0** 功能

当 $\overline{S}=1$、$\overline{R}=0$ 时,由于 $\overline{R}=0$,G_2 门被封锁,其输出 $\overline{Q^{n+1}}=1$,此时 G_1 门的两个输入端全为 **1**,则 G_1 门的输出 $Q^{n+1}=0$。可见,当给置 **0** 端 $\overline{R}$ 加入有效电平低电平时,无论触发器原态是"**1**"态还是"**0**"态,次态一定是"**0**"态,这就是触发器的置 **0** 功能。

(3) 保持功能

当 $\overline{S}=1$、$\overline{R}=1$ 时,若原态为"**1**"状态,即 $Q^{n}=1$、$\overline{Q^{n}}=0$,则加入输入信号后,G_1 门因其有一个输入端为 **0**,其输出 $Q^{n+1}=1$,而 G_2 门的两个输入均为 **1**,

其输出 $\overline{Q^{n+1}} = 0$；若原态为"**0**"状态，则加入信号后 G_1 门的两个输入均为 **1**，其输出 $Q^{n+1} = 0$，而 G_2 门因有一个输入端为 **0**，则其输出为 $\overline{Q^{n+1}} = 1$。可见，当置 **1** 端 $\overline{S}$ 和置 **0** 端 $\overline{R}$ 为无效电平高电平时，触发器维持原状态不变，这就是触发器的**保持功能**，即记忆功能。

（4）不定状态

当 $\overline{S} = 0$、$\overline{R} = 0$ 时，在这种情况下，触发器两个输出端都为 **1**，这对于触发器来说是不允许的，它违反了触发器两输出端互补的规定，而且一旦输入端 $\overline{S}$、$\overline{R}$ 的低电平信号同时消失，因两个门的翻转速度不定而导致触发器的输出状态不能确定。

3. 功能描述

（1）特性表

特性表是用表格的形式描述触发器在输入信号作用下，触发器的次态与触发器的原态及输入信号之间的关系。表 3-1 为基本 RS 触发器的特性表。

动画：基本 RS 触发器

表 3-1　基本 RS 触发器的特性表

$\overline{R}\ \ \overline{S}$	Q^n	Q^{n+1}	说　明
0　0	**0** **1**	不定态	不允许
0　1	**0** **1**	**0** **0**	置0
1　0	**0** **1**	**1** **1**	置1
1　1	**0** **1**	**0** **1**	保持

（2）特性方程

特性方程是以逻辑表达式的形式来描述触发器次态 Q^{n+1} 与原态 Q^n 及输入信号之间的关系。根据上述特性表，化简图 3-5 所示的卡诺图，可写出特性方程为

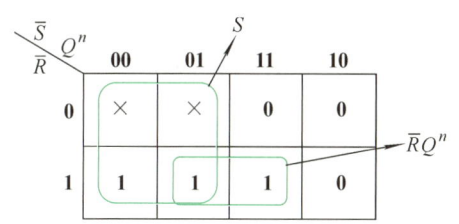

图 3-5
基本 RS 触发器的卡诺图

$$\begin{cases} Q^{n+1} = S + \overline{R}Q^n \\ \overline{R} + \overline{S} = 1 \text{（约束条件）} \end{cases}$$

（3）状态图

状态图以图形的方式描述触发器的状态变化对输入信号的要求。如图 3-6 所示是基本 RS 触发器的状态图。图中两个圆圈代表触发器的两个状态，

● 注意：

卡诺图中的"×"表示约束项。特性方程中的约束条件还可以表示为 $R \cdot S = 0$。

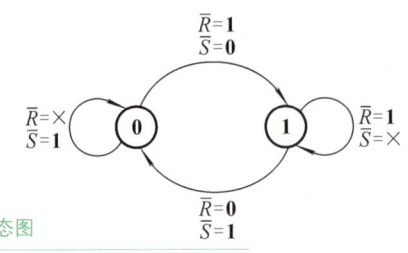

图 3-6
基本 RS 触发器的状态图

箭头表示在触发器的输入信号作用下状态转移的方向,箭头线上标注的触发器的取值表示状态转移的条件,"×"表示取 0 取 1 都可以。

(4) 时序图

时序图用输出波形来描述触发器的逻辑功能。画图时,对应一个时刻,该时刻以前为 Q^n,该时刻以后为 Q^{n+1},故时序图上只标 Q 和 $\overline{Q}$。图 3-7 所示为基本 RS 触发器的时序图,设触发器的初态为 **0** 态。

想一想:

基本 RS 触发器在输入什么电平情况下才会使输出状态无法确定?

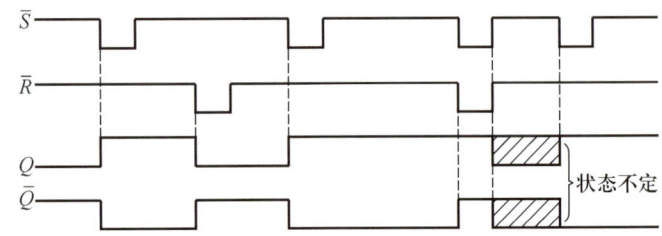

图 3-7 基本 RS 触发器的时序图

4. 应用实例——去抖动开关

运用基本 RS 触发器可以消除机械开关抖动引起的干扰(毛刺)。机械开关在接通时由于触点接触会产生机械抖动,如图 3-8 所示。尽管抖动时间很短,但是会产生与之对应的多个脉冲,在电子电路中一般不允许出现这种现象,因为这种干扰信号可能导致电路工作故障。

图 3-8
机械开关的抖动现象

图 3-9(a)所示是利用基本 RS 触发器的记忆功能实现的去抖动电路。设单刀双掷开关原来与 B 接通,这时触发器的状态为 **0** 态。当开关由 B 拨向 A 时,其中有一短暂的浮空时间,这时触发器的 $\overline{R}$、$\overline{S}$ 均为 **1**,Q 仍为 **0**。开关与 A 接触时,A 的电位由于抖动而产生"毛刺"。但是,首先是 B 已经成为高电平,A 一旦出现低电平,触发器的状态翻转为 **1**,即使 A 再出现高电平,也不会再改变触发器的状态,所以 Q 端的电压波形不会出现抖动产生的"毛刺",如

图 3-9 利用基本 RS 触发器
消除机械开关抖动的影响

(a) 电路

(b) 电压波形

图 3－9(b)所示。

综上所述,基本 RS 触发器的主要特点可归纳为以下几点:

(1) 电路结构简单,具有置 **0**、置 **1** 和保持(记忆)三种功能。

(2) $\overline{S}$、$\overline{R}$ 之间存在约束,不允许这两个输入端同时加入有效电平。

(3) 存在直接控制问题,即当输入触发信号时,输出立刻就会发生相应的变化。这不仅给触发器的使用带来不便,而且导致电路的抗干扰能力下降。

二、认识同步触发器

在数字系统中,常常需要多个触发器同步工作,为此增设一个时钟控制输入端,这样的触发器称为同步触发器,它的状态改变与时钟脉冲同步。按逻辑功能的不同,同步触发器分为同步 RS 触发器、同步 JK 触发器、同步 D 触发器、同步 T 触发器和同步 T' 触发器。

1. 同步 RS 触发器

图 3－10(a)所示为同步 RS 触发器的逻辑图。不难看出,它是在基本 RS 触发器的基础上再加上两个**与非门**构成的,时钟脉冲 CP 作为这两个**与非门**的控制端,如图 3－10(b)所示。逻辑符号如图 3－10(c)所示。

(a) 逻辑图　　　　(b) 与基本RS触发器的关系图　　　　(c) 逻辑符号

图 3－10
同步 RS 触发器

当 $CP = \mathbf{0}$ 时,G_3、G_4 门被封锁,无论 R、S 输入端的状态如何变化,$\overline{S}$ 和 $\overline{R}$ 始终为高电平,G_1、G_2 门构成的基本 RS 触发器处于禁止状态;当 $CP = \mathbf{1}$ 时,G_3、G_4 门被打开,输入信号 R、S 取反后送给基本 RS 触发器(R、S 输入高电平有效)。表 3－2 为同步 RS 触发器的特性表。

表 3－2　同步 RS 触发器的特性表

CP	R　S	Q^n	Q^{n+1}	说　明
0	×　×	0 1	0 1	禁止

续　表

CP	R　S	Q^n	Q^{n+1}	说　明
1	0　0	0 1	0 1	保持
1	0　1	0 1	1 1	置1
1	1　0	0 1	0 0	置0
1	1　1	0 1	不定	不允许

通过上面的分析和基本 RS 触发器的特性方程,很容易得出同步 RS 触发器的特性方程为

$$CP=0 \text{ 时}: Q^{n+1}=Q^n \text{（一般省略不写）}$$

$$CP=1 \text{ 时}: \begin{cases} Q^{n+1}=S+\overline{R}Q^n \\ R \cdot S=0 \text{（约束条件）} \end{cases}$$

🔒 **例 3-1** 已知同步 RS 触发器输入信号 CP、R、S 的波形如图 3-11 所示,试画出触发器的输出状态 Q 和 $\overline{Q}$ 的波形。CP 为高电平触发方式,设触发器的原态为 0 态。

解:根据同步 RS 触发器的特性功能,可以画出同步 RS 触发器的时序图,如图 3-11 所示。

同步 RS 触发器状态的改变由时钟脉冲统一控制。时钟脉冲有效电平期间接收触发信号,时钟脉冲无效电平期间触发信号的变化不会影响触发器的状态。但其仍然存在着约束:在 CP 为有效电平时,R、S 不允许同时加入有效电平。

👁 **想一想**:

如何改进同步 RS 触发器,将约束条件去掉?

图 3-11
同步 RS 触发器的时序图

2. 同步 JK 触发器

图 3-12(a)所示为同步 JK 触发器的逻辑图。同步 JK 触发器是将同步 RS 触发器的输出端 Q 和 $\overline{Q}$ 交叉反馈到时钟控制门的输入端,利用 Q 和 $\overline{Q}$ 互补的逻辑关系形成反馈,来解决约束问题,同时将输入端 S 改称为 J,输入端 R 改称为 K,这样就构成了同步 JK 触发器,如图 3-12(b)所示。逻辑符号如图 3-12(c)所示。

将 $S=J \cdot \overline{Q^n}$、$R=K \cdot Q^n$ 代入同步 RS 触发器的特性方程中,整理,可得出同步 JK 触发器的特性方程为

(a) 逻辑图

(b) 与同步 RS 触发器的关系图

(c) 逻辑符号

图 3-12
同步 JK 触发器

$$Q^{n+1} = J\,\overline{Q^n} + \overline{K}Q^n\,(CP = 1\ 有效)$$

显然,无论 J、K 取何值,结果都满足约束 $(R \cdot S = 0)$,这样触发器的两个输出端保证了互补,不定状态不存在了。

表 3-3 为同步 JK 触发器的特性表。

表 3-3　同步 JK 触发器的特性表

CP	J　K	Q^n	Q^{n+1}	说　　明
0	×　×	0 1	0 1	禁止
1	0　0	0 1	0 1	保持
1	0　1	0 1	0 0	置0
1	1　0	0 1	1 1	置1
1	1　1	0 1	1 0	翻转

仿真演示: JK
触发器功能测
试

同步 JK 触发器的状态图如图 3-13 所示。

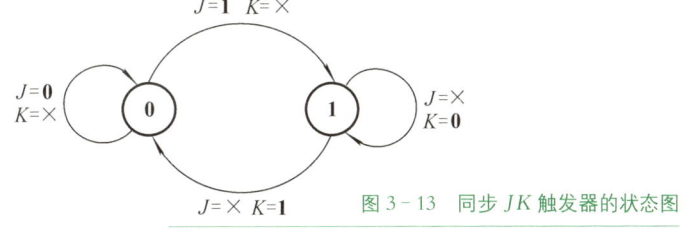

图 3-13　同步 JK 触发器的状态图

注意:

同步 JK 触发器中的 J 相当于同步 RS 触发器的 S,K 相当于 R。同步 JK 触发器去掉了约束条件,允许 J、K 同时加入有效电平,这时实现的是 RS 触发器所不具备的"翻转"功能。

例 3-2　已知同步 JK 触发器输入信号 CP、J、K 的波形如图 3-14 所示,试画出触发器的输出状态 Q 和 $\overline{Q}$ 的波形。CP 为高电平触发方式,设触发器的原态为 **0** 态。

解:根据同步 JK 触发器的特性功能,画出同步 JK 触发器的时序图,如

图 3 – 14 所示。

3. 同步 D 触发器

为了克服同步 RS 触发器的约束问题,并且有时需要只有一个输入端的触发器,将同步 RS 触发器 G_3 门的输出与 G_4 门输入端 R 相连,并把输入端 S 改为 D,这样就构成了只有单输入端的 D 触发器,它的逻辑图及逻辑符号如图 3 – 15 所示。将 $S = D$、$R = \overline{D}$ 代入同步 RS 触发器的特性方程中,便得到 D 触发器特性方程:

$$Q^{n+1} = D + \overline{\overline{D}} \cdot Q^n = D(CP = 1 \text{ 有效})$$

图 3 – 15 同步 D 触发器   (a) 逻辑图   (b) 逻辑符号

由特性方程可知,在 CP 为高电平期间,D 触发器的次态总是与输入端 D 保持一致,即次态 Q^{n+1} 仅取决于控制输入端 D,而与现态 Q^n 无关。同步 D 触发器的特性表见表 3 – 4,状态图如图 3 – 16 所示。

表 3 – 4 同步 D 触发器的特性表

CP	D	Q^n	Q^{n+1}	说　明
0	×	0 1	0 1	禁止

续　表

CP	D	Q^n	Q^{n+1}	说　明
1	0	×	0	置0
1	1	×	1	置1

图 3-16　D 触发器的状态图

图 3-17　同步 D 触发器的时序图

例 3-3　已知同步 D 触发器 CP 及输入信号 D 的波形如图 3-17 所示，试画出触发器的输出状态 Q 的波形，设触发器的原态为 **0** 态。

解：根据 D 触发器的逻辑功能，可以画出 D 触发器的时序图，如图 3-17 所示。

知识链接

"空翻"现象

触发器在有效电平期间，输出状态仅翻转一次，称为可靠翻转。如果在有效电平期间，输入信号多次发生变化，触发器的输出也会发生相应的多次翻转，这种现象称为"空翻"，如图 3-17 所示。由该图可以看出，在 $CP = 1$（有效电平）期间，输入 D 的状态发生多次翻转时，触发器的输出状态 Q 也随之变化。

由于同步触发器存在"空翻"现象，它只能用于数据锁存，而不能用于计数器、移位寄存器和存储器等可靠触发装置中。

4. 同步 T、T' 触发器

如果将同步 JK 触发器 J 端与 K 端相连作为一个输入信号，用 T 来表示，即令 $J = K = T$，则此时的特性方程为

$$Q^{n+1} = T\overline{Q^n} + \overline{T}Q^n (CP = 1 \text{ 有效})$$

该触发器实现的是保持和翻转的功能，称为同步 T 触发器。同步 T 触发器逻辑符号如图 3-18 所示。表 3-5 为同步 T 触发器的特性表。

如果在同步 T 触发器中令 $T = 1$，则特性方程为

$$Q^{n+1} = \overline{Q^n} (CP = 1 \text{ 有效})$$

图 3-18
同步 T 触发器的
逻辑符号

仿真演示：D 触发器构成分频器

表 3-5　同步 T 触发器的特性表

CP	T	Q^n	Q^{n+1}	说　明
0	×	0 1	0 1	禁止
1	0	0 1	0 1	保持
1	1	0 1	1 0	翻转

图 3-19
同步 T' 触发器的时序图

上式表明：每输入一个时钟脉冲，触发器的状态就翻转一次，这种只具有**翻转功能**的触发器称为同步 T' 触发器。同步 T' 触发器的时序图如图 3-19 所示。

互动测试：不同类型触发器的功能

由图 3-19 可以看出，T' 触发器输出 Q 的周期是触发脉冲 CP 周期的 2 倍，即输出 Q 的频率是 CP 频率的 $1/2$，称之为**二分频作用**。分频作用可以降低频率，因此被广泛应用于实际工程中。

综上所述，同步触发器的主要特点可归纳为以下两点：

(1) 触发器由时钟脉冲控制。在时钟脉冲有效电平期间，触发器的状态随着输入信号的变化而改变，这种触发方式称为**电平触发**方式。可以实现多个触发器同步工作。

(2) 存在"空翻"现象，仍然为较低级的触发器。

三、认识集成触发器

触发器的"空翻"现象对于实际应用是不允许的。为了避免"空翻"的出现，需要提高触发器的可靠性，因而在电路结构上加以改进而产生了**主从触发器和边沿触发器**。

1. 主从触发器

图 3-20
主从 JK 触发器逻辑图

以主从 JK 触发器为例，该电路由主触发器、从触发器和一个非门组成，如图 3-20 所示。当 $CP = 1$ 时，主触发器工作，即主触发器的输出 Q_m 的状态取决于输入信号 J、K 以及从触发器原态 Q^n 的状态，而从触发器被封锁，即保持原来状态；当 CP 由 **1** 变 **0** 时（即下降沿），主触发器被封锁，即使输入信号 J、K 发生变化，主触发器也不接收，由此**克服了"空翻"现象**。此时从触发器打开，从触发器输出端 Q 的状态取决于主触发器 Q_m 的状态，即 $Q = Q_m$。

如果将例 3-2 中的同步 JK 触发器换成主从 JK 触发器，其时序图如图 3-21 所示。由此图看出，"**空翻**"现象不存在了，触发器的状态改变只在时钟脉冲下降沿到来时刻才发生。

CP 下降沿时，主触发器为 0，则从触发器也为 0。但这一时刻 $J = K = 1$，触发器输出应该翻转为 1，将这种现象称为"**一次变化**"

图 3-21　主从 JK 触发器的时序图

主从 JK 触发器虽然防止了"空翻"现象，但还存在"**一次变化**"现象，导致在 CP 的下降沿到来时，J、K 的输入信号不能决定触发器的输出状态，使触发器的输出状态发生一次变化，因而限制了它的使用。

为了保证触发器可靠工作，使用脉冲宽度较小的正向窄脉冲作为时钟脉冲 CP，可提高主从 JK 触发器的抗干扰能力。由于主从 JK 触发器的工作速度慢且易受噪声干扰，目前的触发器大都采用边沿触发的工作方式。

2. 边沿触发器

边沿触发器只在时钟脉冲上升沿(或下降沿)的瞬间，触发器根据输入信号的变化进行状态改变，而在其他时间里输入信号的变化对触发器的状态均无影响。按触发器翻转所对应的时钟脉冲 CP 时刻不同，可把边沿触发器分为 CP 上升沿触发和 CP 下降沿触发。

> **知识链接**
>
> **上升沿触发和下降沿触发**
>
> (1) CP 脉冲由低电平上跳到高电平这一时刻称为上升沿，上升沿触发是指触发器只有在 CP 脉冲上升沿可以接收信号，产生状态的变化。
>
> (2) CP 脉冲由高电平下跳到低电平这一时刻称为下降沿，下降沿触发是指触发器只有在 CP 脉冲下降沿可以接收信号，产生状态的变化。

触发器作为时序逻辑电路的基本单元电路，在数字电路中起着非常重要的作用，由于边沿触发器工作可靠性高，集成边沿 D 触发器和边沿 JK 触发器得到了广泛应用。

(1) 边沿 D 触发器

目前国内生产的集成 D 触发器主要是维持阻塞型。这种 D 触发器都是在时钟脉冲的上升沿触发翻转。常用的集成电路有 74LS74(双 D 触发器)、74LS175(四 D 触发器)、74LS174(六 D 触发器)等。双 D 触发器 74LS74 的引脚排列图和逻辑符号如图 3-22 所示。$\overline{S_D}$、$\overline{R_D}$ 为**异步置位端**和**异步复位端**,低电平有效。在逻辑符号图中 CP 引线上端的"∧"符号表示上升沿触发,如果同时有**小圆圈**,表示下降沿触发。表 3-6 为上升沿触发的边沿 D 触发器特性表。

图 3-22　双 D 触发器 74LS74　　　(a) 引脚排列图　　　(b) 逻辑符号

表 3-6　上升沿触发的边沿 D 触发器特性表

$\overline{S_D}$	$\overline{R_D}$	CP	D	Q^n	Q^{n+1}	说　明
0	1	×	×	×	1	直接置1
1	0	×	×	×	0	直接置0
1	1	↑	0	×	0	置0
1	1	↑	1	×	1	置1

注意:

异步置位端 $\overline{S_D}$ 和异步复位端 $\overline{R_D}$ 不允许同时加入有效电平低电平,即存在着约束:$\overline{S_D} + \overline{R_D} = 1$。

为了预先将触发器设置成某一初始状态,在集成触发器电路中设置了异步置位端 $\overline{S_D}$ 和异步复位端 $\overline{R_D}$,用于直接置 1 和直接置 0。它们是**独立于时钟脉冲的异步操作**,当 $\overline{S_D}$ 或 $\overline{R_D}$ 端加入有效电平时,无论 CP 为何种状态,触发器立即置 **1** 或置 **0**。

例 3-4 已知集成 D 触发器 74LS74 的时钟脉冲 CP 及输入信号波形如图 3-23 所示,画出触发器的输出状态 Q。

解:边沿 D 触发器的时序图如图 3-23 所示。

综上所述,可以归纳出边沿 D 触发器的特点:

① CP 边沿触发。在 CP 脉冲上升沿(或下降沿)时刻,触发器按照特性方程 $Q^{n+1} = D$ 的规定转换状态。

图 3 - 23　集成 D 触发器 74LS74 的时序图

直接置0　　　　　直接置1

② 抗干扰能力极强。因为是边沿触发,只要在触发沿附近一个极短暂的时间内,加在 D 端的输入信号保持稳定,触发器就能可靠接收,在其他时间里输入信号对触发器不会有影响。

③ 只具有置 **1**、置 **0** 功能。

(2) 边沿 JK 触发器

常用的集成芯片型号有 74LS112(下降沿触发的双 JK 触发器)、74LS276(四 JK 触发器)。图 3 - 24 所示为 74LS112 的引脚排列图和逻辑符号。下降沿触发的边沿 JK 触发器特性表见表 3 - 7,时序图如图 3 - 25 所示。

微课:集成边沿 JK 触发器

(a) 引脚排列图

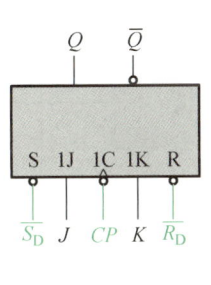

(b) 逻辑符号

图 3 - 24　双 JK 触发器 74LS112

表 3 - 7　下降沿触发的边沿 JK 触发器特性表

$\overline{S_D}$	$\overline{R_D}$	CP	J K	Q^n	Q^{n+1}	说　明
0	**1**	×	× ×	×	**1**	直接置 1
1	**0**	×	× ×	×	**0**	直接置 0
1	**1**	↓	**0** **0**	0 1	0 1	保持
1	**1**	↓	**0** **1**	0 1	0 0	置 0

续 表

$\overline{S_D}$	$\overline{R_D}$	CP	J	K	Q^n	Q^{n+1}	说 明
1	1	↓	1 0		0 1	1 1	置1
1	1	↓	1 1		0 1	1 0	翻转

动画：边沿
JK 触发器

图 3–25
下降沿触发的边沿 JK 触发器的时序图

图 3–26 所示为采用 Multisim 仿真软件设计的 74LS112 功能仿真测试电路。从图中可以看出，直接清零端和直接置位端输入高电平、J 输入 1、K 输入 0，当时钟脉冲下降沿到来时实现置 1 的功能，所以输出端的指示灯亮。

图 3–26
74LS112 功能仿真测试电路

综上所述,边沿 JK 触发器具备以下特点:

① 时钟脉冲边沿控制。

② 抗干扰能力极强,工作速度很快。

③ 功能齐全,使用灵活方便。在 CP 边沿控制下,根据 J、K 取值的不同,具有保持、置 0、置 1、翻转四种功能,对于触发器来说,它是一种全功能型的电路。

四、触发器之间的转换

从逻辑功能来分,触发器包括 RS、JK、D、T 和 T' 触发器。在数字装置中往往需要各种类型的触发器,而厂家制作和商家销售的触发器多为集成 D 触发器和 JK 触发器,因此必须掌握不同类型触发器之间的转换方法。

触发器间的转换方法一般分为**四个步骤**:

(1) 写出已有触发器和待求触发器的特性方程。

(2) 变换待求触发器的特性方程,形式与已有触发器的特性方程一致。

(3) 根据方程式"如果变量相同、系数相当,则方程一定相等"的原则,比较已有和待求触发器的特性方程,求出转换逻辑。

(4) 画出转换逻辑图。

1. JK 触发器转换成 D、T 触发器

(1) $JK \rightarrow D$

已有 JK 触发器的特性方程: $Q^{n+1} = J\overline{Q^n} + \overline{K}Q^n$。

待求 D 触发器的特性方程: $Q^{n+1} = D$。

变换 D 触发器的特性方程:

$$Q^{n+1} = D(Q^n + \overline{Q^n}) = D\overline{Q^n} + DQ^n$$

将 JK 触发器和 D 触发器变换后的特性方程相比较,可得:

$$\begin{cases} J = D \\ K = \overline{D} \end{cases}$$

画转换逻辑图,如图 $3 - 27$ 所示。

(2) $JK \rightarrow T$

已有 JK 触发器的特性方程: $Q^{n+1} = J\overline{Q^n} + \overline{K}Q^n$。

待求 T 触发器的特性方程: $Q^{n+1} = T\overline{Q^n} + \overline{T}Q^n$。

直接比较上面两个方程,可得:

仿真演示:
$JK \rightarrow D$

仿真演示:
$JK \rightarrow T$

◉ **想一想:**

如何将图 $3 - 27$ 中的下降沿触发变成上升沿触发?

图 $3 - 27$
JK 触发器转换为 D 触发器的转换逻辑图

想一想:

由 JK 触发器如何转换成 T' 触发器?

$$\begin{cases} J = T \\ K = T \end{cases}$$

画转换逻辑图,如图 3-28 所示。

将图 3-28 中的 T 端始终送入高电平 **1**,就可得到 T' 触发器。

2. D 触发器转换成 JK、T 触发器

(1) $D \rightarrow JK$

已有 D 触发器的特性方程: $Q^{n+1} = D$。

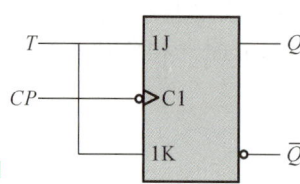

图 3-28
JK 触发器转换为 T 触发器的转换逻辑图

待求 JK 触发器的特性方程: $Q^{n+1} = J\overline{Q^n} + \overline{K}Q^n$。

比较上面两个方程,不难理解,若令 $D = J\overline{Q^n} + \overline{K}Q^n$,则两式必相等。

画转换逻辑图,如图 3-29 所示。

3-29 D 触发器转换为 JK 触发器的转换逻辑图

图 3-30 D 触发器转换为 T 触发器逻辑图

(2) $D \rightarrow T$

D 触发器的特性方程: $Q^{n+1} = D$。

T 触发器的特性方程: $Q^{n+1} = T\overline{Q^n} + \overline{T}Q^n$。

比较上面两个方程,若令 $D = T\overline{Q^n} + \overline{T}Q^n = T \oplus Q^n$,即可得到转换逻辑图,如图 3-30 所示。

想一想:

如何将 D 触发器转换成 T' 触发器?

T' 触发器的特性方程为 $Q^{n+1} = \overline{Q^n}$,将 D 触发器的输出端 $\overline{Q}$ 作为输入信号送入 D 端,就构成了 T' 触发器。

知识点检测 1

1. 根据逻辑功能的不同,可将触发器分为 _____、_____、_____、_____ 和 _____。

2. 触发器的逻辑功能可用 _____、_____、_____ 和 _____ 来描述。

3. 触发器有 ___ 个稳定状态,当 $Q = \mathbf{1}$、$\overline{Q} = \mathbf{0}$ 时称为触发器的 ___ 态,$Q = \mathbf{0}$、$\overline{Q} = \mathbf{1}$ 时称为触发器的 ___ 态。

4. JK 触发器的特性方程是 _____,它具有 _____、_____、_____ 和 _____ 功能。

5. D 触发器的特性方程是_____,它具有_____和_____功能。

6. 74LS74 为____沿触发器的双____触发器,74LS112 为____沿触发器的双____触发器。

7. 将 D 触发器的输出端 $\overline{Q}$ 作为输入信号送入 D 端,就构成了_____触发器。

任务 2　认识数据锁存器

任务目标

① 了解寄存器的基本概念。

② 掌握数码寄存器的基本结构及工作原理。

③ 掌握数据锁存器的工作原理及其应用。

一、寄存器的基本概念

在数字系统中,常需要把一些待运算的数码或控制指令等二进制信息暂时存放起来,以便随时调用,这种暂时存放数码和指令的时序逻辑电路称为**寄存器**。

因为触发器具有记忆功能,所以触发器是构成寄存器的基本单元。而一个触发器只有 **0** 和 **1** 两个稳态,即一个触发器只能存放 1 位二进制数据信息,因此存放 n 位数码的寄存器就需要 n 个触发器构成。

寄存器输入或输出数码的方式有**并行**和**串行**两种。并行是各位数码从寄存器各自对应的端子同时输入或输出,串行是数码从寄存器对应的端子逐个输入或输出,如图 3-31 所示。寄存器总的输入/输出方式有四种:串入-串出、串入-并出、并入-并出、并入-串出。寄存器按功能可分为数码寄存器和移位寄存器两大类。

(a) 并入-并出方式

(b) 串入-串出方式

图 3-31
寄存器的两种输入/输出方式

二、数码寄存器

数码寄存器只具有接收数码和清除原数码的功能,常用于暂时存放某些数据。

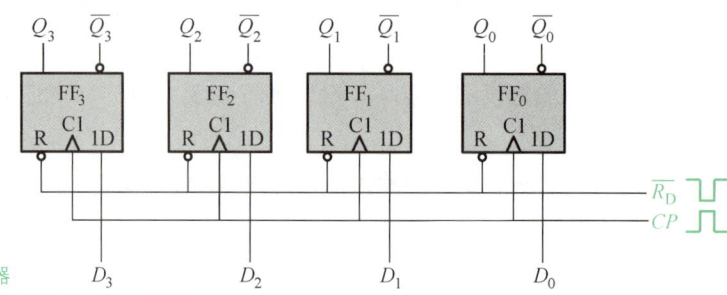

图 3-32
D 触发器构成的四位数码寄存器

1. 数码寄存器电路

图 3-32 所示电路是由 4 个上升沿触发的 D 触发器构成的四位数码寄存器。CP 为输送脉冲控制端,$\overline{R_D}$ 为异步清零端,D_3、D_2、D_1、D_0 是数据输入端(4位),$Q_3 \sim Q_0$ 为原码输出端,$\overline{Q_3} \sim \overline{Q_0}$ 为反码输出端。它采用的是并入-并出的输入/输出方式。

2. 集成数码寄存器

集成数码寄存器种类较多,常见的有四 D 触发器(74LS175、CD40175)、六 D 触发器(74LS174、CD40174)、八 D 触发器(74LS273)等。集成四位数码寄存器 74LS175 的引脚排列图如图 3-33 所示,其功能表见表 3-8。

图 3-33
集成四位数码寄存器
74LS175 的引脚排列图

表 3-8　74LS175 的功能表

$\overline{CR}$	CP	$1D$	$2D$	$3D$	$4D$	$1Q$	$2Q$	$3Q$	$4Q$	说　明
0	×	×	×	×	×	0	0	0	0	清除数据
1	↑	d_0	d_1	d_2	d_3	d_0	d_1	d_2	d_3	接收数据
1	0	×	×	×	×	$1Q^n$	$2Q^n$	$3Q^n$	$4Q^n$	保　持

三、数据锁存器

1. 数据锁存器的概念

锁存器与一般寄存器的主要区别是:锁存器具有一个使能控制端 C。当 C 无效时,输出数据保持原状态不变(锁存),而这个功能是寄存器所不具备的。下面以 74LS373 为例介绍数据锁存器的功能与应用。

74LS373 内部有八个 D 锁存器,其输出端具有三态(3S)控制功能。74LS373 的逻辑符号及引脚排列图如图 3-34 所示。其中,$\overline{OC}$ 是输出控制端(低电平有效),C 是使能端(高电平有效)。74LS373 的功能表见表 3-9。由表 3-9 可知,74LS373 的功能如下:

图 3 – 34
74LS373 的逻辑符号及引脚排列图

(1) $\overline{OC}$ 端为 **0**、C 端为 **1** 时,数码寄存功能为 $Q^{n+1} = D$。

(2) $\overline{OC}$、C 均为 **0** 时,锁存功能,$Q^{n+1} = Q^n$,状态与 D 无关。

(3) $\overline{OC}$ 为 **1** 时,Q 为高阻状态(Z)。

表 3 – 9　74LS373 的功能表

输　入			输　出
$\overline{OC}$	C	D	Q^{n+1}
0	1	1	1
0	1	0	0
0	0	×	Q^n
1	×	×	Z

> 👁 **想一想:**
>
> 锁存器与寄存器的区别是什么?

2. 数据锁存器的应用实例

图 3 – 35 所示为 74LS373 用于单片机数据总线中的多路数据选通电路。在电路中,8 位数据总线(DB)上挂接了 8 个 74LS373,它们的 C 端并接在一

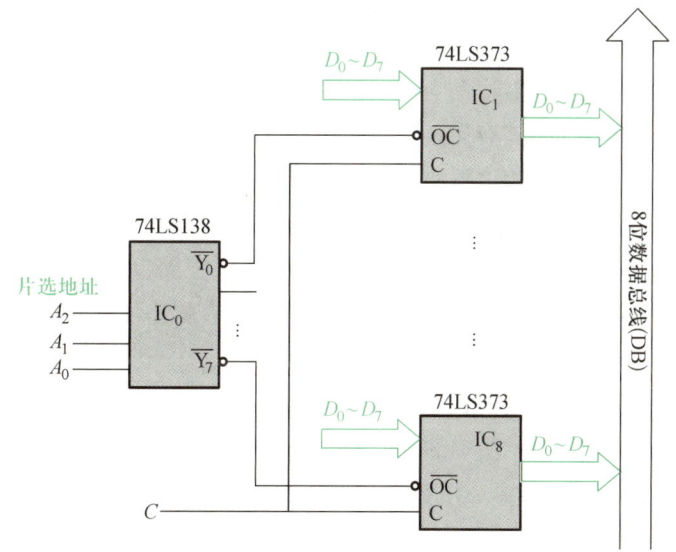

图 3 – 35
74LS373 用于单片机多路数据选通

起,各 $\overline{OC}$ 与 3 线-8 线译码器输出端相接。先给 C 端加一个正窄脉冲,各组数据都分别被写入各自的锁存器中。但是,如果 $\overline{OC}$ 为高电平,所有输出端 Q 均被强制为高阻状态,数据还不能送到 DB 上。当 3 线-8 线译码器的输出轮流给各寄存器的 $\overline{OC}$ 端一个负脉冲时,$IC_1 \sim IC_8$ 的数据就按顺序送到 8 位 DB 上,由 CPU 读取。可见,用 8 位数据总线可以分时传送 $8n$ (n 为锁存器的个数,$n \leqslant 8$) 位数据,使单片机的数据传送功能大为扩大。

知识点检测 2

1. 寄存器的定义:_____

_____,数据锁存器与寄存器的主要区别是_____

_____。

2. 寄存器总的输入/输出方式有四种:_____、_____、

_____、_____。

3. 74LS175 为集成____位数码寄存器,内部有 4 个_____触发器。

任务 3　认识移位寄存器

任务目标

① 了解移位寄存器的基本概念。
② 掌握单、双向移位寄存器的基本结构及工作原理。
③ 了解移位寄存器的应用。

一、移位寄存器

1. 单向移位寄存器

移位寄存器除了具有存储数据功能外,还具有移位功能。移位功能是指寄存器中所存的数据能在移位脉冲作用下依次左移或右移。因此,移位寄存器不但可用于存储数据,还可用作数据的串行-并行转换、数据的运算及处理等。

根据数据在寄存器中移动情况的不同,可把移位寄存器分为单向移位(左移、右移)寄存器和双向移位寄存器。下面重点以单向移位寄存器(左移)为例进行介绍。

(1) 单向移位寄存器电路分析

用 D 触发器构成的单向(左移)移位寄存器如图 3-36 所示。图中,CP 是移位脉冲端,$\overline{R_D}$ 是清零端,D_{SL} 是左移串行数据输入端,$Q_0 \sim Q_3$ 是并行数据输出端。

图 3 - 36　单向(左移)移位寄存器

首先使 $\overline{R_D} = 0$，清除原数据，使 $Q_3 Q_2 Q_1 Q_0 = 0000$，然后撤掉 $\overline{R_D} = 0$ 信号。每当移位脉冲 CP 上升沿到来时，输入数据 D_{SL} 便依次移入 FF_0，同时每个触发器的输出状态也依次移给高位触发器，这显然是串行输入。假设输入的数码为 **1011**，在移位脉冲的作用下，寄存器中数码的移动情况见表 3 - 10。根据表 3 - 10 可画出寄存器的时序图，如图 3 - 37 所示。

表 3 - 10　寄存器中数码的移动情况

移位脉冲 CP	Q_3	Q_2	Q_1	Q_0	输入数据 D_{SL}
初　始	0	0	0	0	1
1	0	0	0	1	0
2	0	0	1	0	1
3	0	1	0	1	1
4	1	0	1	1	
并行输出	1	0	1	1	

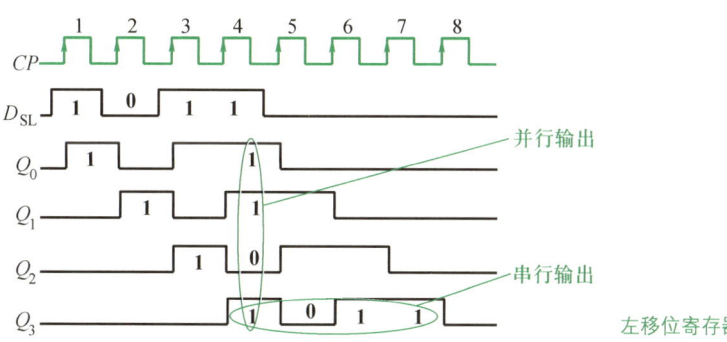

图 3 - 37
左移位寄存器数码移动过程的时序图

由时序图可以看出，经过 4 个 CP 脉冲后，串行输入的四位数据 **1011** 恰好全部移入寄存器中，即 $Q_3 Q_2 Q_1 Q_0 = $ **1011**。这时，从 4 个触发器的 Q 端同时并行输出数据 **1011**，实现了数据的**串入-并出**转换。如果再加入 4 个 CP 脉冲，则 4 位数据 **1011** 还可以从图 3 - 36 中的 Q_3 端依次输出，从而又可以实现数据的**串入-串出**。由于数据从低位依次移向高位(从 $Q_0 \to Q_1 \to Q_2 \to Q_3$)，即从右向左移动，所以称为左移寄存器。

图 3 - 38 所示是单向(右移)移位寄存器的逻辑图，其结构与工作原理与图

119

图 3-38
单向(右移)移位寄存器

3-36(左移)基本一致,所不同的是,其右移串行数据 D_{SR} 直接输入给最高位触发器 FF_3,数据从高位依次移向低位(从 $Q_3 \rightarrow Q_2 \rightarrow Q_1 \rightarrow Q_0$),即从左向右移动,所以为右移寄存器。具体工作过程请自行分析。

(2) 集成单向移位寄存器

74LS164 为串行输入/并行输出的 8 位单向移位寄存器,其逻辑符号及引脚排列图如图 3-39 所示。其中 $\overline{R_D}$ 为清零端,A、B 为两个可控制的串行数据输入端,$Q_H \sim Q_A$ 为 8 个输出端(Q_H 为最高位,Q_A 为最低位)。

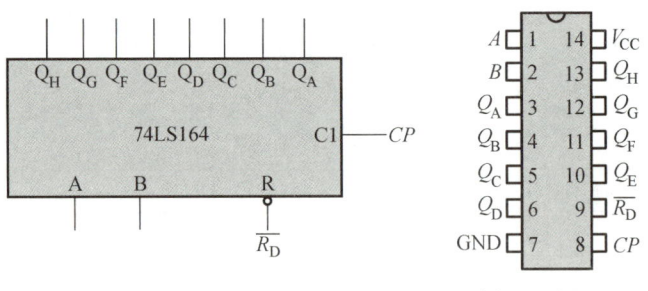

图 3-39
74LS164 的逻辑符号和引脚排列图

(a) 逻辑符号　　　　　(b) 引脚排列图

74LS164 的功能表见表 3-11。由此表可知其功能:当串行输入数据 A、B 两者中有任意一个为低电平时,则禁止另一串行数据输入,且在时钟 CP 上升沿作用下使 Q_A^{n+1} 为低电平,并依次左移;当串行输入数据 A、B 两者中有一个为高电平时,则允许另一串行数据输入,并在时钟 CP 上升沿作用下决定 Q_A^{n+1} 的状态。

表 3-11　74LS164 的功能表

输　　　　　入				输　　　　出				说　　明
$\overline{R_D}$	CP	A	B	Q_A^{n+1}	Q_B^{n+1}	$\cdots$	Q_H^{n+1}	
0	×	×	×	0	0		0	清零
1	0	×	×	Q_A^n	Q_B^n		Q_H^n	保持
1	↑	1	1	1	Q_A^n		Q_G^n	左移输入 1
1	↑	1	0	0	Q_A^n		Q_G^n	左移输入 0
1	↑	0	×	0	Q_A^n		Q_G^n	左移输入 0
1	↑	×	0	0	Q_A^n		Q_G^n	左移输入 0

74LS164 的时序图如图 3-40 所示。由该时序图可见,74LS164 为单向右移位寄存器,并且为串行输入-并行输出。

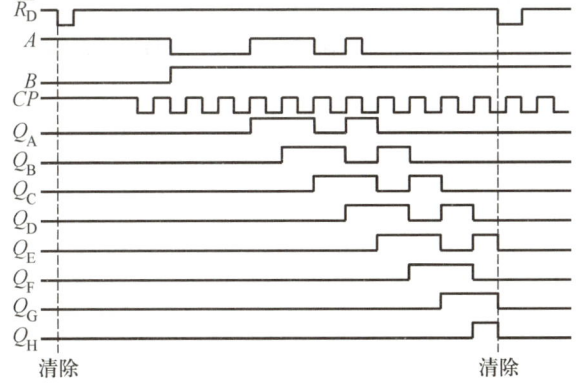

图 3-40　74LS164 的时序图

2. 双向移位寄存器

双向移位寄存器是把左、右移位功能综合在一起,在控制端作用下,既可实现左移,又可实现右移。

74LS194 具有双向移位、并行输入、保持数据和清除数据等功能,其逻辑符号和引脚排列图如图 3-41 所示。其中 $\overline{CR}$ 为异步清零端,优先级别最高;M_1、M_0 为工作方式控制端;D_{SL}/D_{SR} 为左移/右移数据输入端;D_0、D_1、D_2、D_3 为并行数据输入端;$Q_3 \sim Q_0$ 为 4 位输出端。

(a) 逻辑符号

(b) 引脚排列图

图 3-41
74LS194 的逻辑符号和引脚排列图

74LS194 的功能表见表 3-12,由此表可见,74LS194 具有以下功能:

表 3-12　74LS194 的功能表

$\overline{CR}$	M_1	M_0	CP	D_{SL}	D_{SR}	D_0	D_1	D_2	D_3	Q_3	Q_2	Q_1	Q_0	说　明
0	×	×	×	×	×	×	×	×	×	0	0	0	0	清零
1	×	×	0	×	×	×	×	×	×	保持				
1	1	1	↑	×	×	d_0	d_1	d_2	d_3	d_3	d_2	d_1	d_0	并行置数
1	0	1	↑	×	1	×	×	×	×	1	Q_3	Q_2	Q_1	右移输入 1
1	0	1	↑	×	0	×	×	×	×	0	Q_3	Q_2	Q_1	右移输入 0
1	1	0	↑	1	×	×	×	×	×	Q_2	Q_1	Q_0	1	左移输入 1
1	1	0	↑	0	×	×	×	×	×	Q_2	Q_1	Q_0	0	左移输入 0
1	0	0	×	×	×	×	×	×	×	保持				

(1) 异步清零。当 $\overline{CR} = 0$ 时,不论其他输入如何,寄存器输出清零。

(2) 当 $\overline{CR} = 1$ 时,有四种工作方式:

① $M_1 = M_0 = 0$,**保持**功能。$Q_0 \sim Q_3$ 保持不变,且与 CP、D_{SR}、D_{SL} 信号无关。

② $M_1 = 0, M_0 = 1(CP \uparrow)$,**右移**功能。从 D_{SR} 端先串入数据给 Q_3,然后按 $Q_3 \rightarrow Q_2 \rightarrow Q_1 \rightarrow Q_0$ 依次右移。

③ $M_1 = 1, M_0 = 0(CP \uparrow)$,**左移**功能。从 D_{SL} 端先串入数据给 Q_0,然后按 $Q_0 \rightarrow Q_1 \rightarrow Q_2 \rightarrow Q_3$ 依次左移。

④ $M_1 = M_0 = 1(CP \uparrow)$,**并行置数**功能。

一片 74LS194 只能寄存 4 位数据,如果超过了 4 位数,就需要用两片或多片 74LS194 级联成多位寄存器。由于 74LS194 功能齐全,在实际工程中广泛使用,故称为通用型寄存器。

二、移位寄存器的应用

移位寄存器是计算机及各种数字系统的一个重要部件,其应用范围很广泛。

1. 实现数据的运算处理及传输方式的转换

在计算机的串行运算器中,需用移位寄存器把二进制数逐位依次送入全加器进行运算,运算结果再逐位依次存入移位寄存器中;在单片机中,将多位数据左移 n 位,就相当于乘 2^n 运算。又如在有些数字装置中,要将并行传送的数据转换成串行传送(或反之),也需要用移位寄存器来完成。此外,利用移位寄存器还可以构成具有特殊功能的计算器等。

2. 顺序脉冲发生器

在计算机和控制系统中,常要求系统的某些操作按时间顺序分时工作,因此需要产生节拍控制脉冲,以协调各部分的工作。这种能产生节拍脉冲的电路称为节拍脉冲发生器,又称顺序脉冲发生器(脉冲分配器)。

图 3-42(a) 所示是一个移位寄存器型顺序脉冲发生器电路。它是将图 3-36 所示左移位寄存器的首尾相接 ($D_0 = Q_3$),形成一个反馈闭环而构成

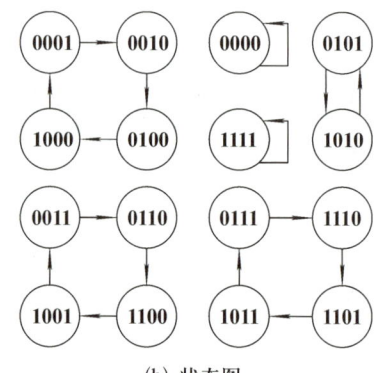

图 3-42
移位寄存器型顺序脉冲发生器　　(a) 电路

(b) 状态图

的。在时钟脉冲 CP 的作用下,电路的状态图如图 3－42(b)所示。如果取初始状态为 $Q_3Q_2Q_1Q_0 =$ **0001**,则电路将按 **0001→0010→0100→1000→0001** 的次序循环(**1** 左移 **4** 次完成一个周期),即在输出端产生了顺序(节拍)脉冲,时序图如图 3－43 所示。

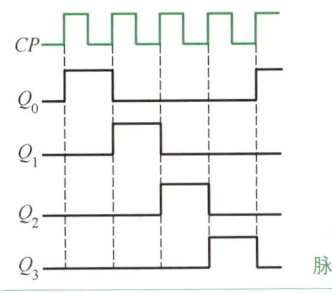

图 3－43
移位寄存器型顺序
脉冲发生器的时序图

上述电路若用一个周期的时钟脉冲个数表示计数周期,它又有计数的功能,还可以把该类型的计数器称为**环形计数器**。其中的 **0001、0010、0100、1000** 四种状态循环称为有效循环,其他几种循环为无效循环。当由于某种原因进入无效循环时,这种计数器不能自启动,因此在正常工作前,应先通过串行输入或并行输入将电路置为某一有效状态。

▌知识拓展▐

集成顺序脉冲发生器(CD4017)

1. CD4017 的逻辑功能

CD4017 为十进制计数/分频器,是一种用途非常广泛的器件,其引脚排列图如图 3－44 所示。CD4017 的内部由计数器及译码器两大部分组成,由译码器输出实现对脉冲信号的分配,整个输出时序就是 Y_0、Y_1、Y_2、$\cdots$、Y_9 依次出现与时钟同步的高电平,脉冲宽度等于时钟周期。

图 3－44
CD4017 引脚排列图

CD4017 有三个输入控制端。其中一个是清零端 CR,当在 CR 端加上高电平(或正脉冲)时,计数器中各计数单元输出均为 **0**。而在译码器输出中,只有对应该时刻的时钟输入,$Y_0 \sim Y_9$ 在同一时刻只有一个为高电平,其余均为低电平。另外两个是时钟输入 CP 和 $\overline{EN}$,如果要上升沿计数,则由 CP 端输入计数脉冲;如果要下降沿计数,则由 $\overline{EN}$ 端输入计数脉冲。设置两个时钟输入端,主要是为了在级联时使用方便。

2. CD4017 的典型应用

(1) 用 CD4017 构成的循环彩灯控制电路

电路如图 3－45 所示,振荡器产生的脉冲送至 CD4017 的脉冲输入端 CP,随着脉冲的输入,CD4017 输出端 $Y_0 \sim Y_9$ 依次循环变为高电平,使相应的发光二极管依次循环点亮,产生一种流动变化效果。彩灯的循环速度由脉冲源频率所决定。

图 3－45
循环彩灯控制电路

（2）用 CD4017 构成的多级十进制分频器

电路如图 3‑46 所示,将各级 CD4017 的清零端连在一起作公共清零端,$\overline{EN}$ 接地,CP 端输入计数脉冲,低位 CD4017 进位输出端 CO 依次接到相邻高位的时钟输入端 CP。这样计数脉冲 CP 每经过一级 CD4017 门,其频率是原来的 1/10。该电路可用于长时间定时开关电路中。

图 3‑46 多级十进制分频器

┃ **技能训练** ┃
循环彩灯的调试

1. 实训目的

① 了解寄存器 74LS194 的基本功能及其使用方法。

② 掌握用 74LS194 构成循环彩灯的调试方法。

③ 进一步掌握数字电路逻辑关系的检测方法。

2. 实训器材

数字电路实验箱 1 台;示波器 1 台;万用表 1 块;74LS194 集成电路 2 块;电阻及发光二极管若干。

3. 实训原理

用 74LS194 构成的循环彩灯电路如图 3‑47 所示。

由图 3‑47 不难分析出,无论电路左移位还是右移位,发光二极管都按一个方向依次全部点亮,再依次全部熄灭,并不断循环下去。

4. 实训操作

（1）连接电路

按图 3‑47 连接电路。注意,电路中的电源、地线不要漏接。

（2）清除数据

按下按键 S,使 $\overline{CR}$ 清零端对地短路,如果电路无故障,输出数据均为 **0**,所有发光二极管均熄灭。

（3）电路功能测试

将控制端 A 接高电平,B 接低电平,再输入秒脉冲,可以看到电路中的发光二极管从左到右依次全部点亮,然后又从左到右依次全部熄灭,从而实现了

图 3-47　循环彩灯电路

移位循环。

(4) 电路逻辑关系检测

控制端 A 接高电平, B 接低电平, 将输入脉冲改接为单次脉冲信号(手动)。依次测量第 $i(i=1\sim16)$ 个单脉冲时 U_1、U_2 各引脚的逻辑电平, 将结果填入表 3-13 中(表中已经给出了前 3 个脉冲的数据)。测试完毕, 从表格中找出输出数据变化的规律。

表 3-13　循环彩灯测试结果

脉冲数	控制端		输　出　端							
	M_1	M_0	$1Q_0$	$1Q_1$	$1Q_2$	$1Q_3$	$2Q_0$	$2Q_1$	$2Q_2$	$2Q_3$
1	1	0	0	0	0	0	0	0	0	0
2	1	0	1	0	0	0	0	0	0	0
3	1	0	1	1	0	0	0	0	0	0
4	1	0	1	1	1	0	0	0	0	0
5										
6										
7										
8										
9										
10										
11										
12										
13										
14										
15										
16										

注: $1Q_0$ 表示 U_1 的 Q_0; $2Q_0$ 表示 U_2 的 Q_0, 其他以此类推。

5. 实训总结

① 详细分析电路的工作原理,整理实训记录表格,写出实训报告。

② 对实训结果进行分析,说明 M_1、M_0 两端的功能。

③ 总结使用寄存器的体会。

知识点检测 3

1. 根据数据在寄存器中移动情况的不同,可把移位寄存器划分为_____移位寄存器和_____移位寄存器。

2. 74LS164 为____输入____输出的____位单向移位寄存器。

3. 74LS194 具有_____、_____、_____和_____功能。

任务 4 掌握脉冲产生的原理与整形电路

任务目标

① 了解单稳态触发器、多谐振荡器和施密特触发器的电路结构及工作原理。

② 掌握单稳态触发器、多谐振荡器和施密特触发器的特点和集成器件的使用方法。

③ 熟悉单稳态触发器、多谐振荡器和施密特触发器的应用。

一、单稳态触发器

单稳态触发器是一种对已有波形进行变换、整形的电路。它的特点是电路有一个稳态和一个暂稳态,在无外加触发信号时,电路处于稳态;当外加触发信号时,电路从稳态进入暂稳态;经过一段时间后,电路自动返回到稳态,暂稳态维持的时间取决于电路本身的参数,与触发信号无关。根据 RC 定时电路连接方式的不同,单稳态触发器分为微分型和积分型两种。下面以微分型单稳态触发器为例,了解其工作原理。

1. 微分型单稳态触发器

(1) 电路结构

图 3-48 所示是由 CMOS 门电路构成的微分型单稳态触发器。它由一个与非门和一个非门构成,G_2 门的输出和 G_1 门的输入直接耦合,G_1 门的输出和 G_2 门的输入采用 RC 微分电路耦合,所以称为微分型单稳态触发器。其

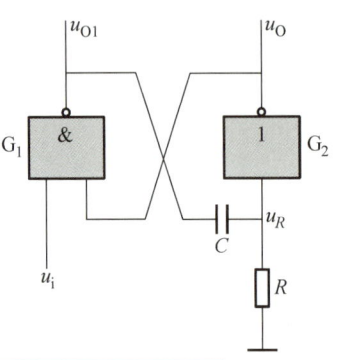

图 3-48
微分型单稳态触发器

中 R 的数值要小于 G_2 的关门电阻 R_{OFF}。

（2）工作原理

对于 CMOS 门电路，可以近似认为 $V_{OH} \approx V_{CC}$、$V_{OL} \approx 0$ V、阈值电压 $V_{TH} \approx \dfrac{1}{2} V_{CC}$。

① 稳定状态

在无触发信号（$u_1 = V_{CC}$）时，由于 $R < R_{OFF}$，因此 G_2 门的输入 u_R 为低电平，输出 u_O 为高电平。G_1 门输入全为高电平，输出 u_{O1} 为低电平。此时电容 C 上的电压为 0 V，电路处于稳定状态。

② 触发翻转至暂稳态

当在 u_1 端加负触发脉冲信号时，G_1 门的输出 u_{O1} 跳变为高电平 V_{OH}。由于电容 C 上的电压不能突变，使 u_R 也随之产生正跳变，G_2 门的输出 u_O 跳变为低电平 V_{OL}，并反馈到 G_1 门的输入端。这时即使 u_1 回到高电平，u_O 仍维持低电平，电路进入暂稳态。

③ 自动翻转回稳态

进入暂稳态后，电容 C 开始充电，使电容 C 上的电压上升，u_R 逐渐下降，u_R 下降到 G_2 的阈值电压时，G_2 的输出 u_O 为高电平 V_{OH}，并反馈到 G_1 门的输入端，使 u_{O1} 为低电平 V_{OL}，电路回到稳态。

④ 恢复过程

暂稳态结束后，u_{O1} 回到低电平，电容 C 放电，使电容两端的电压恢复到稳态值，为下一次触发翻转做准备。

微分型单稳态触发器的工作波形如图 3 – 49 所示。

图 3 – 49　微分型单稳态触发器的工作波形

由以上分析可知,单稳态触发器输出脉冲宽度 t_W 取决于暂稳态维持时间,可近似估算为

$$t_W \approx 0.7RC$$

2. 集成单稳态触发器

集成单稳态触发器与由普通门电路构成的单稳态触发器相比,具有明显的优点,主要包括:脉冲展宽范围大、外接元器件少、温度特性好、功能全、抗干扰能力强、对电源电压的稳定性好等。

集成单稳态触发器有 TTL 型和 CMOS 型两类,根据触发状态不同,可分为非重复触发型和可重复触发型。其逻辑符号如图 3-50 所示。

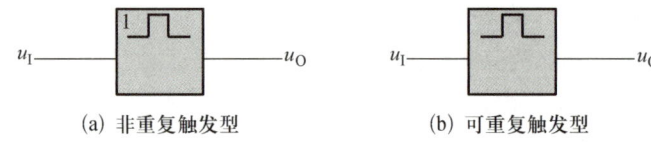

图 3-50
集成单稳态触发器的逻辑符号　　(a) 非重复触发型　　(b) 可重复触发型

非重复触发型单稳态触发器一旦被触发进入暂稳态后,再加入触发脉冲不会影响电路的工作状态,输出脉冲宽度 t_W 是不变的,只有在暂稳态结束,电路又进入原来的稳态之后,才能接收新的触发信号。可重复触发型单稳态触发器被触发进入暂稳态后,再次加入触发脉冲,电路将重复被触发,输出脉冲宽度可在前一个暂稳态时间的基础上再展宽 t_W。两种单稳态触发器的工作波形如图 3-51 所示。

图 3-51
两种单稳态触发器的工作波形　　(a) 非重复触发型　　　　　　　(b) 可重复触发型

非重复触发型单稳态触发器有 74121、74221、74LS221,可重复触发型单稳态触发器有 74122、74LS122、74123、74LS123。图 3-52 给出了非重复触发型单稳态触发器 74121 的逻辑符号和引脚排列图。74121 的功能表见表 3-14。

根据 74121 的功能表对其功能说明如下:

(1) 74121 具有边沿触发的特性。

图 3 - 52
74121 的逻辑符号和引脚排列图

(a) 逻辑符号　　　　　　　　(b) 引脚排列图

表 3 - 14　74121 的功能表

输 入			输 出	
A_1	A_2	B	Q	Q
0	×	1	0	1
×	0	1	0	1
×	×	0	0	1
1	1	×	0	1
0	×	↑	⊓	⊔
×	0	↑	⊓	⊔
1	↓	1	⊓	⊔
↓	1	1	⊓	⊔
↓	↓	1	⊓	⊔

(2) A_1、A_2、B 为触发输入端,其中 A_1、A_2 为下降沿触发,B 为上升沿触发。

(3) Q、$\overline{Q}$ 为两个互补输出端。

(4) R_{int}、C_{ext}、R_{ext}/C_{ext} 为外接定时元件端。

外接定时元件有两种方法,如图 3 - 53 所示。

(a) 使用外接电阻　　　　　(b) 使用内部电阻　　　图 3 - 53　74121 外接定时元件

3. 单稳态触发器的应用

根据单稳态触发器的特点,可将它广泛用于数字系统中的脉冲整形、延时与定时等电路中。

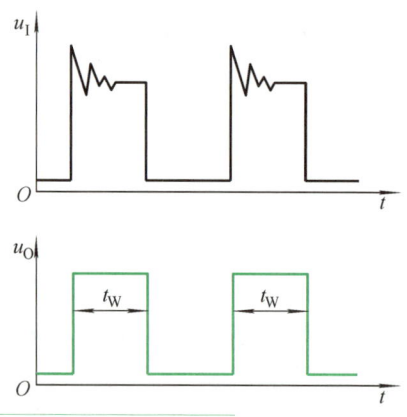

图 3 - 54 脉冲整形

(1) 脉冲整形

脉冲信号在经过长距离传输后,其边沿会变差或在波形上叠加了某些干扰。为了使这些脉冲信号变成符合要求的波形,可利用单稳态触发器进行整形。具体方法是将不规则的脉冲信号作为触发信号加到单稳态触发器的输入端,合理选择定时元件 R 和 C 的值,即可将不规则的脉冲信号整形为所需要的矩形脉冲信号,如图 3 - 54 所示。

(2) 脉冲延时与定时

① 延时

图 3 - 55(a)所示为脉冲延时与定时示意图。在图 3 - 55(b)中,观察 u_a 与 u_c 的时间关系,不难发现,u_c 的下降沿比 u_a 的下降沿滞后了约 t_W,即延迟了 t_W。这个 t_W 正好反映了单稳态触发器的延时作用。

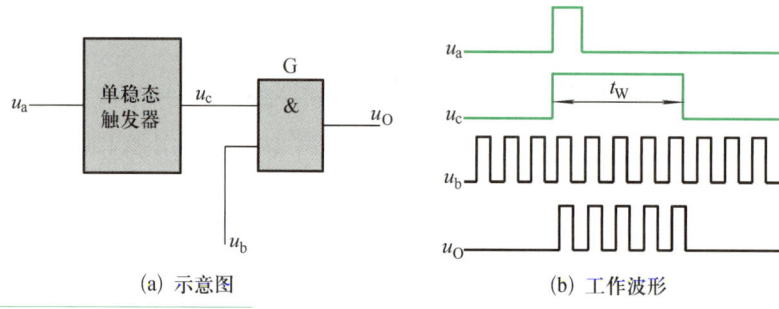

图 3 - 55 脉冲延时与定时   (a) 示意图   (b) 工作波形

② 定时

思考:

单稳态触发器的特点是什么?输出的脉冲宽度由什么决定?

由于单稳态触发器能根据需要产生一定宽度的矩形脉冲,因此可利用它作定时电路。在图 3 - 55(a)所示的电路中,单稳态触发器输出的脉冲 u_c 可作为与门 G 开通时间的控制信号。只有在单稳态触发器输出为高电平期间,与门 G 打开,u_b 才能通过,输出 $u_O = u_b$。而在 u_c 为低电平时,与门 G 关闭,u_b 不能通过,$u_O = 0$。与门 G 打开的时间由单稳态触发器输出的脉冲宽度决定。脉冲定时工作波形如图 3 - 55(b)所示。

二、多谐振荡器

多谐振荡器是一种矩形脉冲信号发生器。当接通电源后无须外加输入信号,便可自动产生一定频率的矩形脉冲。多谐振荡器产生的矩形脉冲总是在高、低电平之间相互转换,它有两个暂稳状态,所以又称为无稳态电路。下面以非对称式多谐振荡器为例介绍它的工作过程。

1. 电路结构

非对称式多谐振荡器典型电路如图 3 - 56 所示,它是由两个反相器、一个电阻和一个电容组成的,其中电阻和电容为定时元件,决定了多谐振荡器的频率。

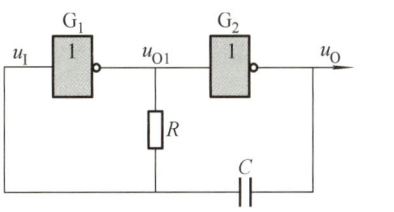

图 3 - 56
非对称式多谐
振荡器典型电路

2. 工作原理

(1) 第一暂稳态

接通电源后,电容 C 尚未充电,假定电路处于 $u_{O1} = V_{OH}$、$u_O = V_{OL}$ 的状态,即所谓的第一暂稳态。此时,处于高电平的 u_{O1} 经电阻 R 对电容 C 充电,随着充电时间的增加,u_1 将上升,当上升到反相器的阈值电压 V_{TH} 时,电路产生如下正反馈过程:

结果迅速使 $u_O = V_{OH}$,$u_{O1} = V_{OL}$,电路进入第二暂稳态。

(2) 第二暂稳态

电路进入第二暂稳态的瞬间,由于电容 C 两端电压不能突变,所以 u_1 变为高电平 V_{OH},并维持 u_{O1} 低电平。随后,电容 C 通过电阻 R 和 G_1 门放电,使 u_1 下降,当下降到阈值电压 V_{TH} 时,电路又产生如下正反馈过程:

结果迅速使 $u_{O1} = V_{OH}$,$u_O = V_{OL}$,电路又回到第一暂稳态。如此周而复始,使电路产生振荡,输出周期性的矩形脉冲。其工作波形如图 3 - 57 所示。

电路的振荡周期 T 由充电时间 T_1 和放电时间 T_2 组成,可估算为

$$T = T_1 + T_2 \approx 1.4RC$$

通过调节 R、C 的取值,可改变电路的振荡频率。

图 3 - 57
多谐振荡器的工作波形

> 👁 **思考:**
>
> 多谐振荡器为什么又称为无稳态触发器?

三、施密特触发器

施密特触发器是另一种对已有波形进行变换整形,使其输出为矩形波的电路。它的输出有两个相对稳定的状态。它可以把变化缓慢的输入波形变换成边沿陡峭的矩形波输出,常用于波形的变换、整形、幅度鉴别,构成多谐振荡器等。

1. 门电路构成的施密特触发器

(1) 电路结构

图 3-58(a)所示为由 CMOS 非门构成的施密特触发器电路。它是将两个非门串接起来,并通过分压电阻 R_2 把输出端的电压反馈到输入端。当输出信号从 u_O 端输出时,由于它与输入信号同相,因此称其为同相输出施密特触发器;当输出信号从 u_{O1} 端输出时,由于它与输入信号反相,因此称其为反相输出施密特触发器。施密特触发器的逻辑符号如图 3-58(b)所示。

图 3-58 由 CMOS 非门构成的施密特触发器　　(a) 电路　　(b) 逻辑符号

(2) 工作原理

设非门 G_1、G_2 的阈值电压为 $V_{TH} \approx \frac{1}{2} V_{CC}$,$R_1 < R_2$,且输入信号 u_I 为三角波。G_1 门的输入电平 u_{I1} 决定着电路的状态,根据叠加定理,有

$$u_{I1} = \frac{R_2}{R_1 + R_2} u_I + \frac{R_1}{R_1 + R_2} u_O$$

① 当 $u_I = 0$ 时,$u_{O1} = V_{OH}$,$u_O = V_{OL} \approx 0$,电路处于第一个稳定状态,此时 $u_{I1} = 0$。

② 当 u_I 从 0 逐渐上升到 G_1 的阈值电压 V_{TH} 时,电路产生如下正反馈过程:

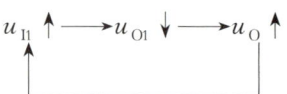

正反馈的结果使输出 u_O 的状态由低电平跳变为高电平,即 $u_O = V_{OH} \approx V_{CC}$。电路处于第二个稳定状态。

把 u_1 在上升过程中,电路状态发生转换时所对应的输入电压称为正向阈值电压,又称上限阈值电压,用 V_{T+} 表示。由上式可得

$$u_{I1} = \frac{R_2}{R_1 + R_2} u_1 = V_{TH}$$

$$u_I = \frac{R_1 + R_2}{R_2} V_{TH}$$

$$V_{T+} = \left(1 + \frac{R_1}{R_2}\right) V_{TH}$$

③ 此后 u_1 继续升高,电路状态保持不变,仍有 $u_O = V_{OH} \approx V_{CC}$,而且

$$u_{I1} = \frac{R_2}{R_1 + R_2} u_1 + \frac{R_1}{R_1 + R_2} V_{CC} > V_{TH}$$

④ 当 u_1 从高电平逐渐下降并达到阈值电压 V_{TH} 时,电路将发生又一个正反馈过程:

$$u_{I1} \downarrow \longrightarrow u_{O1} \uparrow \longrightarrow u_O \downarrow$$

正反馈的结果使电路的输出状态迅速由高电平跳变为低电平 $u_O = V_{OL} \approx 0$。电路返回到第一个稳定状态。

把 u_1 在下降过程中,电路状态发生转换时所对应的输入电压称为负向阈值电压,又称下限阈值电压,用 V_{T-} 表示,此时有

$$u_{I1} = V_{TH} = \frac{R_2}{R_1 + R_2} u_1 + \frac{R_1}{R_1 + R_2} V_{CC}$$

$$u_1 = \frac{R_1 + R_2}{R_2} V_{TH} - \frac{R_1}{R_2} V_{CC}$$

$$V_{T-} = \frac{R_1 + R_2}{R_2} V_{TH} - \frac{R_1}{R_2} V_{CC}$$

$$= \left(1 - \frac{R_1}{R_2}\right) V_{TH}$$

此后,u_1 继续下降,只要 $u_1 < V_{TH}$,电路状态就保持不变,即 $u_O = V_{OL} \approx 0$。

图 3−59 所示为施密特触发器的工作波形和电压传输特性。

由上述分析可知,施密特触发器有两个稳定状态,这两个稳定状态的维持和转换,完全取决于输入电压的大小。

施密特触发器从一个稳定状态转换到另一个稳定状态所需要的输入电压不同,因此它有两个不同的阈值电压。将这一特性称为施密特触发器的**回差**

(b) 同相特性

(c) 反相特性

图 3 - 59
施密特触发器的工作波形和
电压传输特性

(a) 工作波形

特性,并定义 V_{T+} 与 V_{T-} 之差为**回差电压**,用 ΔV_T 表示,即

$$\Delta V_T = V_{T+} - V_{T-} = \frac{2R_1}{R_2}V_{CC}$$

改变 R_1、R_2 的值可以调节 V_{T+}、V_{T-} 和 ΔV_T 的大小,但必须使 $R_1 < R_2$,否则电路将进入自锁状态,不能正常工作。

2. 集成施密特触发器

集成施密特触发器有 TTL 型和 CMOS 型两类,图 3 - 60 所示为 TTL 型施密特触发器 74LS13 的引脚排列图和逻辑符号。

图 3 - 60
74LS13 的引脚排列图和逻辑符号

(a) 引脚排列图　　　　　　(b) 逻辑符号

74LS13 的功能说明如下:

(1) 它是一个四输入双施密特触发器的与非门。$1A \sim 1D$ 为其中一个触

发器的触发信号输入端,1Y 为对应的输出端;2A~2D 为另一个触发器的输入端,2Y 为对应的输出端。但施密特触发器的**与非门**不同于一般**与非门**,其有两个阈值电压,而一般**与非门**只有一个阈值电压。

(2) 两个阈值电压及回差电压为 $V_{T+} \approx 1.7 \text{ V}$、$V_{T-} \approx 0.8 \text{ V}$、$\Delta V_T \approx 0.9 \text{ V}$,而且 V_{T+}、V_{T-} 都是固定不可调的。

(3) 具有反相输出的电压传输特性。

3. 施密特触发器的应用

(1) 波形变换

施密特触发器可将三角波、正弦波及其他不规则信号变换成矩形脉冲。图 3－61 所示为用施密特触发器将正弦波变换成同周期的矩形脉冲。

图 3－61　波形变换

(2) 脉冲整形

当信号受到某些因素的干扰而发生畸变时,可利用施密特触发器的回差特性,将受到干扰的信号加以整形,成为比较理想的矩形脉冲,如图 3－62 所示。

图 3－62　脉冲整形

图 3－63　脉冲幅度鉴别

(3) 脉冲幅度鉴别

如果输入信号为一组幅度不等的脉冲,可将输入幅度大于 V_{T+} 的脉冲信号选出来,而将幅度小于 V_{T-} 的脉冲信号去除,如图 3－63 所示。

(4) 构成多谐振荡器

利用施密特触发器可构成多谐振荡器,电路及工作波形如图 3－64 所示。此电路的工作原理是:利用输出端的高低电平对电容 C 进行充、放电,以改变 u_I 的电平,从而控制施密特触发器的状态转换。

图 3 – 64
用施密特触发器构成的
多谐振荡器

(a) 电路　　　　　　　　　　(b) 工作波形

知识点检测 4

1. 施密特触发器可以将边沿缓慢的输入信号变换成_____输出。

2. 施密特触发器有_____稳定状态。

3. 多谐振荡器是一种_____脉冲发生器,有_____暂稳状态。

4. 单稳态触发器有____稳定状态和_____暂稳状态。

5. 单稳态触发器广泛应用于数字系统中的_____、_____和_____等电路中。

6. 施密特触发器广泛应用于数字系统中的_____、_____、_____和_____等。

任务 5　认识 555 集成定时器

任务目标

① 了解 555 定时器的内部结构及工作原理。

② 熟练掌握由 555 定时器构成的三种基本电路的电路结构、工作过程与参数计算。

③ 能够采用 555 定时器设计、制作一些实用电路。

一、555 定时器分析

555 定时器是一种将模拟电路和数字电路混合在一起的中规模集成电路,它结构简单,使用灵活方便,应用非常广泛。只要在外部连接少数的电阻和电容,即可构成三种基本电路:多谐振荡器、施密特触发器、单稳态触发器。常用于脉冲信号的产生和变换、仪器与仪表电路、测量与控制电路、家用电器与电子玩具等领域。

555 定时器可分为双极型(TTL 型)和单极型(CMOS 型)两种。双极型标号为 555 和 556(双),电源电压为 5～16 V,输出最大负载电流为 200 mA;单极型标号为 7555 和 7556(双),电源电压为 3～18 V,输出最大负载电流为 4 mA。通常,双极型具有较大的驱动能力,单极型具有低功耗、输入阻抗高等优点。

1. 电路结构

图 3-65 所示为 555 定时器的电路结构、逻辑符号和引脚排列图。电路由分压器、电压比较器、基本 RS 触发器、放电三极管以及输出缓冲器五部分组成。

(a) 电路结构　　　(c) 引脚排列图　　图 3-65　555 定时器

(1) 分压器

由三个阻值均为 5 kΩ 的电阻串联起来构成分压器(555 也因此而得名),为电压比较器 C_1 和 C_2 提供基准电压。集成运放 C_1 的"+"端电压为 $\frac{2}{3}V_{CC}$,C_2 的"-"端电压为 $\frac{1}{3}V_{CC}$。

如果在控制电压端 CO 另加控制电压,则可改变 C_1 和 C_2 的基准电压。一般情况下,当 CO 端不使用时,通过一个 $0.01\ \mu F$ 的电容接地,以防止高频干扰。

(2) 电压比较器

由 C_1 和 C_2 组成,当控制电压端 CO 悬空时,C_1 和 C_2 的基准电压分别为 $\frac{2}{3}V_{CC}$ 和 $\frac{1}{3}V_{CC}$。C_1 的反相输入端 TH 称为 555 定时器的**高触发端**,C_2 的同相输入端 $\overline{TR}$ 称为 555 定时器的**低触发端**。

(3) 基本 RS 触发器

基本 RS 触发器由两个**与非**门组成,$\overline{R_D}$ 是专门设置的可从外部进行置 **0** 的

拓展课堂: 科技强国, 555芯片功能测试

复位端, 当 $\overline{R_D} = 0$ 时, 使 $Q = 0$、$\overline{Q} = 1$。

（4）放电三极管

三极管 VT 构成开关, 其状态受 $\overline{Q}$ 端控制。当 $\overline{Q}$ 为 0 时, 三极管截止, DIS 端（7 脚）与地断开; 当 $\overline{Q}$ 为 1 时, 三极管导通, DIS 端（7 脚）与地接通。

（5）输出缓冲器

输出缓冲器就是接在输出端的反相器 G_3, 其作用是提高 555 定时器的带负载能力和隔离负载对定时器的影响。

2. 工作原理

当 $\overline{R_D} = 0$ 时, $\overline{Q} = 1$, 输出 u_O 为低电平, 三极管 VT 饱和导通, 定时器处于禁止状态; 当 $\overline{R_D} = 1$ 时, 定时器正常工作, 具有以下功能:

（1）当高触发端 $TH > \dfrac{2}{3}V_{CC}$, 且低触发端 $\overline{TR} > \dfrac{1}{3}V_{CC}$ 时, C_1 输出为低电平, C_2 输出为高电平, 基本 RS 触发器被置成 0 状态, $Q = 0$、$\overline{Q} = 1$, 输出 u_O 为低电平, 三极管 VT 饱和导通。

（2）当高触发端 $TH < \dfrac{2}{3}V_{CC}$, 且低触发端 $\overline{TR} < \dfrac{1}{3}V_{CC}$ 时, C_1 输出为高电平, C_2 输出为低电平, 基本 RS 触发器被置成 1 状态, 输出 u_O 为高电平, 三极管 VT 截止。

（3）当 $TH < \dfrac{2}{3}V_{CC}$, $\overline{TR} > \dfrac{1}{3}V_{CC}$ 时, C_1、C_2 输出均为高电平, 基本 RS 触发器保持原来状态不变, 因此输出 u_O 和三极管 VT 保持原来状态不变。

根据以上分析, 可以得出 555 定时器的功能表（表 3-15）。

表 3-15　555 定时器的功能表

输　　　入			输　　　出	
TH	$\overline{TR}$	$\overline{R_D}$	OUT	VT 状态
×	×	0	0	导通
$> \dfrac{2}{3}V_{CC}$	$> \dfrac{1}{3}V_{CC}$	1	0	导通
$< \dfrac{2}{3}V_{CC}$	$< \dfrac{1}{3}V_{CC}$	1	1	截止
$< \dfrac{2}{3}V_{CC}$	$> \dfrac{1}{3}V_{CC}$	1	不变	不变

小技巧:

555 定时器的功能表可概括为一个口诀来记忆:"全大于、输出 0、VT 导通; 全小于、输出 1、VT 截止; 两者之间为不变"。

二、555 定时器的典型应用

1. 用 555 定时器构成多谐振荡器

（1）电路结构

由 555 定时器构成的多谐振荡器电路如图 3-66(a) 所示。R_1、R_2 和 C 为

微课: 555 定时器构成多谐振荡器

外接定时元件, 高触发端 TH(6 脚) 与低触发端 $\overline{TR}$ (2 脚) 相连并与电容 C 相接, C 的另一端接地, R_1 和 R_2 串联(一端接电源, 另一端接 2、6 脚)的连接点与放电端(7 脚)相连, 控制电压端 CO(5 脚)不用, 通常外接 $0.01\ \mu F$ 电容。

(a) 电路　　　　　　(b) 工作波形

图 3 - 66
用 555 定时器构成的多谐振荡器

(2) 工作原理

接通电源后, V_{CC} 通过 R_1、R_2 对 C 充电, u_C 开始从零上升。起初 $u_C < \frac{1}{3}V_{CC}$, 即高触发端 $TH < \frac{2}{3}V_{CC}$, 低触发端 $\overline{TR} < \frac{1}{3}V_{CC}$, 555 的输出 u_O 为高电平, 三极管 VT 截止。

当 $u_C > \frac{2}{3}V_{CC}$ 时, 即 $TH > \frac{2}{3}V_{CC}$, $\overline{TR} > \frac{1}{3}V_{CC}$, 电路翻转, 555 的输出 u_O 变为低电平, 三极管饱和导通, 于是 C 放电, u_C 下降。

当 $u_C < \frac{1}{3}V_{CC}$ 时, 又回到 $TH < \frac{2}{3}V_{CC}$, $\overline{TR} < \frac{1}{3}V_{CC}$, 电路再次翻转, 555 的输出 u_O 又变为高电平, 三极管截止, C 停止放电而重新充电。如此周而复始, 在一种暂稳态和另一种暂稳态之间自动转换, 便形成了振荡, 电路工作波形如图 3 - 66(b)所示。

(3) 参数计算

下面求电路的振荡周期 T、振荡频率 f 和占空比 q 等参数。

电容 C 充电时间(正脉冲宽度): $t_{W1} \approx 0.7(R_1 + R_2)C$

电容 C 放电时间(负脉冲宽度): $t_{W2} \approx 0.7R_2C$

振荡周期: $T = t_{W1} + t_{W2} \approx 0.7(R_1 + 2R_2)C$

振荡频率: $f = \dfrac{1}{T} = \dfrac{1}{0.7(R_1 + 2R_2)C} \approx \dfrac{1.43}{(R_1 + 2R_2)C}$

占空比 q(正脉冲宽度与周期之比):

$$q = \frac{t_{W1}}{T} = \frac{0.7(R_1 + R_2)C}{0.7(R_1 + 2R_2)C} = \frac{R_1 + R_2}{R_1 + 2R_2}$$

（4）占空比可调的多谐振荡器

在图 3-66(a)所示电路中，占空比不可调。可以利用二极管的单向导电性改变电容的充放电回路，即可改变输出波形的占空比，电路如图 3-67 所示。

图 3-67 占空比可调的多谐振荡器

当 $u_O = 1$ 时，555 内部的放电三极管 VT 截止，电源通过 R_1、VD_1 对电容 C 充电；当 $u_O = 0$ 时，三极管 VT 导通，电容 C 通过 VD_2、R_2 放电。所以充电时间 $t_{W1} \approx 0.7R_1C$，放电时间 $t_{W2} \approx 0.7R_2C$，则占空比 q 为

$$q = \frac{t_{W1}}{T} = \frac{0.7R_1C}{0.7(R_1+R_2)C} = \frac{R_1}{R_1+R_2}$$

只要改变电位器活动端的位置，就可以调节占空比 q。当 $R_1 = R_2$ 时，$q = 1/2$，u_O 将成为对称的矩形脉冲(方波)。

2. 用 555 定时器构成施密特触发器

（1）电路结构

将 555 定时器的 TH 端(6 脚)、$\overline{TR}$ 端(2 脚)连接起来作为信号的输入端，3 脚为输出端，电路如图 3-68(a)所示。

图 3-68
用 555 定时器构成的施密特触发器　(a) 电路　　　　　　　　(b) 工作波形

（2）工作原理

设输入为三角波，如图 3 - 68(b) 所示。由电路可知，当输入 $u_1 < \frac{1}{3}V_{CC}$ 时，即 $TH = \overline{TR} < \frac{1}{3}V_{CC}$，输出 u_O 为高电平；当 $\frac{1}{3}V_{CC} < u_1 < \frac{2}{3}V_{CC}$ 时，电路输出 u_O 维持原态不变，继续为高电平；当输入 $u_1 > \frac{2}{3}V_{CC}$ 时，即 $TH = \overline{TR} > \frac{2}{3}V_{CC}$，电路发生翻转，输出 u_O 变为低电平；当 u_1 上升到峰值后，u_1 又开始下降，只要 $u_1 > \frac{1}{3}V_{CC}$，电路的输出仍为低电平；当 $u_1 < \frac{1}{3}V_{CC}$ 时，电路再次翻转，输出又返回高电平。该电路的工作波形如图 3 - 68(b) 所示。

由上述分析可知，在输入信号 u_1 上升过程中，当输入 $u_1 > \frac{2}{3}V_{CC}$ 时，电路的输出由高电平变为低电平；而在输入信号下降过程中，当 $u_1 < \frac{1}{3}V_{CC}$ 时，电路的输出由低电平变为高电平，可见电路具有回差特性。该电路的上限阈值电压 $V_{T+} = \frac{2}{3}V_{CC}$，下限阈值电压 $V_{T-} = \frac{1}{3}V_{CC}$，回差电压 $\Delta V_T = V_{T+} - V_{T-} = \frac{1}{3}V_{CC}$。

动画：温度双限报警器

3. 用 555 定时器构成单稳态触发器

（1）电路结构

图 3 - 69(a) 所示是用 555 定时器构成的单稳态触发器。R、C 为外接定时元件，高触发端 TH(6 脚) 与放电端 DIS(7 脚) 相连并与定时元件连接，低触发

(a) 电路

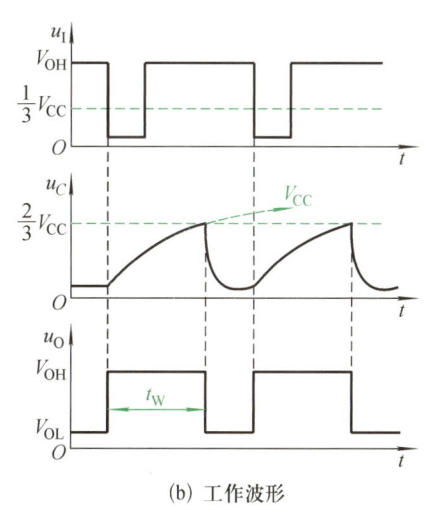

(b) 工作波形

图 3 - 69
用 555 定时器构成的
单稳态触发器

141

端 $\overline{TR}$（2脚）作为触发信号输入端,输入信号低电平有效,控制信号端（5脚）通过一个$0.01\ \mu F$电容接地。

（2）工作原理

在无触发脉冲信号时,输入端u_1为高电平,即$\overline{TR} > \dfrac{1}{3}V_{CC}$。接通电源后,$V_{CC}$通过$R$对$C$充电,当$u_C(TH) > \dfrac{2}{3}V_{CC}$时,$u_O = 0$,三极管饱和导通。随后,电容$C$经7脚迅速放电,$u_C \approx 0$。这时满足$TH < \dfrac{2}{3}V_{CC}$、$\overline{TR} > \dfrac{1}{3}V_{CC}$,电路将保持原态,即$u_O = 0$,此时为单稳态触发器的稳定状态。

当有触发脉冲信号,即输入u_1为低电平（窄负脉冲）时,$\overline{TR} < \dfrac{1}{3}V_{CC}$,$TH < \dfrac{2}{3}V_{CC}$,则输出$u_O$变为高电平,三极管截止,电路由稳态进入暂稳态。之后,V_{CC}通过R对C充电。当u_C上升到略大于$\dfrac{2}{3}V_{CC}$时,$\overline{TR} > \dfrac{1}{3}V_{CC}$,$TH > \dfrac{2}{3}V_{CC}$,输出$u_O$变为低电平,三极管饱和导通,电容充电结束,又经7脚迅速放电,u_C迅速下降为0,电路从暂稳态又返回到稳态时的低电平状态。图3-69(b)所示是单稳态触发器的工作波形。

（3）输出脉冲宽度t_W

由工作原理分析可知,输出脉冲宽度等于暂稳态维持的时间,也就是对电容C的充电时间,用t_W表示。t_W的大小为

$$t_W \approx 1.1RC$$

单稳态触发器输出脉冲宽度t_W仅取决于定时元件R、C的取值,与输入触发信号和电源电压无关,调节R、C即可改变输出脉冲宽度。

> 👁 **注意:**
>
> 由555定时器构成的单稳态触发器,输入触发脉冲的宽度应小于输出脉冲的宽度（对电容的充电时间）,否则电路不能正常工作。

▌知识拓展▐
石英晶体多谐振荡器

在数字系统中,常用矩形脉冲信号来控制和协调整个系统的工作。一般的振荡器都是通过电容的充放电来控制两个暂稳态交替变化的,因此温度的变化、电源电压的波动等外界的干扰会使电路的振荡频率不稳定。而在许多场合下对矩形脉冲信号的振荡频率的稳定性有严格的要求。例如数字钟的秒脉冲信号,它的频率稳定性直接影响计时的准确性。为了提高频率的稳定性,目前普遍采用一种在基本多谐振荡器中接入石英晶体而组成的石英晶体多谐振荡器。

1. 石英晶体的特性

石英晶体特殊的物质结构使它具备如图 3-70(a) 所示的电抗频率特性。

(a) 电抗频率特性　　　　(b) 图形符号

图 3-70
石英晶体的电抗频率特性和图形符号

在石英晶体两端加不同频率的电压信号时,它表现出不同的电抗特性。当外加电压信号的频率 f 与石英晶体的固有频率 f_0 相同时,石英晶体的电抗为 0。而石英晶体的固有频率 f_0 是由它本身的结晶方式和几何尺寸决定的,因此石英晶体具有极高的频率稳定性。石英晶体的图形符号如图 3-70(b) 所示。

2. 工作原理

把石英晶体接入多谐振荡器的正反馈环路中,频率为石英晶体固有频率 f_0 的电压信号最容易通过它,并在电路中形成正反馈。而其他频率信号经过石英晶体时产生很大的电抗被衰减掉。因此石英晶体多谐振荡器的振荡频率 f 就是石英晶体的固有谐振频率 f_0,而与电路中的 R、C 数值无关。电路中因为石英晶体的固有频率 f_0 极为稳定,所以在输出端便可得到一个频率稳定性很高的矩形脉冲信号,电路如图 3-71 所示。

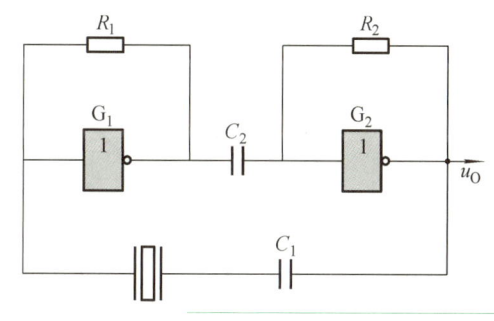

图 3-71
石英晶体多谐振荡器

▌技能训练▌
双音门铃的设计与制作

1. 实训目的

① 掌握由 555 定时器构成的多谐振荡器的基本电路。

② 掌握双音门铃电路的工作原理。

③ 熟练掌握 555 定时器、二极管、电容等电子元器件的识别、测量及使用。

④ 通过对双音门铃的安装和调试,掌握小型实用电路的制作,培养学习兴趣和动手操作能力。

(a) 原理图

(b) 印制电路板图

图 3 - 72 双音门铃电路

2. 实训器材

数字电路实验箱 1 台;双踪示波器 1 台;555 定时器 1 块;扬声器 1 个;电阻、电容若干。

3. 实训原理及操作

(1) 电路设计

图 3 - 72 所示为双音门铃电路的原理图和印制电路板图。

工作过程:电路是由 555 构成的多谐振荡器组成。未按下按钮 AN 时,555 的 4 脚为低电平,则 3 脚输出保持低电平,门铃不响。当按下按钮 AN 时,电源经 VD_2 给 C_2 充电,使 4 脚电位升高,当变为高电平时电路起振,此时因 VD_1 导通,其振荡频率由 R_2、R_3、C_1 决定,电路发出"叮"的声音。断开按钮 AN 时,此时因 VD_1、VD_2 均不导通,电路的振荡频率由 R_1、R_2、R_3 和 C_2 决定,发出"咚"的声音。同时 C_2 经 R_4 放电,到 4 脚变为低电平时电路停振。"咚"声的余音长度可通过改变 C_2、R_4 的数值来调整。

动画:双音门铃

"叮"的声音频率:$f_1 \approx \dfrac{1}{0.7(R_2 + 2R_3)C_1} \approx 461\ \text{Hz}$

"咚"的声音频率:$f_2 \approx \dfrac{1}{0.7(R_1 + R_2 + 2R_3)C_1} \approx 317\ \text{Hz}$

(2) 元器件识别及检测

根据电路图配齐元器件,元器件明细表见表 3 - 16。

表 3 - 16　双音门铃电路元器件明细表

代　号	名　称	规格型号	数　量
IC	555 定时器	NE555	1
AN	轻触按钮		1
R_1	电　阻	30 kΩ	1
R_2、R_3	电　阻	22 kΩ	2
R_4	电　阻	47 kΩ	1
C_1	电　容	0.047 μF	1
C_2、C_3	电　容	47 μF	2
C_4	电　容	0.01 μF	1
VD_1、VD_2	二极管	1N4007	2
Speaker	扬声器	0.25 W/8 Ω	1
	集成电路插座	8 脚	1
	实验板(万能板)		1

微课:电子琴电路仿真

① 元器件识别

熟悉 555 定时器的外引脚排列图及引脚功能,熟悉扬声器的外形及其连接方法,掌握色环电阻的读数,掌握电容的识别及读数,掌握二极管的识别及正、负极判定。

② 元器件检测

用万用表的电阻挡对元器件进行检测,对不符合质量要求的元器件及时更换。尤其要对二极管、电解电容、扬声器进行检测。

(3) 电路连接及测试

① 电路连接

按照 3－72(a)所示电路图在实验箱进行元器件的安装及电路的连接,也可采用万能板进行电路的焊接,一款制作好的双音门铃电路实物如图 3－73 所示。

注意：

集成电路 555 应安装在对应的 IC 插座上,应避免插反或引脚未完全插靠等现象;二极管、电解电容的正负极不要插反。焊接时要防止出现虚焊和桥连现象。

图 3－73 双音门铃电路实物

想一想：

双音门铃制作有无其他方法? 采用 555 定时器还可以制作哪些实用电路?

② 电路测试

a. 电路安装连接完毕后,对照原理图,仔细检查连接关系是否正确。

b. 用万用表检测电源是否有短路问题,待确认无误后,方可通电测试。

c. 测试要求：按下按钮 AN,再松开按钮,用示波器观察 u_C、u_O 的波形,聆听扬声器的声音,并记录。

d. 完成测试,并分析测量结果。

知识点检测 5

1. 采用 555 定时器可以构成_____、_____、_____三种基本电路。

2. 555 定时器内部由_____、_____、_____、_____、_____五部分电路组成。

3. 555 定时器构成的多谐振荡器的振荡频率公式为_____
_____。

4. 555 定时器构成单稳态触发器输出脉冲宽度的公式为_____
_____。

应会制作

项目制作 四路竞赛抢答器的制作

1. 项目制作目的

① 熟悉集成触发器的逻辑功能。

② 熟悉由集成触发器构成的抢答器的工作过程。

③ 通过对四路竞赛抢答器的制作,熟练掌握集成触发器的正确使用方法。

2. 项目要求

(1) 制作要求

① 画出实际设计电路的原理图和装配图(手工绘制)。

② 列出元器件及参数清单。

③ 进行电路安装与调试。

(2) 能力要求

① 能独立进行电路工作原理的分析。

② 掌握电路的检测与调试。

3. 电路工作原理

(1) 逻辑功能要求

由集成触发器构成的抢答器中,S_1、S_2、S_3、S_4 为抢答操作按钮。任何一个人先将某一按钮按下,则与其对应的发光二极管(指示灯)被点亮,表示此人抢答成功,而紧随其后的其他按钮再被按下,与其对应的发光二极管不亮。

(2) 项目原理图

图 3-74 所示为四路竞赛抢答器电路图,其中 S_1、S_2、S_3、S_4 为抢答操作按钮,S_5 为主持人复位按钮。

(3) 工作过程

当无人抢答时,$S_1 \sim S_4$ 均未按下,74LS175 的输入端 $D_1 \sim D_4$ 均为低电平,在由 555 定时器构成的多谐振荡器产生的时钟脉冲作用下,74LS175 的输出端 $Q_1 \sim Q_4$ 均为低电平,发光二极管 $LED_1 \sim LED_4$ 不亮,74LS20 输出为低电平。当有人抢答时,例如 S_1 先被按下,74LS175 的输入端 D_1 为高电平,在时钟脉冲的作用下,Q_1 变为高电平,对应的发光二极管 LED_1 亮。同时 $\overline{Q_1} = 0$,使 74LS20 输出为 **1**。74LS20 输出经 74LS00 反相后变为 **0**,将 555 定时器的脉冲封锁,此时 74LS175 的输出不再变化,其他抢答者再按下按钮也不起作用,从而实现了抢答。若要清除,则由主持人按 S_5 按钮(清零)完成,为下一次抢答作准备。

动画:四路竞赛抢答器设计

图 3-74　四路竞赛抢答器电路图

4. 电路装配、焊接及调试

① 根据电路原理图,确定元器件明细表,见表 3-17。查阅集成电路手册,了解各个集成芯片的引脚排列和使用方法。

表 3-17　抢答器元器件明细表

分　类	名　称	规格型号	数　量
IC_1	四 D 触发器	74LS175	1
IC_2	二-四输入与非门	74LS20	1
IC_3	四-二输入与非门	74LS00	1
IC_4	555 定时器	NE555	1
$LED_1 \sim LED_4$	发光二极管		4
$S_1 \sim S_5$	轻触按钮		5
$R_1 \sim R_5$	电　阻	1 kΩ	5
$R_6 \sim R_9$	电　阻	360 Ω	4
R_{10}	电　阻	1 kΩ	1
R_{11}	电　阻	10 kΩ	1
C_1	电解电容	0.1 μF	1
C_2	电　容	0.01 μF	1

续 表

分 类	名 称	规格型号	数 量
	集成电路插座	14 脚	2
	集成电路插座	16 脚	1
	集成电路插座	8 脚	1
	实验板(万能板)		1

② 根据电路原理图画出装配图。

③ 由装配图完成电路的装配及焊接。

④ 调试。通电后,分别按下 S_1、S_2、S_3、S_4 各键,观察对应指示灯是否点亮。当其中某一指示灯亮时,再按下其他键,观察其他指示灯的变化。

5. 编写项目制作报告

按要求完成电路的调试,做好记录,完成项目报告。项目报告应包括设计思路、电路原理分析、原理图、装配图、调试情况及存在的问题、解决方法等。

👁 思考:

八路竞赛抢答器如何制作?

6. 项目考核与评价(表 3–18)

表 3–18 四路竞赛抢答器电路考核与评价表

考 核 内 容		分数分配	自评	互评	教师评价
电路设计		10 分			
元器件识别与测量	74LS175 使用　　　　5 分	20 分			
	74LS20、74LS00 使用　5 分				
	NE555 使用　　　　　5 分				
	发光二极管使用　　　5 分				
电路实物	元器件布局　　　　　5 分	30 分			
	焊接质量　　　　　　5 分				
	功能实现　　　　　　20 分				
实物演示及工作过程	实物演示　　　　　　10 分	20 分			
	工作过程　　　　　　10 分				
答辩		10 分			
报告		10 分			

 知识归纳

1. 触发器具有记忆功能,能够进行数据的存储。触发器可从两个方面来划分:

① 根据逻辑功能的不同,可将触发器分为 RS 触发器、JK 触发器、D 触发器、T 触发器和 T' 触发器。触发器的逻辑功能可用特性表、特性方程、状态图

和时序图来描述。

② 根据电路结构的不同,可将触发器分为基本触发器、同步触发器、主从触发器和边沿触发器。

2. 基本 RS 触发器:是构成其他各种触发器最基本的单元。电路结构虽然简单,但输入存在约束,触发器的使用不方便,而且电路的抗干扰能力差。

3. 同步触发器:状态改变受时钟脉冲控制,可以实现多个触发器同步工作,存在"空翻"现象。

RS 触发器:具有置 **0**、置 **1** 和保持(记忆)功能。

D 触发器:具有置 **0**、置 **1** 功能。

JK 触发器:具有置 **0**、置 **1**、保持、翻转功能。

T 触发器:具有保持、翻转功能。

T' 触发器:只具有翻转功能。

4. 为了提高触发器工作的可靠性,集成边沿 JK 触发器和边沿 D 触发器得到了广泛应用。边沿触发器只在时钟脉冲的上升沿(或下降沿)的瞬间,触发器根据输入信号的变化进行状态的改变,而在其他时间里输入信号的变化对触发器的状态均无影响。

5. 寄存器是用以寄存二进制代码的时序逻辑部件,它主要由 D 触发器构成。

移位寄存器不仅可寄存二进制代码,而且在移位脉冲作用下,寄存器中的代码既可左移,也可右移。移位寄存器有单向移位寄存器和双向移位寄存器。利用移位寄存器可方便地构成环形计数器和顺序脉冲发生器。

6. 单稳态触发器有一个稳态和一个暂稳态。在外加触发信号时,电路从稳态进入暂稳态,经过一段时间后,电路自动返回到稳态。暂稳态维持的时间取决于电路本身的参数,即定时元件 R、C 的取值。广泛用于数字系统中的脉冲整形、延时和定时等电路。

7. 多谐振荡器又称无稳态电路,它的输出状态在两个暂稳态之间交替变化,产生周期性的矩形脉冲信号。信号的振荡频率取决于电容的充、放电时间。

8. 施密特触发器有两个相对稳定的状态,有两个不同的触发电平,因此具有回差特性,它可以把变化缓慢的输入波形变换成边沿陡峭的矩形波输出。常用于波形的变换、整形、幅度鉴别,构成多谐振荡器等。

9. 555 定时器是一种使用方便、灵活的集成电路。只需外接少量阻容元器件便可构成多谐振荡器、单稳态触发器和施密特触发器。广泛应用于脉冲信号的产生和变换、仪器与仪表电路、测量与控制电路、家用电器与电子玩具等领域。

思考与练习3

1. 在由**与非门**组成的基本 RS 触发器的 $\overline{R}$ 和 $\overline{S}$ 端分别加上如图 3–75 所示的触发信号,画出输出端 Q 及 $\overline{Q}$ 的波形(设初态 $Q=0$)。

图 3–75　题 1 图

图 3–76　题 2 图

2. 同步 JK 触发器的 CP、J、K 端波形如图 3–76 所示,画出输出端 Q 的波形(设初态 $Q=0$,CP 高电平有效)。

3. 上升沿触发 D 触发器波形如图 3–77 所示,试画出 Q 端的波形。

图 3–77　题 3 图

图 3–78　题 4 图

4. 下降沿触发 JK 触发器波形如图 3–78 所示,试画出 Q 端的波形。

5. 由 D 触发器和**与非门**组成的电路及输入波形如图 3–79 所示,试画出 Q 端的波形(设初态 $Q=0$)。

(a)

(b)

图 3–79　题 5 图

图 3-80 题 6 图

6. 试画出图 3-80 所示电路 Q、$\overline{Q}$、A、B 各端波形(设初态 $Q=0$)。

7. 试用 555 定时器设计一个多谐振荡器。要求：振荡频率为 1 kHz。画出电路并确定阻容元件的数值。

8. 图 3-81 所示是由 CMOS **与非**门和反相器构成的微分型单稳态触发器。已知输入负脉冲宽度 $t_{W1} = 2 \mu s$，电源电压 $V_{CC} = +10\,V$，$V_{TH} = +5\,V$，$R = 5.1\,k\Omega$，$C = 0.1\,\mu F$。

(1) 画出各点电压波形。

(2) 估算输出脉冲宽度 t_W。

图 3-81 题 8 图

图 3-82 题 9 图

9. 图 3-82 所示为一简易触摸开关电路,当手触摸金属片时,发光二极管亮;经过一段时间后,发光二极管灭。试说明电路工作原理,并计算发光二极管能亮多长时间。

10. 555 定时器连接如图 3-83(a)所示,试根据图 3-83(b)所示的输入波

图 3-83 题 10 图　　　　(a) 电路　　　　(b) 波形

形画出输出波形。

11. 555 定时器构成的单稳态触发器如图 3 - 84 所示，$R = 1$ MΩ，$C = 10$ μF，试估算脉冲宽度 t_W。

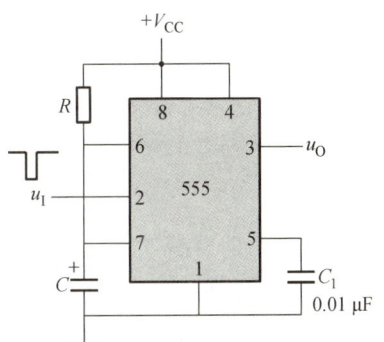

图 3 - 84　题 11 图

12. 555 定时器连接如图 3 - 85(a) 所示，试根据图 3 - 85(b) 的输入波形确定输出波形。

(a) 电路　　　　　　　　　　　　　　　(b) 波形　　　　图 3 - 85　题 12 图

13. 用 555 定时器构成的多谐振荡器如图 3 - 86 所示。当电位器滑动臂移至上、下两端时，分别计算振荡频率 f 和相应的占空比 q，并说明此电路振荡频率和占空比的变化范围。

文本：思考与练习 3 参考答案

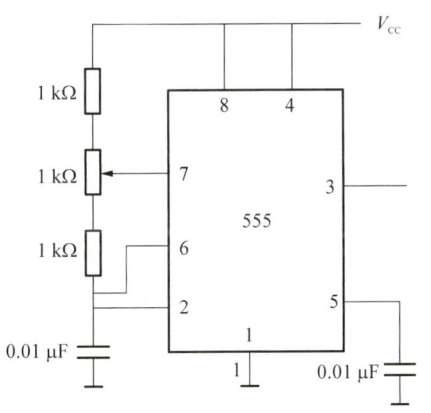

图 3 - 86　题 13 图

项目 **4** 数字电子钟的制作

项目剖析

数字电子钟采用计数电路对"时""分""秒"进行数字显示,是一个比较典型的数字综合系统。与传统的机械钟表相比,它具有显示直观、走时准确、无机械传动等优点,广泛应用于车载电子钟和车站、机场、展馆等公共场所的大型电子钟显示装置中。一款自制数字电子钟实物如图 4-1 所示,其一般组成原理框图如图 4-2 所示。

图片:车载电子钟

图 4-1
数字电子钟实物

图 4-2 数字电子钟一般组成原理框图

通过本项目的学习,能使学生加深对时序逻辑电路的认识和理解,完成数字电路知识的综合训练。本项目要完成以下 3 个学习任务:

任务 1　计数器的分析

任务 2　常用集成计数器及其应用

任务 3　数字电子钟电路剖析

 ## 学习目标

时序逻辑电路是数字电路的核心部件,它与组合逻辑电路的区别是具有存储和记忆功能,主要包括寄存器和计数器两大类电路(本项目主要学习计数器)。

通过本项目的学习,应达到以下目标:

① 了解计数器的基本概念。

② 掌握二进制计数器和十进制计数器常用集成产品的功能及其应用。

③ 掌握实现任意进制的方法。

④ 掌握数字电子钟的电路组成、工作原理及制作方法。

 ## 应知理论

任务 1　计数器的分析

任务目标

① 了解时序逻辑电路的特点及其分类。

② 掌握同步计数器的分析方法。

③ 学习异步计数器的分析方法和分频的概念。

一、认识时序逻辑电路

1. 时序逻辑电路的结构特点

在项目 2 中所学习的是组合逻辑电路(简称组合电路),其主要特点是任意时刻的输出仅由该时刻的输入状态决定,而与原来输出状态无关。组合电路在电路结构上是开环的,输出对输入没有反馈关系,如图 4-3(a)所示。

图 4-3(b)所示是另一类数字电路,电路的输出不仅与输入有关,而且取决于该时刻电路的现态(原状态)Q^n。在任意给定时刻,其输出状态由该时刻的输入与电路的原状态共同决定,这类电路称为**时序逻辑电路**(简称时序电

路)。在电路组成上,输出与输入之间至少有一条反馈线,使电路能把输入信号作用时的状态(现态)Q^n存储起来,或者作为产生新状态(次态)Q^{n+1}的条件,这就使得时序电路具有了**记忆功能**。

时序电路由组合电路和存储器构成,其中存储器即为前面讲过的触发器,是构成时序电路必不可少的记忆单元。本项目主要研究由触发器构成的时序电路(计数器)的原理功能及其分析方法。

图 4-3　组合电路与时序电路　　　　　　(a) 组合电路　　　　　　(b) 时序电路

时序电路有多种分类方式。按触发脉冲 CP 控制方式的不同,可划分为同步时序电路和异步时序电路两大类。同步时序电路是指电路中各触发器的 CP 端连在一起,所有触发器的状态变化受同一时钟脉冲的上升沿或下降沿统一控制(同步完成);而异步时序电路中各触发器的 CP 端不全连在一起,各触发器的状态变化不受同一时钟脉冲的统一控制。

2. 同步时序电路的分析方法

所谓时序电路的分析,就是根据已知给定的时序电路逻辑图,分析确定出该电路的逻辑功能。其一般步骤如下:

(1) 写相关方程式

根据已知的逻辑图,写出每个触发器的时钟方程(同步时序电路可不写)、驱动方程。所谓驱动方程即各触发器输入信号的逻辑关系表达式。

(2) 求电路的状态方程(有输出端的还需求出输出方程)

状态方程是把驱动方程分别代入触发器特性方程所得到的各触发器次态 Q^{n+1} 表达式。

(3) 列状态表

状态表是电路对应时钟脉冲,由状态方程对应计算出各次态 Q^{n+1} 与各现态 Q^n 之间关系的表格。

(4) 画出状态图,必要时需画出时序图

状态图是以图形的方式来描述计数器各状态的转换规律及其关系,状态图能更直观地表示计数器的工作过程。

(5) 确定时序电路的逻辑功能,进行必要的说明

一般来说,一个时序电路只要能画出它的状态图(或时序图)就可以确定其电路功能。

3. 同步时序电路分析举例

例 4-1 已知某一同步时序电路如图 4-4 所示,试分析其逻辑功能。

解：（1）写出相关方程式

时钟方程为 $CP_0 = CP_1 = CP_2 = CP\downarrow$（同步电路，也可不写此时钟方程）。

驱动方程为

$$\begin{cases} J_0 = \overline{Q_2^n},\ K_0 = 1 \\ J_1 = K_1 = Q_0^n \\ J_2 = Q_0^n Q_1^n,\ K_2 = 1 \end{cases}$$

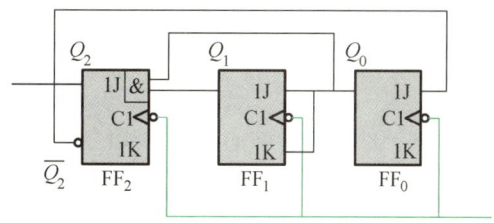

图 4-4
某一同步时序电路

（2）列状态方程

$$\begin{cases} Q_0^{n+1} = J_0\ \overline{Q_0^n} + \overline{K_0}Q_0^n = \overline{Q_2^n}\ \overline{Q_0^n} \\ Q_1^{n+1} = J_1\ \overline{Q_1^n} + \overline{K_1}Q_1^n = Q_0^n \oplus Q_1^n \\ Q_2^{n+1} = J_2\ \overline{Q_2^n} + \overline{K_2}Q_2^n = Q_0^n Q_1^n \overline{Q_2^n} \end{cases}$$

（3）列状态表

状态表见表 4-1，由状态表可画出状态图如图 4-5 所示。

表 4-1　例 4-1 的状态表

计数脉冲 CP	$Q_2^n Q_1^n Q_0^n$	$Q_2^{n+1} Q_1^{n+1} Q_0^{n+1}$
1	0　0　0	0　0　1
2	0　0　1	0　1　0
3	0　1　0	0　1　1
4	0　1　1	1　0　0
5	1　0　0	0　0　0
无效 状态	1　0　1	0　1　0
	1　1　0	0　1　0
	1　1　1	0　0　0

（4）电路功能说明

由状态图即可看出（无须再画出时序图），此电路为一个同步五进制加法计数器，且能**自启动**——所谓自启动是指由无效状态（**101、110、111** 这三个状态）能自动返回到有效循环中来。

图 4-5　例 4-1 的状态图

一般说来，时序电路的分析应按以上四步进行，但对于比较简单的电路，可略去有关步骤，直接求出状态表、状态图或时序图，即可以确定时序电路的功能。

二、计数器的分析方法

1. 计数器的概念

计数器是能对输入时钟脉冲的个数进行累计的时序电路，主要由触发器构成。计数器是数字系统中广泛使用的器件,除了计数功能外,还可用于分频、定时、产生节拍脉冲以及进行数字运算等。

计数器的种类繁多,分类方法也较多。

① 按计数长度(也称为**模**)可分为二进制、十进制及任意(N)进制计数器。

② 按计数时钟脉冲的引入方式(各触发器是否同时动作)可分为同步和异步计数器。

③ 按计数值的增减方式可分为加法、减法及可逆计数器(或叫加/减计数器)。

2. 同步计数器的分析

所谓同步计数器就是将计数脉冲 CP 同时加到各触发器的时钟端,使各触发器的输出状态在计数脉冲 CP 到来时同时改变。

(1) 同步二进制加法计数器

① 电路组成

图 4-6 所示为由 4 个 JK 触发器接成 T 触发器的 4 位二进制 ($2^4 = 16$) 同步加法计数器。在电路中,计数脉冲 CP 同时触发 4 个触发器,FF_3、FF_2 为多个 J、K 输入的集成 JK 触发器,其多个 J、K 信号可自动实现逻辑与功能。$\overline{R_D}$ 为异步清零端(低电平有效),当 $\overline{R_D} = 0$ 时,$Q_3Q_2Q_1Q_0 = 0000$,使计数器的初始状态设置为 **0** 态。

图 4-6
4 位二进制同步加法计数器

② 工作原理

a. 驱动方程为

$$\begin{cases} J_0 = K_0 = 1 \\ J_1 = K_1 = T_1 = Q_0^n \\ J_2 = K_2 = T_2 = Q_0^n Q_1^n \\ J_3 = K_3 = T_3 = Q_0^n Q_1^n Q_2^n \end{cases}$$

b. 状态方程为

$$\begin{cases} Q_0^{n+1} = \overline{Q_0^n} \\ Q_1^{n+1} = T_1 \oplus Q_1^n = Q_0^n \oplus Q_1^n \\ Q_2^{n+1} = T_2 \oplus Q_2^n = Q_0^n Q_1^n \oplus Q_2^n \\ Q_3^{n+1} = T_3 \oplus Q_3^n = Q_0^n Q_1^n Q_2^n \oplus Q_3^n \end{cases}$$

c. 自行列出状态表,并进行讨论。

d. 状态图和时序图。根据状态表可画出状态图如图 4-7 所示,时序图如图 4-8 所示。

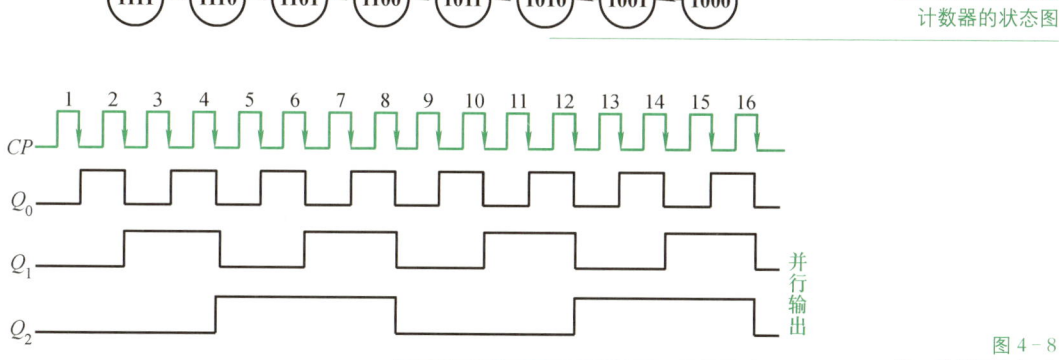

图 4-7
4 位二进制同步加法计数器的状态图

图 4-8
4 位二进制同步加法计数器的时序图

e. 确定该时序电路的逻辑功能。由状态图可以看出,在 CP 脉冲作用下,输出 $Q_3 Q_2 Q_1 Q_0$ 从 **0000** 依次递增到 **1111**,再返回到 **0000** 状态,共需要 16 个 CP 脉冲触发完成一个计数循环周期,所以该电路为 4 位二进制(或十六进制)同步加法计数器。

③ 同步计数器的特点

由于是同步计数器,所以其输出 $Q_3 Q_2 Q_1 Q_0$ 状态在 CP 下降沿同时跳变,称为并行输出(图 4-8),大大提高了工作速度。

(2) 同步十进制计数器

十进制计数器作为计数器的一种特例显得尤为重要。因为人们习惯于十进制计数方式,所以在数字系统中常采用二-十进制计数器,它的原理是用 4 位二进制数代码表示 1 位十进制数,满足"逢十进一"的进位规律。这里介绍最常用的 8421BCD 码同步十进制计数器。

图 4-9 所示为由 4 个 JK 触发器构成的同步十进制加法计数器,图中与门输出 C 为十进制进位输出端。

图 4-9
同步十进制加法计数器

由图 4-9 可求出电路的状态方程为

$$\begin{cases} Q_0^{n+1} = \overline{Q_0^n} \\ Q_1^{n+1} = \overline{Q_3^n} Q_0^n \overline{Q_1^n} + \overline{Q_0^n} Q_1^n \\ Q_2^{n+1} = Q_0^n Q_1^n \overline{Q_2^n} + \overline{Q_0^n Q_1^n} Q_2^n \\ Q_3^{n+1} = Q_0^n Q_1^n Q_2^n \overline{Q_3^n} + \overline{Q_0^n} Q_3^n \end{cases}$$

计数器的输出方程为

$$C = Q_0^n Q_3^n$$

由上面两个方程可列出状态表见表 4-2。由状态表可画出状态图如图 4-10 所示,时序图如图 4-11 所示。

表 4-2　同步十进制加法计数器的状态表

计数脉冲	现　　态				次　　态				输　出
CP 序号	Q_3^n	Q_2^n	Q_1^n	Q_0^n	Q_3^{n+1}	Q_2^{n+1}	Q_1^{n+1}	Q_0^{n+1}	C
1	0	0	0	0	0	0	0	1	0
2	0	0	0	1	0	0	1	0	0
3	0	0	1	0	0	0	1	1	0
4	0	0	1	1	0	1	0	0	0
5	0	1	0	0	0	1	0	1	0
6	0	1	0	1	0	1	1	0	0
7	0	1	1	0	0	1	1	1	0
8	0	1	1	1	1	0	0	0	0
9	1	0	0	0	1	0	0	1	0
10	1	0	0	1	0	0	0	0	1
无效状态	1	0	1	0	1	0	1	1	0
	1	0	1	1	0	1	0	0	1
	1	1	0	0	1	1	0	1	0
	1	1	0	1	0	1	0	0	1
	1	1	1	0	1	1	1	1	0
	1	1	1	1	0	0	0	0	1

从状态图(图 4-10)可知,在 CP 作用下,电路按 **0000～1001** 这 10 个有效状态完成一个计数周期,其余 6 个状态 **1010～1111** 均为无效状态而在有效循

图 4-10　同步十进制加法计数器的状态图

图 4-11
同步十进制加法计数器的时序图

环之外。可以看出,在 CP 脉冲作用下 **1010~1111** 这 6 个状态能自动进入有效循环中来,所以该电路具有自启动能力。

从时序图(图 4-11)可见,十进制计数器只按照有效循环工作,时序图中并不体现无效状态。当电路状态转换到 **1001**(即十进制数 9)时,进位信号 C 变成高电平 **1**,但此时并不表示有进位;只有当第 10 个 CP 脉冲下降沿到来时,C 才会产生一个下降沿,表示产生一个进位信号(逢十进一)去触发下一级的计数器,同时电路返回到初始 **0000** 状态。进位端 C 主要用作多位计数器的**级联端**。

(3) N 进制计数器

除了二进制、十进制计数器之外,在日常生活和实际工作中,往往还需要其他不同进制(如三、五、六、七、十二、二十四、六十进制等)的计数器,例如时钟秒、分、小时之间的关系和工业生产线上产品包装个数的控制等,把这些计数器统称为任意(N)进制计数器。

N 进制计数器的构成方式及工作原理与十进制计数器基本相同,同样存在无效状态,需要判断能否自启动等问题。图 4-12 所示为一个同步五进制加法计数器,可自行分析其工作原理。

3. 异步计数器的分析

所谓异步计数器是指各触发器的计数脉冲 CP 端没有连在一起,即各触发器不受同一 CP 脉冲的控制,在不同的时刻翻转。

二进制异步计数器是计数器中最基本的形式,一般由 T' 型(计数型)的触发器连成,计数脉冲加到最低位触发器的 CP 端。

图 4 – 12
同步五进制加法计数器

(1) 二进制异步加法计数器

① 电路组成

如图 4 – 13 所示,二进制异步加法计数器由 3 个下降沿 JK 触发器构成, JK 触发器的输入端 J、K 均悬空(或接高电平),即 T' 触发器。计数脉冲 CP 加在最低位触发器 FF_0 的时钟端,低位触发器的输出 Q 端依次触发高位触发器的时钟端。

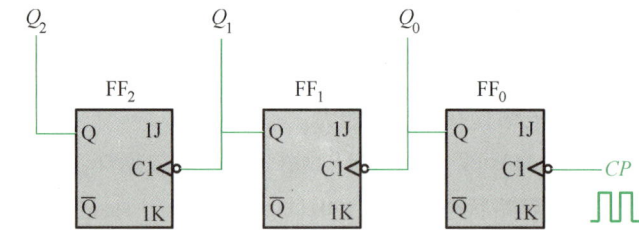

图 4 – 13　二进制异步加法计数器

② 工作原理

电路工作时,每来一个计数脉冲的触发,FF_0 的输出 Q_0 就翻转一次,高位触发器在其相邻低位触发器 Q 端由 **1** 变为 **0**(输出下降沿)时翻转。

由此可得该计数器的状态表见表 4 – 3,由状态表可变换为图 4 – 14 所示的状态图。在状态图中,可直观地看出输出状态 $Q_2Q_1Q_0$ 在 CP 脉冲触发下,由初始状态 **000** 依次递增到 **111** 状态,再回到 **000** 状态。一个工作周期需要 8 个 CP 下降沿触发,所以是 3 位二进制(或八进制)异步加法计数器。

表 4 – 3　二进制异步加法计数器的状态表

CP 脉冲序号	计数器状态 Q_2 Q_1 Q_0			CP 脉冲序号	计数器状态 Q_2 Q_1 Q_0		
1	0	0	0	6	1	0	1
2	0	0	1	7	1	1	0
3	0	1	0	8	1	1	1
4	0	1	1	9	0	0	0
5	1	0	0				

为了清楚地描述 $Q_2Q_1Q_0$ 状态受 CP 脉冲触发的时序关系,还可以用时序图来表示该计数器的工作过程,如图 4-15 所示,图中向下的箭头表示下降沿触发。另外,由时序图可看出计数器的分频功能: Q_0 的频率是 CP 的 $1/2$; Q_1 频率是 CP 的 $1/4(1/2^2)$; Q_2 频率是 CP 的

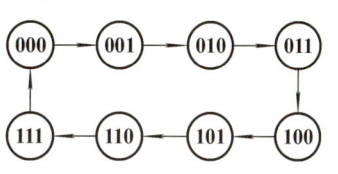

图 4-14
二进制异步加法计数器的状态图

$1/8(1/2^3)$,即高一位的频率是低一位的 $1/2$,称之为 **2 分频**。由 n 个触发器构成的二进制计数器,最高位触发器能实现 2^n 分频,也实现了定时的作用(输出周期扩大了 2^n 倍)。

图 4-15
二进制异步加法计数器的时序图

知识链接

分 频 作 用

　　分频作用在实际电子产品中应用十分广泛。除了 2 分频外,还有 10 分频等其他形式,用一个十进制计数器即可以实现 10 分频。例如,石英钟的机芯晶振的频率 f_i 为 1 MHz,为了得到时钟的秒(即 1 Hz)信号输出频率 f_0 ,可以采用 6 个十进制计数器进行 10^6 分频来实现,如图 4-16 所示。

图 4-16　晶振分频实现秒信号电路

(2) 二进制异步减法计数器

图 4-17 所示电路为 3 位二进制异步减法计数器。图中 JK 触发器连成 T' 型,低一位触发器的输出 $\overline{Q}$ 依次接到高一位的时钟端。不难分析,当连续输入计数脉冲 CP 时,该计数器的状态表如表 4-4 所示,状态图如图 4-18 所示,时序图如图 4-19 所示。

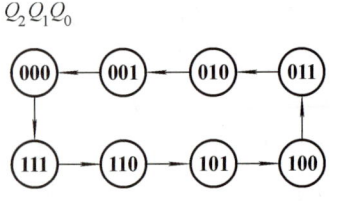

图 4-17 二进制异步减法计数器

图 4-18 二进制异步减法计数器的状态图

表 4-4 二进制异步减法计数器的状态表

脉冲序号	计数器状态			脉冲序号	计数器状态		
	Q_2	Q_1	Q_0		Q_2	Q_1	Q_0
1	0	0	0	6	0	1	1
2	1	1	1	7	0	1	0
3	1	1	0	8	0	0	1
4	1	0	1	9	0	0	0
5	1	0	0				

由状态图可以看出,减法计数器的计数特点与加法计数器相反:每输入一个 CP 脉冲,$Q_2Q_1Q_0$ 的状态数减 1,当输入 8 个 CP 脉冲后,$Q_2Q_1Q_0$ 减小到 0,完成一个计数周期。

由时序图可以看出,除最低位触发器 FF_0 受 CP 的下降沿直接触发外,其他高位触发器均受低一位的 $\overline{Q}$ 下降沿(即 Q 的上升沿)触发。同样,减法计数器也具有分频功能。

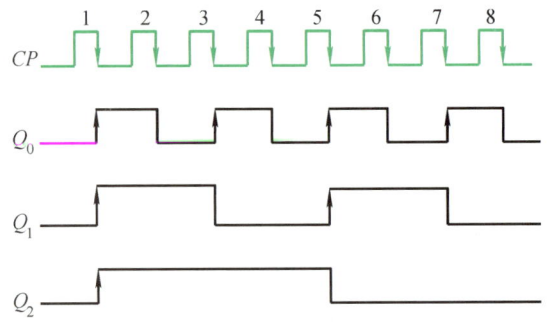

图 4-19
二进制异步减法计数器的时序图

异步计数器也可用 D 触发器连成的 T' 触发器实现。由于 D 触发器为上升沿触发,所以在分析时注意时序触发沿与 JK 触发器相反,其他功能完全相同。

(3) 异步计数器的特点

异步计数器结构简单,电路工作可靠,缺点是速度较慢,这是因为计数脉冲 CP 只加在最低位 FF_0 触发器的脉冲端,其他高位触发器要由相邻的低位触发器的输出端来触发,因而各触发器的状态变化不是同时进行,而是"异步"的。

知识点检测 1

1. 组合逻辑电路输出状态仅由＿＿＿＿＿＿＿＿＿＿所决定。

2. 时序逻辑电路的输出状态与＿＿＿＿＿＿＿＿＿和＿＿＿＿＿＿＿＿有关。

3. 按触发脉冲 CP 控制方式的不同,时序电路可划分为＿＿＿＿时序电路和＿＿＿＿时序电路两大类。

4. 计数器的定义为＿＿＿＿＿＿＿＿＿＿＿＿＿＿＿＿＿＿＿＿＿＿＿＿＿＿＿＿＿＿。

5. 计数器按计数长度可分为＿＿＿＿＿＿、十进制及＿＿＿＿＿＿计数器;按计数时钟脉冲的引入方式(各触发器是否同时动作)可分为＿＿＿＿＿＿和＿＿＿＿＿＿计数器;按计数值的增减方式可分为＿＿＿＿＿、＿＿＿＿＿及＿＿＿＿＿＿计数器。

任务 2　常用集成计数器及其应用

> **任务目标**
> ① 了解常用集成计数器的特点及其分类。
> ② 掌握集成计数器的功能分析方法,要求能读懂功能表。
> ③ 掌握用集成计数器构成任意进制计数器的方法。

一、熟悉常见集成计数器的型号

集成计数器芯片种类繁多,包括 TTL 和 CMOS 两大系列。这两种系列产品逻辑功能相同,逻辑符号、引脚排列图、型号通用,区别在于两者内部结构与性能有所差别。一般说来,CMOS 系列性能优于 TTL 系列,发展势头迅猛,但这并不代表 TTL 系列产品已经淘汰。相反,在要求不高的情况下,选用 TTL 系列即可以满足实际需要。

在常用的集成计数器芯片中,74 系列的主要有 74LS160/161、74LS162/163、74LS190/191、74LS192/193 等;CMOS 系列有 CD4510、CD4518 等。其中74LS160/161、74LS162/163 为可预置数加法计数器;74LS190/191、74LS192/193 为可预置数加/减可逆计数器(其中 74LS192/193 为双时钟);CD4518 为双十进制计数器。

微课:计数器 74LS160

二、74 系列同步十进制/十六进制加法计数器(74LS160/161、74LS162/163)

1. 器件认识

74LS160/161、74LS162/163 均在计数脉冲 CP 的上升沿作用下进行加法计数,其中 74LS160/161 二者引脚相同,逻辑功能也相同,所不同的是 74LS160 为十进制,而 74LS161 为十六进制。下面以 74LS160/161 为例进行介绍。

(1) 逻辑符号与引脚排列图

74LS160/161 的逻辑符号和引脚排列图如图 4 – 20 所示。其中 $\overline{R_D}$ 为**异步清零端**,$\overline{LD}$ 为**同步置数端**,EP、ET 为**保持功能端**,CP 为**计数脉冲输入端**,$D_0 \sim D_3$ 为**输入端**,$Q_0 \sim Q_3$ 为**输出端**,RCO 为**进位输出端**,其功能表见表 4 – 5。

图 4 – 20 74LS160/161 的
逻辑符号和引脚排列图

(a) 逻辑符号　　　　　　(b) 引脚排列图

表 4 – 5　74LS160/161 的功能表

输　入						输　出				功 能 说 明
$\overline{R_D}$	$\overline{LD}$	EP ET	CP	D_3 D_2 D_1 D_0		Q_3 Q_2 Q_1 Q_0				
0	×	× ×	×	× × × ×		**0** **0** **0** **0**				异步清零
1	**0**	× ×	↑	d_3 d_2 d_1 d_0		d_3 d_2 d_1 d_0				同步置数
1	**1**	**0** ×	×	× × × ×		Q_3 Q_2 Q_1 Q_0				保　　持
1	**1**	× **0**								
1	**1**	**1** **1**	↑	× × × ×		同步加法计数				计　　数

(2) 器件功能分析

由表 4 – 5 可知,74LS160/161 具有以下几种功能:

① 异步清零。当 $\overline{R_D} = 0$ 时,计数器清零。由于 $\overline{R_D}$ 端的清零功能不受 CP 控制,故称为异步清零。

② 同步置数。当 $\overline{LD} = 0$,$\overline{R_D} = 1$(清零无效),且逢 $CP = CP\uparrow$ 时,使 $Q_3Q_2Q_1Q_0 = D_3D_2D_1D_0$,即将初始数据 $D_3D_2D_1D_0$ 送到相应的输出端,实现同

步预置数据。

③ 保持功能。当 $\overline{R_\mathrm{D}} = \overline{LD} = 1$，同时 EP、ET 中有一个为 **0** 时,无论有无计数脉冲 CP 输入,计数器输出保持原状态不变。

④ 计数功能。当 $\overline{R_\mathrm{D}} = \overline{LD} = EP = ET = 1$，且逢 $CP = CP\uparrow$ 时,74LS160/161 按十进制/十六进制加法方式进行**计数**。

(3) 时序图

图 4-21 所示为同步十进制计数器 74LS160 的时序图。从时序图能直观地看到,$\overline{R_\mathrm{D}}$、$\overline{LD}$、EP、ET 均为低电平有效,且控制级别均高于 CP 脉冲,其中 $\overline{R_\mathrm{D}}$ 级别最高,其次是 $\overline{LD}$、EP、ET。当第 10 个 CP 脉冲上升沿到来时(即输出由 9 变为 0 的瞬间),进位信号 RCO 出现一个下降沿,表示产生一个进位信号(逢 10 进 1)。

> **◎ 思考:**
>
> 74LS160/161 有多个输入引脚,它们的控制优先权是一样的吗?

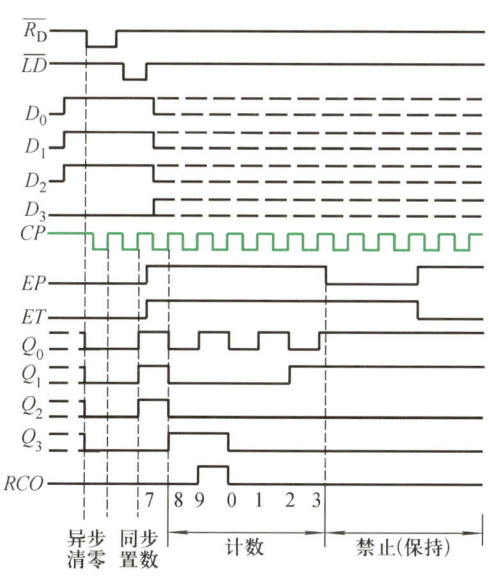

图 4-21
同步十进制计数器 74LS160 的时序图

上面主要介绍了 74LS160/161 的逻辑功能。现将 74LS160/161、74LS162/163 的性能进行综合比较,见表 4-6。由表 4-6 可见,74LS162/163 与 74LS160/161 的主要区别是同步清零。所谓同步清零是指当清零端 $\overline{R_\mathrm{D}}$ 为低电平时,还需在 $CP\uparrow$ 作用下,才能完成清零功能。

文本:可逆计数器介绍

表 4-6　74LS160/161、74LS162/163 的性能比较

型　号	进　制	清　零	预置数
74LS160	十进制	低电平异步	低电平同步
74LS161	十六进制	低电平异步	低电平同步
74LS162	十进制	低电平同步	低电平同步
74LS163	十六进制	低电平同步	低电平同步

（4）74LS160 功能仿真测试

图 4‑22 为采用 Multisim 仿真软件设计的 74LS160 功能测试电路。从图中可以看出，当 $\overline{CLR} = ENP = ENT = \mathbf{1}, LOAD = \mathbf{0}$，时钟脉冲上升沿到来时，实现置数的功能 $Q_D Q_C Q_B Q_A = DCBA = \mathbf{0101}$，所以输出端 Q_A 和 Q_C 接的指示灯亮，数码管显示数字 5。

图 4‑22　74LS160 功能仿真测试图

2. 器件应用

在集成计数器的实际产品中，一般只有二进制和十进制两大类，但在实际应用中，常要用到其他进制计数器。例如，在时钟电路中，要有二十四进制和六十进制计数器等。利用集成计数器芯片的外部不同方式的连接或片间组合，可以很方便地构成任意(N)进制计数器。下面介绍几种常用的计数器进制转换方法。

（1）反馈清零法

反馈清零法是将 N 进制计数器的输出 $Q_3 Q_2 Q_1 Q_0$ 中等于 $\mathbf{1}$ 的输出端，通过一个与非门反馈到清零端 $\overline{R_D}$，使输出回零，故也称 N 值法。

图 4‑23(a)是 74LS160/161 采用反馈清零法构成的六进制计数器电路。因为 $N = 6$，其对应的二进制数为 $\mathbf{0110}$(即 $Q_3 Q_2 Q_1 Q_0 = \mathbf{0110}$)，所以将 Q_2、Q_1 通过与非门接至清零端 $\overline{R_D}$，当第 6 个 $CP\!\uparrow$ 到来时，Q_2、Q_1 均为 $\mathbf{1}$，经与非后使 $\overline{R_D} = \mathbf{0}$，同时计数器清零，从而实现了六进制计数，计数过程如图 4‑23(b)所示。图 4‑23(b)中的"0110"为过渡状态，只会短暂出现。

> **注意：**
>
> 这里的 **0110** 只是一个不稳定的过渡状态，不是计数状态。

（2）预置数法

预置数法是利用同步置数端 $\overline{LD}$ 和数据输入端 $D_3 D_2 D_1 D_0$ 来实现的，因为

图 4 – 23
74LS160/161 采用反馈
清零法构成的六进制计数器

(a) 电路　　(b) 计数过程(状态图)

$\overline{LD}$ 是同步预置数据,所以只能采用 **N−1 值反馈法**。

仍以实现六进制计数器为例,用预置数法实现的电路如图 4 – 24(a) 所示。先令 $D_3D_2D_1D_0 = \mathbf{0000}$,并以此为计数初始状态。当第 5 个 $CP\uparrow$ 到来时,$Q_3Q_2Q_1Q_0 = \mathbf{0101}$,则 $\overline{LD} = \overline{Q_2Q_0} = \mathbf{0}$,置数功能有效,但此时还不能置数(因为第 5 个 $CP\uparrow$ 已过去),只有当第 6 个 $CP\uparrow$ 到来时,才能同步置数使 $Q_3Q_2Q_1Q_0 = D_3D_2D_1D_0 = \mathbf{0000}$,完成一个计数周期,计数过程如图 4 – 24(b) 所示。

仿真演示:七
进制加法计数
器

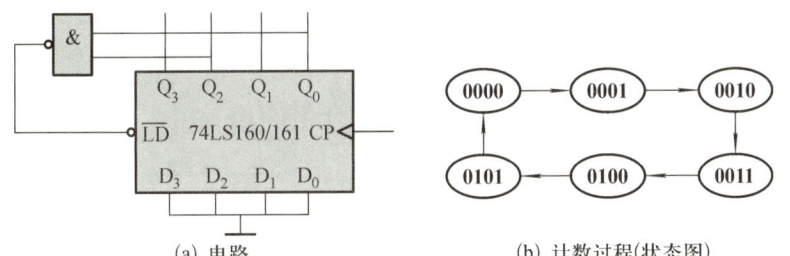

(a) 电路　　(b) 计数过程(状态图)

图 4 – 24
74LS160/161 采用预置数法
构成的六进制计数器

相比反馈清零法,预置数法的最大好处是可以使计数器的初始状态为任意状态(不固定在 **0000** 态上)。

(3) 进位输出置最小数法

进位输出置最小数法是将进位输出 RCO 经非门反馈到 $\overline{LD}$ 端,令数据输入端 $D_3D_2D_1D_0$ 预置最小数 M 对应的二进制数,则 M 是初始计数状态。

例如,用 74LS161 实现九进制计数器,构成电路如图 4 – 25(a) 所示。因为 $N = 9$,最小数 $M = 2^4 - 9 = 7$ (对应二进制数 **0111**),令 $D_3D_2D_1D_0 = \mathbf{0111}$,则可实现 **0111**～**1111** 共九个有效状态,如图 4 – 25(b) 所示。

思考:

如果初始为非零态,如何进行计数器进制的转换呢?你能否举个例子说明这种情况应用在什么场合?

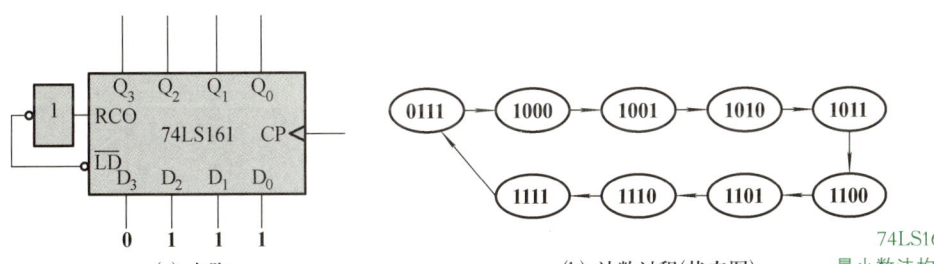

(a) 电路　　(b) 计数过程(状态图)

图 4 – 25
74LS161 采用进位输出置
最小数法构成的九进制计数器

值得注意的是，当要实现的进制超过了十进制（如十二进制），就只能选用74LS161，而不能再用74LS160了。

（4）有关级联的问题

一片74LS160/161只能实现十/十六进制以内的计数器，当超过十/十六进制的时候，就需用多片计数器来实现，这就产生了**级联**问题，所谓级联就是片与片之间的连接关系。

① 异步级联方式

用低位计数器的进位输出 RCO 接高位计数器的计数脉冲 CP 端，由于各计数器的 CP 端没有连在一起，所以是异步连接方式。

图 4 – 26 是 2 片 74LS160 采用异步级联方式实现二十四进制计数器电路，具体原理读者可自行分析。应该注意的是，因为 74LS160 在 $CP\uparrow$ 计数，而 RCO 在第 10 个 $CP\uparrow$ 时产生一个下降沿（即 $RCO\downarrow$）进位输出，为了实现同步进位，必须在两级之间串入一个非门进行反相。

图 4 – 26
2 片 74LS160 采用异步级联方式实现二十四进制计数器电路

异步级联方式结构简单，方便易行，但由于是异步工作方式，高位计数器必须等待低位计数器一个计数周期运算完毕产生进位后，才能开始计数，所以工作速度较慢。

② 同步级联方式

动画：停车场车位计数器

用低位计数器的进位输出 RCO 端接高位计数器的 EP、ET 端，由于各计数器的 CP 端都连在一起，所以是同步连接方式。

图 4 – 27 是 3 片 74LS161 采用同步级联方式实现四千零九十六进制计数器电路。在图 4 – 27 中，高位计数器的 EP、ET 均受低位计数器的 RCO 端触发，而每个计数器的 RCO 在计数到 **1111** 状态时产生高电平 **1** 使高位计数器开始计数（$EP = ET = 1$），只有当 3 个计数器的十二位输出全为 **1**（即

图 4 – 27
3 片 74LS161 采用同步级联方式实现四千零九十六进制计数器电路

$Q_{11}Q_{10}Q_9Q_8Q_7Q_6Q_5Q_4Q_3Q_2Q_1Q_0 = \mathbf{111111111111}$)后,再来一个 CP 脉冲(即第 $2^{12} = 4\,096$ 个 $CP\uparrow$)触发时,最高位计数器的 RCO 端才产生一个进位信号,所以为四千零九十六进制。

三、CMOS 系列双十进制加法计数器(CD4518)

1. 器件认识

(1) 引脚排列图

CD4518 是 较 常 用 的 一 种 CMOS 同步十进制计数器,主要特点是时钟触发可用上升沿,也可用下降沿,输出为 8421 码。CD4518 的引脚排列图如图 4-28 所示。

图 4-28
CD4518 的引脚排列图

(2) 逻辑功能介绍

CD4518 内含有两个完全相同的十进制计数器。每一个计数器均有两个时钟输入端 CP 和 EN。若从 CP 端输入时钟信号,则要求上升沿触发,同时将 EN 端设置为高电平;若从 EN 端输入时钟信号,则要求下降沿触发,同时将 CP 端设置为低电平。CR 端为清零信号输入端,当在该端加高电平或正脉冲时,计数器的各输出端均为低电平。CD4518 的功能表见表 4-7。

表 4-7　CD4518 的功能表

输　入			输　出
CR	CP	EN	
1	×	×	全部为 0
0	↑	1	加法计数
0	0	↓	加法计数
0	↓	×	保　持
0	×	↑	保　持
0	↑	0	保　持
0	1	↓	保　持

2. 器件应用实例

🔒 例 4-2　试用一片双十进制加法计数器 CD4518 构成二十四进制计数器。

解：每当个位计数器计数到 9(**1001**)时,再来一个 CP 信号触发,即可使个位计数器回 0(**0000**);此时,十位计数器的 $2EN$ 端获得一个脉冲下降沿使之开始计数,计入 1。当十位计数器计数到 2(**0010**),个位计数器计数到 4(**0100**)时,通过**与**门控制使十位计数器和个位计数器同时清零,从而实现二十四进制

171

计数,如图 4-29 所示。

图 4-29 用 CD4518 构成二十四进制计数器

图 4-30 用 CD4518 构成六十进制计数器

思考:

如何用一片双十进制加法计数器 CD4518 构成六十进制计数器?

实现六十进制计数器的电路如图 4-30 所示。个位计数器为十进制计数器,当十位计数器计数到 6(**0110**)时,通过与门控制使其清零,从而实现了六十进制计数。

▎知识拓展 ▎
常用异步计数器芯片及其应用

常用的集成异步计数器芯片型号有 74LS290、74LS292、74LS293、74LS390、74LS393 等,它们的功能和应用方法基本相同,下面以二-五-十进制异步计数器(74LS290)为例进行介绍。

74LS290 芯片主要有 STDTTL(标准 TTL 电路)和 LSTTL(低功耗肖特基 TTL 电路)两种系列产品,这两者的逻辑符号、引脚排列图与逻辑功能完全相同,区别在于集成工艺。

1. 74LS290 芯片及其逻辑功能

74LS290 的逻辑符号及引脚排列图如图 4-31 所示。其中,$S_{9(1)}$、$S_{9(2)}$ 称为直接置 9 端,$R_{0(1)}$、$R_{0(2)}$ 称为直接置 0 端;$\overline{CP_0}$、$\overline{CP_1}$ 称为计数脉冲输入端,$Q_3Q_2Q_1Q_0$ 为输出端,NC 表示空引脚。

图 4-31 74LS290 的逻辑符号和引脚排列图

(a) 逻辑符号　　(b) 引脚排列图

74LS290 是一种较为典型的中规模集成异步计数器,其内部分为二进制和五进制计数器两个独立的部分,如图 4-32 所示。其中二进制计数器从 $\overline{CP_0}$

端输入计数脉冲,从 Q_0 端输出;
五进制计数器从 $\overline{CP_1}$ 端输入计
数脉冲,从 $Q_3Q_2Q_1$ 端输出。这
两部分既可单独使用,也可连接
起来使用构成十进制计数器,
二-五-十进制型计数器由此得名。

图 4-32
74LS290 的内部结构框图

表 4-8 为 74LS290 的功能
表,由表 4-8 可知其功能如下:

表 4-8　74LS290 的功能表

$S_{9(1)}$	$S_{9(2)}$	$R_{0(1)}$	$R_{0(2)}$	$\overline{CP_0}$	$\overline{CP_1}$	Q_3	Q_2	Q_1	Q_0
1	**1**	**0**	×	×	×	**1**	**0**	**0**	**1**
1	**1**	×	**0**	×	×	**1**	**0**	**0**	**1**
0	×	**1**	**1**	×	×	**0**	**0**	**0**	**0**
×	**0**	**1**	**1**	×	×	**0**	**0**	**0**	**0**
$S_{9(1)} \cdot S_{9(2)} = \mathbf{0}$				CP	**0**	二进制			
$R_{0(1)} \cdot R_{0(2)} = \mathbf{0}$				**0**	CP	五进制			
				CP	Q_0	8421 码十进制			
				Q_3	CP	5421 码十进制			

(1) 直接置 9

当 $S_{9(1)}$、$S_{9(2)}$ 全为高电平(**1**),$R_{0(1)}$、$R_{0(2)}$ 中至少有一个低电平(**0**)时,不论
其他输入 $\overline{CP_0}$、$\overline{CP_1}$ 如何,$Q_3Q_2Q_1Q_0 = \mathbf{1001}$,故又称异步置 9 功能。

(2) 直接置 0

当 $R_{0(1)}$、$R_{0(2)}$ 全为高电平(**1**),$S_{9(1)}$、$S_{9(2)}$ 中至少有一个低电平(**0**)时,不论
其他输入状态如何,计数器输出 $Q_3Q_2Q_1Q_0 = \mathbf{0000}$,故又称异步清零功能或复
位功能。

(3) 计数

当 $R_{0(1)}$、$R_{0(2)}$ 及 $S_{9(1)}$、$S_{9(2)}$ 不全为 **1**,输入计数脉冲 CP 时,开始计数。如图
4-33 所示是它的几种基本计数方式。

① 二、五进制计数。当由 $\overline{CP_0}$ 输入计数脉冲 CP 时,Q_0 为 $\overline{CP_0}$ 的二分频输
出,如图 4-33(a)所示;当由 $\overline{CP_1}$ 输入计数脉冲 CP 时,Q_3 为 $\overline{CP_1}$ 的五分频输
出,如图 4-33(b)所示。

② 十进制计数。若将 Q_0 与 $\overline{CP_1}$ 连接,计数脉冲 CP 由 $\overline{CP_0}$ 输入,先进行
二进制计数,再进行五进制计数,这样即组成标准的 8421 码十进制计数器,如
图 4-33(c)所示,这种计数方式最为常用;若将 Q_3 与 $\overline{CP_0}$ 连接,计数脉冲 CP
由 $\overline{CP_1}$ 输入,先进行五进制计数,再进行二进制计数,即组成 5421 码十进制计

图 4 - 33
74LS290 的几种基本计数方式

(a) 二进制

(b) 五进制

(c) 十进制(8421码)

(d) 十进制(5421码)

数器,如图 4 - 33(d)所示。

2. 74LS290 的应用

通过对 74LS290 外部引脚进行不同方式的连接[主要采用反馈清零法(复位法)],可以构成任意(N)进制计数器(分频器)。

(1) 构成十进制以内的 N 进制计数器

图 4 - 34 是利用 74LS290 构成的七进制加法计数器。图中 74LS290 连成 8421 码十进制计数方式,在计数脉冲 CP 的作用下,当计数到 **0111**(7)状态时,$Q_2Q_1Q_0 = 111$,与门输出反馈使 $R_{0(1)} \cdot R_{0(2)} = 1$,置 0 功能有效,计数器迅速复位到 **0000** 状态。显然,**0111** 是一个极短的过渡状态(10 ns 左右),即刚到 0111 状态时就迅速清零,所以实际出现的计数状态为 **0000~0110** 这 7 种,而不含有 **0111**,故为七进制计数器。

图 4 - 34　74LS290 构成的七进制加法计数器

图 4 - 35　两片 74LS290 构成的六十八进制加法计数器

(2) 构成十进制以上的 N 进制计数器

图 4 - 35 是利用两片 74LS290(Ⅰ、Ⅱ)构成的六十八进制加法计数器。由

于超过了十进制,所以必须用两片 74LS290,其中个位(片Ⅰ)的 Q_3 端与十位(片Ⅱ)的 $\overline{CP_0}$ 相连,满足"逢十进一"规律,称之为**级联进位**。用两片 74LS290 可以构成 100 以内的任意进制计数器。

首先可以分别写出 $N=68$ 的个位(片Ⅰ)和十位(片Ⅱ)的 8421 码:个位为 **1000**(片Ⅰ),十位为 **0110**(片Ⅱ)。当计数到 68 时,**与门的输出 $Q_3Q_1'Q_2'=1$**,同时引到两片 74LS290 的 $R_{0(1)}$、$R_{0(2)}$ 端,使两片 74LS290 同时回零。

(3) 可靠清零问题

采用反馈清零法,连接方法十分简单,但存在不能可靠清零(复位)的问题。例如在图 4-35 中,当第 68 个 CP 脉冲输入后,计数器 $N=68$,即片Ⅰ为 $Q_3Q_2Q_1Q_0=$ **1000**,片Ⅱ为 $Q_3'Q_2'Q_1'Q_0'=$ **0110** 状态,而这个状态一旦出现,又立即使计数器置 0 而脱离这个状态,所以计数器停留在 $N=68$ 这个状态的时间极短,那么置 0 信号的作用时间也极短。因为计数器中各触发器性能上有所差异,它们的复位速度有快、有慢,而只要有一个动作速度快的首先回 0,计数器的置 0 信号立即消失。这就可能使速度慢的触发器来不及复位,造成整个计数器不能可靠清零,从而导致电路误动作的现象。

为了提高复位的可靠性,在图 4-36 中,利用一个基本 RS 触发器,把反馈复位脉冲锁存起来,保证复位脉冲有足够的作用时间,直到下一个计数脉冲高电平到时复位信号才消失,并在下降沿到来时,重新开始计数。

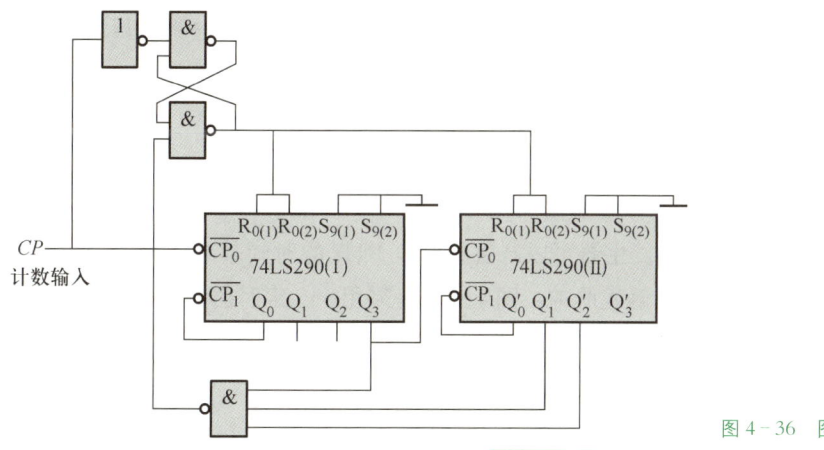

图 4-36　图 4-35 的改进电路

3. 其他型号说明

为了与 74LS290 对比,将其他型号异步计数器含义说明如下。

74LS292:可编程分频/数字定时器(最大 2^{31})。

74LS293:4 位二进制计数器。

74LS390:双二-五-十进制计数器。

74LS393:双 4 位二进制计数器(异步清零)。

具体功能可查阅有关集成电路手册,使用方法参考 74LS290。

知识点检测 2

1. 74LS160/161 采用＿＿＿＿＿＿＿＿(同步还是异步)清零,74LS162/163 采用＿＿＿＿＿＿＿(同步还是异步)清零。

2. 74LS160/161 具有＿＿＿＿＿、＿＿＿＿＿、＿＿＿＿＿、＿＿＿＿＿ 四个功能。

3. 反馈清零法的缺点是存在＿＿＿＿＿状态。

4. 级联方式有＿＿＿＿＿和＿＿＿＿＿两种。

任务3   数字电子钟电路剖析

任务目标

① 认识数字电子钟的原理电路。

② 剖析数字电子钟各组成部分的功能。

一、数字电子钟的电路组成

图 4-37 所示是数字电子钟的电路原理图。由图可见,该数字电子钟由秒脉冲发生器,六十进制"秒""分"计时电路和二十四进制"时"计时电路,时、分、秒译码显示电路,校正电路四部分组成。

二、数字电子钟的工作原理

1. 秒脉冲发生器

秒脉冲发生器可以产生频率为 1 Hz 的时间基准信号,为整个数字电子钟提供秒(1 s)触发脉冲。图 4-38 是采用 555 定时器构成的多谐振荡器,输出秒脉冲信号,输出频率公式为

$$f = \frac{1}{T} = \frac{1}{0.7(R_1 + 2R_2)C} \approx \frac{1.43}{(R_1 + 2R_2)C}$$

从图 4-38 可以看出各个阻容元器件的取值,当调节电位器 $R_2 = 4.6$ kΩ 时,输出频率正好为 1 Hz。

2. 计时电路

"秒""分"计时电路为六十进制加法计数器,如图 4-39 所示。"时"计时电路为二十四进制加法计数器,如图 4-40 所示。

图 4-37 数字电子钟的电路原理图

177

图 4 - 38　秒脉冲信号发生器

图 4 - 39　"秒""分"计时电路

图 4 - 40　"时"计时电路

3. 译码、显示电路

"时""分""秒"各部分的译码和显示电路完全相同,均采用七段显示译码器 74LS48 直接驱动共阴极七段数码管。秒位的译码、显示电路如图 4 - 41 所示,七段数码管和 74LS48 的引脚排列图如图 4 - 42、图 4 - 43 所示。

图 4 - 41　秒位的译码、显示电路

4. 校正电路

当数字钟走时不准确时,需要通过校正电路来进行校正,如图 4 - 44 所示。

图 4－42　七段数码管的引脚排列图

图 4－43　74LS48 的引脚排列图

"秒"校正采用**等待校正法**。在正常工作时,将开关 S_1 置于电源 V_{DD} 位置,不影响与门 G_1 传送秒计时信号;要进行校正时,将 S_1 拨向接地位置,封闭与门 G_1,暂停秒计时。待标准秒时间到达,立即将 S_1 拨回 V_{DD} 位置,开放与门 G_1。"分"和"时"校时采用**快进校正法**。正常工作时,开关 S_2 或 S_3 接地,封闭与门 G_3 或 G_5,不影响或门 G_2 或 G_4 传送进位计数脉冲;进行校正时,将 S_2 或 S_3 拨向 V_{DD} 位置,秒脉冲通过 G_3、G_2 或 G_5、G_4 直接触发"分""时"计数器,使"分""时"计数器以秒节奏快进。待标准分、时一到,立即将 S_2 或 S_3 拨回接地位置,封锁秒脉冲信号,恢复或门 G_2、G_4 对进位计数脉冲的传送。

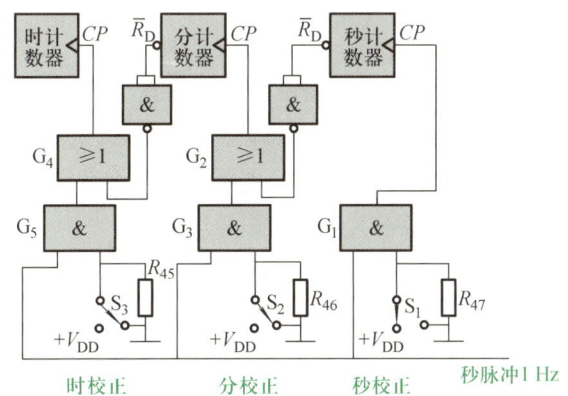

图 4－44　校正电路

▌知识拓展▌
数字电路故障的检查和排除方法

组装完成后的电路或正在工作的电路都有可能出现故障,熟练而快速地查到电路的故障所在,并及时给予修复是一个电子技术专业人员应具备的工作能力。

1. 数字电路中产生故障的主要原因

（1）元器件损坏

元器件质量不好是电路出现故障的主要原因,而导致元器件损坏的主要原因见表 4－9。

表 4 – 9　元器件损坏的主要原因

元器件质量不合格	电路组装前应对元器件进行仔细筛选和检测,可靠性要求较高时还应对元器件进行老化处理
工作温度过高或过低	温度过高会使元器件的损坏率成倍地提高,温度过低也会使元器件失去正常的工作性能
湿度过大	湿度过大会使元器件受到腐蚀,造成故障
机械冲击	过大的振动或撞击会使元器件出现机械损伤
电源电压波动	电源电压波动过大会加速损坏元器件

(2) 印制电路板故障

质量不高的印制电路板主要存在铜膜断裂开路、线路毛刺短路、过孔不通等问题,同时手工安装焊接时易发生漏焊、虚焊、错焊等故障现象。

(3) 连接线路有问题

许多设备中有内部与外部之间的连接线,工作过程中一般处于活动状态,则这些连接线路为故障多发处。处于活动状态的连接线必须采用多股软线,而不能用单股硬线。

(4) 工作环境恶劣

由于电路的工作环境(如电源电压、温度等)较差或干扰过大等原因,导致电路不能正常工作。

2. 查找故障的常用方法

(1) 直观检查法

首先进行常规检查。主要是检查设备的功能是否正常,包括电子元器件有无变色或脱落、导线有无断线或短路、焊点是否脱落、电解电容是否漏液等情况。其次进行静态检查。电路通电后,主要观察是否有异味或冒烟,集成电路芯片有无过热等现象。

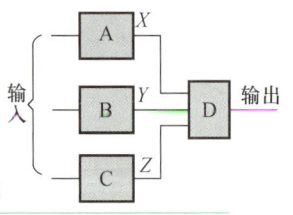

图 4 – 45
具有汇合模块的子系统

(2) 顺序检查法

顺序检查包括由输入向输出逐级检查和由输出向输入逐级检查两种方法。如图 4 – 45 所示为一个具有 A、B、C 汇合模块的子系统。这类系统出现故障时,应首先检查所有输入信号,若输入信号均正常,则故障就在汇合模块内。如 X、Y 的信号正常,而 Z 信号不正常时,则故障出在 C 模块内。

(3) 比较法

为了尽快找出系统故障,常将故障电路主要测试点的电压波形、电压值、电流值等参数和一个工作正常的相同电路对应测试点的参数进行比较,从而找出故障点。

微课:电子琴
故障排除

(4) 替换法

替换法就是使用同型号的集成电路替换怀疑有故障的集成电路。集成电路如果采用插座安装,替换就比较方便。集成电路如果直接焊接在印制电路板上或者是贴片封装,则替换比较困难。

3. 故障的排除方法

要针对产生故障的不同原因采取相应的措施来排除故障。如故障是导线断线、焊点脱落等原因引起的,则应更换导线、焊好脱落的焊点;如是电子元器件损坏造成的故障,则要用同一型号的电子元器件来替换。

当故障排除后,还要用仪器仪表检测修复后的数字系统的功能是否完全恢复,是否达到规定的技术要求,同时不能产生其他问题,这样才算完全排除了电路的故障。

拓展课堂:科技创新,芯片分选

▍实用资料▍
常见集成计数器

集成计数器的种类繁多,现将一些常用集成计数器的型号、引脚排列及其功能列于表 4 - 10 中,以便在使用时查阅参考。需要指出的是,由于采用的是国外符号标准,有些计数器的引脚标注方式与国内不同,应注意区别与联系。

表 4 - 10 常用集成计数器

型 号	同步/异步	加/减	进 制	预 置 作 用	清 除 作 用	辅 助 功 能
7490	异步	加	2×5	异步置9: $R_{9(1)} \cdot R_{9(2)} = 1$ 异步清零: $R_{0(1)} \cdot R_{0(2)} = 1$		÷2时钟: INPUT A ÷5、6、8时钟: INPUT B
7492	异步	加	2×6			
7493	异步	加	2×8			
74160	同步	加	十进制	同步 $\overline{LOAD} = 0$	异步 $\overline{CL} = 0$	进位: RC 使能: $ET \cdot EP = 1$
74161			十六进制			
74162			十进制		同步 $\overline{CL} = 0$	
74163			十六进制			

7490 引脚: INPUT A NC Q_A Q_D GND Q_B Q_C / 14 ... 8 / 1 ... 7 / B $R_{0(1)}$ $R_{0(2)}$ NC V_{CC} $R_{9(1)}$ $R_{9(2)}$ INPUT

7492 引脚: INPUT A NC Q_A Q_D GND Q_B Q_C / 14 ... 8 / 1 ... 7 / B NC NC NC V_{CC} $R_{0(1)}$ $R_{0(2)}$ INPUT

7493 引脚: INPUT A NC Q_A Q_D GND Q_B Q_C / 14 ... 8 / 1 ... 7 / B $R_{0(1)}$ $R_{0(2)}$ NC V_{CC} NC NC INPUT

74160/1/2/3 引脚: V_{CC} RC Q_A Q_B Q_C Q_D ET $\overline{LOAD}$ / 16 ... 9 / 1 ... 8 / $\overline{CL}$ CP A B C D EP GND

74168/9 引脚: V_{CC} $\overline{TC}$ Q_0 Q_1 Q_2 Q_3 $\overline{CET}$ $\overline{PE}$ / 16 ... 9 / 1 ... 8 / $U/\overline{D}$ CP P_0 P_1 P_2 P_3 $\overline{CEP}$ GND

74190/1 引脚: V_{CC} D_A CP $\overline{RC}$ MAX/MIN $\overline{LOAD}$ D_C D_D / 16 ... 9 / 1 ... 8 / D_B Q_B Q_A $\overline{EG}$ $D/\overline{U}$ Q_C Q_D GND

型　号	同步/异步	加/减	进　制	预置作用	清除作用	辅助功能
74168	同步	可逆	十进制	同步 $\overline{PE}=0$		减:$U/\overline{D}=1$ 加:$U/\overline{D}=0$ 进位:$\overline{TC}$ 使能:$\overline{CEP}+\overline{CET}=0$
74169			十六进制			
74190	同步	可逆	十进制	同步 $\overline{LOAD}=0$		减:$D/\overline{U}=0$ 加:$D/\overline{U}=1$ 进位:$\overline{RC},MAX/MIN$ 使能:$\overline{EG}=0$
74191			十六进制			

型号	同步/异步	加/减	进制	预置作用	清除作用	辅助功能
74192	同步	可逆	十进制	异步 $\overline{LOAD}=0$	异步 $CL=1$	加时钟:CU　减时钟:CD 进位:$\overline{Carry}$　借位:$\overline{Borrow}$
74193			十六进制			
74196	同步	加	2×5	异步 $\overline{LOAD}=0$	异步 $\overline{CL}=0$	÷2时钟:CP_1 ÷5时钟:CP_2
74197			2×8			
74290	异步	加	2×5	异步置9 $MS_1 \cdot MS_2=1$	异步 $MR_1 \cdot MR_2=1$	÷2时钟:$\overline{CP_0}$ ÷5,8时钟:$\overline{CP_1}$
74293			2×8			

型号	同步/异步	加/减	进制	预置作用	清除作用	辅助功能
74390	异步	加	双十进制	无	异步 $CL=1$	÷2时钟:$\overline{A}$ ÷5,8时钟:$\overline{B}$
74393			双十六进制			
74490	异步	加	双十进制	异步置9 $S=1$	异步 $CL=1$	

型号	同步/异步	加/减	进制	预置作用	清除作用	辅助功能
CD4017	同步	加	十进制	无	异步 $RS=1$	10位译码输出0~9 使能:$\overline{CE}=0$　进位:CY

型　号	同步/异步	加/减	进　制	预置作用	清除作用	辅助功能
CD4018	同步	约翰逊	$1/N$ 计数 $N \leqslant 10$	异步 $PE=1$	异步 $R=1$	
CD4020	异步	加	14 位	无	异步 $RE=1$	计数时钟：Φ_1

CD4022（16 脚）
上：V_{DD}　RS　CP　$\overline{CE}$　CY　4　7　NC
下：1　0　2　5　6　NC　3　V_{SS}

CD4024（14 脚）
上：V_{DD}　NC　Q_1　Q_2　NC　Q_3　NC
下：CP　RE　Q_7　Q_6　Q_5　Q_4　V_{SS}

CD4029（16 脚）
上：V_{DD}　CP　Q_3　J_3　J_2　Q_2　$U/\overline{D}$　$B/\overline{D}$
下：PE　Q_4　J_4　J_1　$\overline{CE}$　Q_1　CO　V_{SS}

型　号	同步/异步	加/减	进　制	预置作用	清除作用	辅助功能
CD4022	同步	加法	八进制	无	异步 $RS=1$	8 位译码输出 使能：$\overline{CE}=0$ 进位：$CY=1$
CD4024	异步	加法	7 位二进制	无	异步 $RE=1$	7 位二进制输出
CD4029	同步	可逆	十六/十进制	异步 $PE=1$		二进制：$B/\overline{D}=1$ 十进制：$B/\overline{D}=0$ 加计数：$U/\overline{D}=1$ 减计数：$U/\overline{D}=0$ 使能：$\overline{CE}=0$

CD4040（16 脚）
上：V_{DD}　Q_{11}　Q_{10}　Q_8　Q_9　RE　Φ_1　Q_1
下：Q_{12}　Q_6　Q_5　Q_7　Q_4　Q_3　Q_2　V_{SS}

CD4060（16 脚）
上：V_{DD}　Q_{10}　Q_8　Q_9　RE　Φ_1　$\overline{\Phi_0}$　Φ_0
下：Q_{12}　Q_{13}　Q_{14}　Q_6　Q_5　Q_7　Q_4　V_{SS}

CD40110（16 脚）
上：V_{DD}　b　c　d　e　BO　CA　CU
下：a　g　f　TE　RES　LE　CD　V_{SS}

型　号	同步/异步	加/减	进　制	预置作用	清除作用	辅助功能
CD4040	异步	加法	12 位二进制	无	异步 $RE=1$	计数时钟：Φ_1
CD4060	异步	加法	14 位二进制	无	异步 $RE=1$	计数时钟：Φ_1 带振荡器
CD40110	同步	可逆	十进制	无	异步 $RES=1$	驱动共阴极 LED 数码管 加计数：CU 减计数：CD $LE=1$ 计数器计数，显示保持 使能：$TE=1$ 进位：CA 借位：BO

CD40160/1/2/3（16 脚）
上：V_{DD}　CO　Q_1　Q_2　Q_3　Q_4　TE　$LOAD$
下：CL　CP　P_1　P_2　P_3　P_4　PE　V_{SS}

CD40192/3（16 脚）
上：V_{DD}　D_A　CL　$\overline{Borrow}$／$\overline{Carry}$　$\overline{LOAD}$　D_C　D_D
下：D_B　Q_B　Q_A　CU　CD　Q_C　Q_D　V_{SS}

CD4510/6（16 脚）
上：V_{DD}　CL　Q_3　P_3　P_2　Q_2　U/D　RES
下：PE　Q_4　P_4　P_1　$\overline{CI}$　Q_1　$\overline{CO}$　V_{SS}

续　表

型　号	同步/异步	加/减	进　制	预置作用	清除作用	辅助功能
CD40160	同步	加法	十进制	同步 $LOAD=0$	异步 $CL=0$	逻辑功能同 74160 /1 /2 /3 使能：$PE=1$　$TE=1$ 进位：CO
CD40161			十六进制			
CD40162			十进制		同步 $CL=0$	
CD40163			十六进制			
CD40192	同步	可逆	十进制	异步 $\overline{LOAD}=0$	异步 $CL=1$	逻辑功能同 74192 /3
CD40193			十六进制			
CD4510	同步	可逆	十进制	异步 $PE=1$	异步 $RES=1$	加计数：$U/D=1$ 减计数：$U/D=0$ 使能：$\overline{CI}=0$
CD4516			十六进制			

CD4518	同步	加法	双十进制	无	异步 $RA=1$	使能：$EA=1$
CD4520			双十六进制			
CD4522	同步	减法	十进制	异步 $PE=1$	异步 $MR=1$	使能：$CE=0$ 级联输入：CF
CD4526	同步	减法	十六进制	异步 $PL=1$	异步 $MR=1$	上升沿计数：CP_0 下降沿计数：$\overline{CP_1}$ 级联输入：CF

▌技能训练▌
计数器及其应用

1. 实训目的

① 验证中规模集成计数器 74HC192 的逻辑功能。

② 掌握用 74HC192 构成其他任意进制计数器的方法。

2. 实训器材

数字电路实验箱 1 台；双踪示波器 1 台；万用表 1 块；集成电路 74HC192 及导线若干。

3. 实训原理

(1) 74HC192 的引脚功能

74HC192 是同步十进制可逆计数器，具有双时钟输入、清零和预置数功能，其引脚排列图如图 4‑46 所示，功能表见表 4‑11。

其中，CP_U 为加法计数时钟端，CP_D 为减法计数时钟端，CR 为清零端，$\overline{LD}$ 为预置数端，$\overline{CO}$ 为进位输出端，$\overline{BO}$ 为借位输出端。

表 4 - 11　74HC192 的功能表

输入								输出				功能
CR	$\overline{LD}$	CP_U	CP_D	D_0	D_1	D_2	D_3	Q_0	Q_1	Q_2	Q_3	
1	×	×	×	×	×	×	×	0	0	0	0	清　零
0	0	×	×	d_0	d_1	d_2	d_3	d_0	d_1	d_2	d_3	置　数
0	1	↑	1	×	×	×	×	加计数				计数
0	1	1	↑	×	×	×	×	减计数				计数

图 4 - 46　74HC192 的引脚排列图

图 4 - 47　用 74HC192 实现六进制计数器

(2) 实现其他任意进制计数器

可采用反馈清零法构成任意进制计数器。用一片 74HC192 十进制计数器连接成的六进制加法计数器如图 4 - 47 所示。

4. 实训操作

① 将 74HC192 置于加法计数状态，在 CP_U 单次脉冲作用下，完成一次计数循环，记录结果于表 4 - 12 中。

表 4 - 12　加法计数功能表

CP	Q_3 Q_2 Q_1 Q_0	$\overline{CO}$
0		
1		
2		
3		
4		
5		
6		
7		
8		
9		
10		

表 4 - 13　减法计数功能表

CP	Q_3 Q_2 Q_1 Q_0	$\overline{BO}$
0		
1		
2		
3		
4		
5		
6		
7		
8		
9		
10		

② 将 74HC192 置于减法计数状态,在 CP_D 单次脉冲作用下,完成一次计数循环,记录结果于表 4 - 13 中。

③ 分别将 74HC192 置于加法和减法计数状态,用连续 CP 信号作为时钟输入,用双踪示波器分别观察进位输出 $\overline{CO}$ 和借位输出 $\overline{BO}$ 与 CP 之间的工作关系波形,并做记录。

④ 如图 4 - 47 所示,将 74HC192 连成六进制加法计数器,并进行测试。

5. 实训总结

① 画出实训连接线路图,整理实训记录表格及有关波形,写出实训报告。

② 对实训结果进行分析,得出结论。

③ 总结使用计数器的体会。

> **👁 思考:**
>
> 如何将 74HC192 连成六进制减法计数器?试举例说明计数器的减法计数功能一般用于什么场合?

知识点检测 3

1. 数字电子钟的基本组成部分为＿＿＿＿＿＿＿＿＿＿＿＿＿＿＿＿＿＿＿＿＿＿＿＿＿＿＿＿＿＿＿。

2. 数字电子钟的"秒""分"计时电路为＿＿＿＿进制加法计数器,"时"计时电路为＿＿＿＿进制加法计数器。

3. 74LS48 可以直接驱动＿＿＿＿＿＿＿＿(共阴极还是共阳极)七段数码管。

📐 应会制作

项目制作　数字电子钟的设计与制作

1. 项目制作目的

① 掌握较复杂的数字系统设计、组装及调试方法。

② 掌握用中小规模集成电路设计一台能显示时、分、秒,并具有校正和整点报时功能的数字电子钟。

③ 通过对数字电子钟电路的制作,掌握综合运用电子技术知识的工程实践能力。

2. 项目要求

① 分组讨论制订出工作计划。

② 完成数字电子钟的逻辑电路设计。

③ 列出元器件清单,画出布线图。

④ 根据布线图设计出数字电子钟的印制电路板(PCB)。

⑤ 完成数字电子钟电路所需元器件的采购与检测。

⑥ 完成数字电子钟电路的制作、功能检测和故障排除。

⑦ 完成电路的详细分析,编写项目制作报告。

3. 电路的工作原理及元器件

数字电子钟的工作原理详见本项目的任务 3。所需的元器件清单见表 4-14,同时查阅集成电路手册(或上网搜索),了解有关元器件的引脚排列及特性功能。

表 4-14　数字电子钟电路的元器件明细表

代　号	名　称	规格型号	数　量
$U_1 \sim U_6$	共阴极数码管	BS207	6
$U_7 \sim U_{12}$	显示译码器	74LS48	6
$U_{13} \sim U_{18}$	加法计数器	74LS160	6
$U_{19} \sim U_{20}$	四-2输入与非门	74LS00	2
U_{21}	四-2输入与门	74LS08	1
U_{22}	四-2输入或门	74LS32	1
U_{23}	555 定时器	NE555	1
R_1	电阻	5.1 kΩ	1
R_2	精密电位器	10 kΩ	1
$R_3 \sim R_{44}$	电阻	510 Ω	42
$R_{45} \sim R_{47}$	电阻	1 kΩ	3
$S_1 \sim S_3$	按钮式开关	单刀双掷	3
C	电解电容	100 μF	1
C_1	电容	10 μF	1
C_2	电容	0.01 μF	1
	集成电路插座	14 脚	4
	集成电路插座	16 脚	12
	集成电路插座	40 脚	2
	集成电路插座	8 脚	1
	万能板		2

4. 电路的安装与调试

按照图 4-37 所示数字电子钟的电路原理图,自行设计出安装布线图,再用 CAD 软件设计出 PCB 图,然后制作印制电路板。可以采用万能板或制作的印制电路板进行焊接。用常规工艺安装、焊接好电路,经检查确认电路安装无误后,接通电源,然后进行逐级调试。

(1) 秒信号发生器的调试

用示波器测试 555 多谐振荡器的输出频率,调节精密电位器,使其振荡频率为 1 Hz。

(2) 计时电路的调试

将秒脉冲送入"秒"计时电路,检查"秒"个位、十位是否按十进制、六十进制进位。采用同样方法检查"分"计时电路和"时"计时电路。

（3）译码显示电路的调试

观察在时钟脉冲作用下数码管的显示情况。如有异常,更换相应译码器和数码管。

（4）校正电路的调试

调试好"时""分""秒"计时电路后,通过校正开关依次校准秒、分、时,使数字电子钟准确走时。

5. 编写项目制作报告

项目制作报告应包括设计思路、电路原理分析、电路原理图、PCB图、装配图、调试情况及存在的问题、解决方法等。

6. 项目考核与评价(表 4 - 15)

表 4 - 15　数字电子钟电路考核与评价表

考 核 内 容		分数分配	自评	互评	教师评价
电路设计		10 分			
元器件识别与测量	74LS48、七段数码管使用　　5 分	20 分			
	555 定时器使用　　5 分				
	74LS160 使用　　5 分				
	74LS00、74LS32 使用　　5 分				
电路实物	元器件布局　　5 分	30 分			
	焊接质量　　5 分				
	功能实现　　20 分				
实物演示及工作过程	实物演示　　10 分	20 分			
	工作过程　　10 分				
答辩		10 分			
报告		10 分			

 知识归纳

1. 时序逻辑电路由存储电路和组合逻辑电路组成,且存储电路必不可少,它主要由触发器组成。时序逻辑电路在任一时刻的输出状态不仅取决于该时刻的输入状态,而且与电路原来的状态有关。

2. 同步时序逻辑电路分析的关键是求出电路的驱动方程、状态方程和状态图。由此可分析出同步时序逻辑电路的功能,并画出时序图。

3. 计数器是记录输入脉冲个数的时序逻辑电路,它在数字系统中使用十分广泛。不论是同步计数器还是异步计数器,都有加法计数器、减法计数器和加/减计数器(又称可逆计数器)。

4. 集成计数器的功能比较完善,使用方便灵活,可方便地构成 N 进制(任意进制)计数器。主要方法有两种:① 利用反馈清零法构成 N 进制计数器。② 利用预置数法构成 N 进制计数器。应当指出,利用置数功能构成 N 进制计数器时,并行数据输入端 $D_3D_1D_2D_0$ 必须接入计数起始数据。而利用清零功能构成 N 进制计数器时,并行数据输入端 $D_3D_1D_2D_0$ 可接任意数据。

当需要扩大计数器的计数容量时,可用多片集成计数器级联。

5. 集成时序电路芯片是时序电路的系列化集成产品。对于集成芯片来说,主要任务是熟悉逻辑符号、产品型号,理解功能表和时序图,并对照引脚排列图,按时钟 CP 的节拍逐步分析其工作过程。

6. 数字电子钟制作是一个综合性较强的项目,可选择多种设计方案来实现。通过该项目的制作,能在很大程度上提高数字电路的设计、安装和调试技能。

 思考与练习4

1. 分析如图 4-48 所示时序电路的逻辑功能。

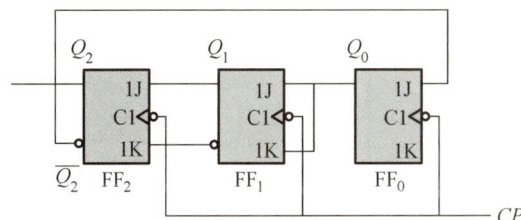

图 4-48　题 1 图

2. 分析如图 4-49(a)所示时序电路的逻辑功能。要求根据如图 4-49(b)所示的输入信号波形,对应画出输出 Q_0、Q_1 的波形。

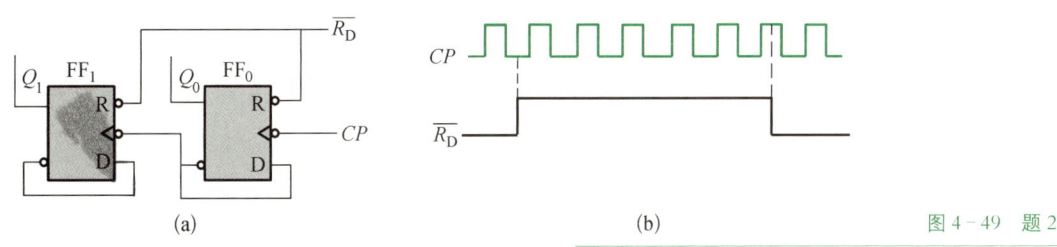

(a)　　　　　　　　　　　　(b)　　　　　图 4-49　题 2 图

3. 用示波器测得计数器的三个输出端 $Q_2Q_1Q_0$ 波形如图 4-50 所示,试确定该计数器的模(几进制)。

4. 如图 4-51 所示电路,设初态为 $Q_1Q_0 = 00$。试分析 FF_0、FF_1 构成了几进制计数器(画出状态图)。

图 4－50　题 3 图

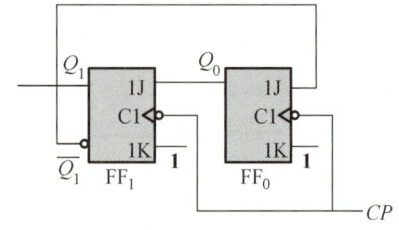

图 4－51　题 4 图

5. 如图 4－52 所示为扭环形计数器电路。若电路初态 $Q_3 Q_2 Q_1 Q_0$ 预置为 **0000**，随着 CP 脉冲的输入，试分析其输出状态的变化，画出状态图，并简要说明其计数规律。

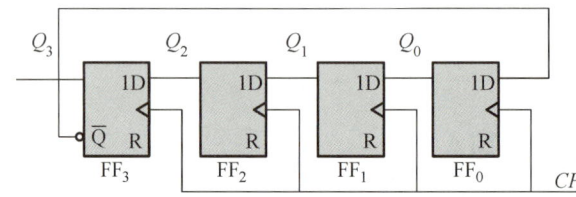

图 4－52　题 5 图

6. 由 74LS290 构成的计数器如图 4－53 所示，试分析它们各为几进制计数器？

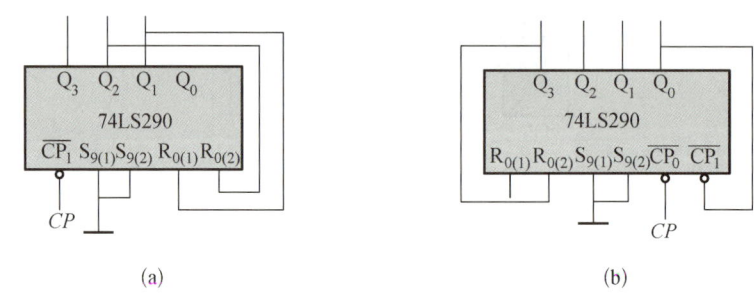

图 4－53　题 6 图　　　　　　　　(a)　　　　　　　　　　　　　　　(b)

7. 用二片 74LS290 构成的电路如图 4－54 所示，试分析它为几进制计数器？

图 4－54　题 7 图

8. 用 74LS160 构成的计数电路如图 4-55 所示,试分析它们各为几进制?

图 4-55　题 8 图

9. 用 74LS161 构成的 N 进制计数器如图 4-56 所示,请分析其为几进制计数器?

图 4-56　题 9 图

10. 如图 4-57 所示是用 74LS160 构成的 N 进制计数器,请分析其为几进制计数器?

图 4-57　题 10 图

11. 如图 4-58 所示是用 74LS163 构成的 N 进制计数器,请分析其为几进制计数器?

图 4-58　题 11 图

12. 某铅笔厂为了统计需要,要求设计一个四十八进制计数器,试画出利用集成计数器 74LS162 构成的电路(提示:74LS162 为十进制同步加法计数器,同步清零)。

13. 采用反馈清零法,用集成计数器 74LS161 构成十二进制计数器,画出逻辑电路图。

14. 采用预置数法,用集成计数器 74LS161 构成十二进制计数器,画出逻辑电路图。

15. 采用进位输出置最小数法,用集成计数器 74LS161 构成十二进制计数器,画出逻辑电路图。

文本:思考与练习 4 参考答案

项目 **5** 数字电压表的制作

 项目剖析

数字电压表能对被测电压(模拟量)进行多位数字显示,与指针式电压表相比,它具有准确度高、输入阻抗高、自动转换量程、自动显示极性(或单位)等一系列优点,因此广泛应用于电子测量中。一款 $3\frac{1}{2}$ 位(3 位半)显示的数字电压表外形图如图 5-1(a)所示,其组成框图如图 5-1(b)所示。

(a) 外形图

(b) 组成框图

图 5-1 数字电压表

从图 5-1(b)可以看出,数字电压表由模拟电路和数字电路两大部分组成。由于被测电压一般为模拟信号,需要经模/数(A/D)转换变成数字量,才能进行计数、译码和显示,所以 A/D 转换器是数字电压表的核心。数字电压表的主要技术指标(如准确度、分辨率等)都取决于 A/D 转换这部分电路。本项目由以下两个学习任务组成:

任务 1　认识数/模(D/A)转换器

任务 2　认识模/数(A/D)转换器

学习目标

在现代控制、通信及检测领域中,对信号的处理广泛采用了数字技术,这就需要一种能在模拟信号与数字信号之间起桥梁作用的电路——模/数(A/D)转换器和数/模(D/A)转换器。

通过本项目的学习,应达到以下目标:

① 了解 D/A 转换和 A/D 转换的基本知识。

② 掌握 D/A 转换器和 A/D 转换器的工作原理。

③ 掌握 D/A 转换器和 A/D 转换器的应用知识。

④ 熟悉 D/A 转换器和 A/D 转换器的安装技能。

 应知理论

任务 1　认识数/模（D/A）转换器

> **任务目标**
>
> ① 了解 A/D 转换和 D/A 转换的基本概念。
>
> ② 掌握 D/A 转换器的工作原理及其主要技术指标。
>
> ③ 熟悉常见集成 D/A 转换器的功能及其应用。

一般来说,工业现场中的物理量大都是连续变化的模拟信号,如温度、时间、角度、速度、流量、压力等。由于数字电子技术的迅速发展,尤其是计算机在自动控制、自动检测以及许多其他领域中的广泛应用,用数字电路处理模拟信号的情况非常普遍。这就需要将模拟量转换为数字量,这种转换称为**模/数转换**(用 A/D 表示),实现模/数转换的电路叫作 A/D 转换器(简称 ADC);而将数字信号变换为模拟信号叫作**数/模转换**(用 D/A 表示),实现数/模转换的电路称为 D/A 转换器(简称 DAC)。

如图 5-2 所示是用计算机对生产过程进行实时控制的原理方框图。可见,ADC 和 DAC 是计算机与外部设备的重要接口,也是数字测量和数字控制

图 5-2　用计算机对生产过程进行实时控制的原理方框图

系统的重要部件。

图 5-2 中由传感器采集的模拟信号送入 A/D 转换电路转换为数字信号,提供给数字控制器件。反过来,计算机控制系统处理后的数字量通过 D/A 转换电路转变成模拟量,再反过来控制模拟器件。可见,这个控制过程为一个闭环系统。

为了保证数据处理结果的准确性,A/D 转换电路和 D/A 转换电路必须有足够的转换精度。同时,为了适应快速的过程控制和检测需要,A/D 转换器和 D/A 转换器还必须有足够快的转换速度。因此,转换精度和转换速度是衡量 A/D 转换电路和 D/A 转换电路性能优劣的主要技术指标。

一、D/A 转换器的基本原理

1. D/A 转换器的组成

D/A 转换器用于将数字信号转换成与该数字量成正比的模拟电压或模拟电流信号。图 5-3 是 D/A 转换器的原理框图,主要由模拟电子开关、解码网络、求和运算电路及基准电压 V_{REF} 组成。

图 5-3 D/A 转换器的原理框图

2. D/A 转换器的工作过程

D/A 转换器的输入量是 n 位二进制数 D,$D = D_{n-1}D_{n-2}\cdots D_1 D_0$。$D$ 按权展开的十进制数为

$$D = D_{n-1} \times 2^{n-1} + D_{n-2} \times 2^{n-2} + \cdots + D_1 \times 2^1 + D_0 \times 2^0$$

D/A 转换器的输出量是和输入的数字量成正比的模拟量 A,即

$$A = KD = K(D_{n-1} \times 2^{n-1} + D_{n-2} \times 2^{n-2} + \cdots + D_1 \times 2^1 + D_0 \times 2^0)$$

式中,K 为 D/A 转换器的比例系数,由转换电路的具体条件确定。

二、常见的 D/A 转换器

1. 权电阻网络 D/A 转换器

图 5-4 所示为 4 位权电阻网络 D/A 转换器的电路,它由权电阻网络 $2^3 R$、$2^2 R$、$2^1 R$、$2^0 R$,四个模拟电子开关 S_3、S_2、S_1、S_0 和求和运算放大器组成。D_3、D_2、D_1、D_0 为二进制代码输入端(MSB 表示最高位,LSB 表示最低位),V_{REF} 为

图 5 - 4
4 位权电阻网络 D/A 转换器的电路　(LSB)　(MSB)

基准电压。

由图 5 - 4 可以看出,权电阻网络是 D/A 转换电路的核心,其电阻值与 4 位二进制数的权值成反比,每降低一位,电阻值增加一倍。

D_3、D_2、D_1、D_0 分别控制模拟电子开关 S_3、S_2、S_1、S_0 的工作状态。当第 i 位数字信号 $D_i = 1$ 时,开关 S_i 合向 1 端接到基准电压 V_{REF} 上,此时该支路中有电流;当 $D_i = 0$ 时,开关 S_i 合向 0 端而接地,此时该支路中无电流。因此,流入求和运算放大器的总电流为

$$I_{\Sigma} = I_0 + I_1 + I_2 + I_3 = \frac{V_{REF}}{2^3 R} D_0 + \frac{V_{REF}}{2^2 R} D_1 + \frac{V_{REF}}{2^1 R} D_2 + \frac{V_{REF}}{2^0 R} D_3$$

$$= \frac{V_{REF}}{2^3 R} (2^0 D_0 + 2^1 D_1 + 2^2 D_2 + 2^3 D_3)$$

若取反馈电阻 $R_F = R/2$,由于 $I_{\Sigma} = -I_F$,因此运算放大器的输出电压 U_O 为

$$U_O = I_F R_F = -I_{\Sigma} R_F$$

$$= -\frac{V_{REF} \cdot R_F}{2^3 R} (2^3 D_3 + 2^2 D_2 + 2^1 D_1 + 2^0 D_0)$$

$$= -\frac{V_{REF}}{2^4} (2^3 D_3 + 2^2 D_2 + 2^1 D_1 + 2^0 D_0)$$

对于 n 位权电阻网络 D/A 转换电路,则有

$$U_O = -\frac{V_{REF}}{2^n} (2^{n-1} D_{n-1} + 2^{n-2} D_{n-2} + \cdots + 2^1 D_1 + 2^0 D_0)$$

由此可见,输出电压与输入数字量成正比,从而实现了 D/A 转换。

🔒 例 5 - 1　如图 5 - 4 所示的权电阻网络 D/A 转换器中,设 $V_{REF} = -10$ V,$R_F = R/2$,试求:

（1）当输入数字量 $D_3D_2D_1D_0 = \textbf{0001}$ 时,输出电压的值;

（2）当输入数字量 $D_3D_2D_1D_0 = \textbf{1000}$ 时,输出电压的值;

（3）当输入数字量 $D_3D_2D_1D_0 = \textbf{1111}$ 时,输出电压的值。

解：根据 D/A 转换器的输出电压 U_O 表达式,可求出各输出电压值为

（1）$U_O = -\dfrac{-10}{2^4}(0\times 2^3 + 0\times 2^2 + 0\times 2^1 + 1\times 2^0)\text{ V} = \dfrac{10}{2^4}\text{ V} = 0.625\text{ V}$

（2）$U_O = -\dfrac{-10}{2^4}(1\times 2^3 + 0\times 2^2 + 0\times 2^1 + 0\times 2^0)\text{ V} = \dfrac{10}{2^4}\times 2^3\text{ V} = $

5V

（3）$U_O = -\dfrac{-10}{2^4}(1\times 2^3 + 1\times 2^2 + 1\times 2^1 + 1\times 2^0)\text{ V} = \dfrac{10}{2^4}\times 15\text{ V} = $

9.375V

> **结论**：当输入的 n 位数字量全为 **0** 时,输出的模拟电压 $U_O = 0$;当输入的 n 位数字量全为 **1** 时,输出的模拟电压 $U_O = -\dfrac{2^n-1}{2^n}V_{REF}$。所以,$U_O$ 的取值范围是 $0 \sim -\dfrac{2^n-1}{2^n}V_{REF}$。

权电阻网络 D/A 转换器的优点是电路简单,速度较快;它的缺点是各个电阻的阻值相差很大,而且随着输入二进制代码位数的增多,电阻的差值也随之增加,难以保证对电阻精度的要求,这给电路的转换精度带来很大影响,同时也不利于集成化,因此在目前的集成电路中已很少采用这种 D/A 转换器。

2. 倒 T 形电阻网络 D/A 转换器

图 5-5 所示为 4 位 R-$2R$ 倒 T 形电阻网络 D/A 转换器电路。它主要由模拟电子开关 $S_0 \sim S_3$、R-$2R$ 倒 T 形电阻网络、基准电压 V_{REF} 和求和运算放大

图 5-5
4 位 R-$2R$ 倒 T 形电阻网络
D/A 转换器电路

器等部分组成。

为了分析方便,可将运算放大器近似看成是理想运算放大器,满足虚短 $(U_+ \approx U_-)$ 和虚断 $(I_\Sigma = -I_F)$ 的条件,由此可将 4 位倒 T 形电阻网络 D/A 转换器等效为如图 5 - 6 所示的简化电路。由该图可看出:从 A、B、C、D 各点往左看,对地等效电阻均为 R。因此,由基准电压 V_{REF} 流出的总电流 I 是固定不变的,其值恒为 $I = V_{REF}/R$,且每经过一个节点,电流被分流一半。从数字量高位到低位的电流分别为

$$I_3 = \frac{1}{2}I = \frac{1}{2}\frac{V_{REF}}{R}, \quad I_2 = \frac{1}{4}I = \frac{1}{4}\frac{V_{REF}}{R}$$

$$I_1 = \frac{1}{8}I = \frac{1}{8}\frac{V_{REF}}{R}, \quad I_0 = \frac{1}{16}I = \frac{1}{16}\frac{V_{REF}}{R}$$

流入运算放大器反相端的总电流在二进制数 D 控制下的表达式为

$$I_\Sigma = I_3 D_3 + I_2 D_2 + I_1 D_1 + I_0 D_0$$

$$= \frac{V_{REF}}{2R}D_3 + \frac{V_{REF}}{4R}D_2 + \frac{V_{REF}}{8R}D_1 + \frac{V_{REF}}{16R}D_0$$

$$= \frac{V_{REF}}{2^4 R}(2^3 D_3 + 2^2 D_2 + 2^1 D_1 + 2^0 D_0)$$

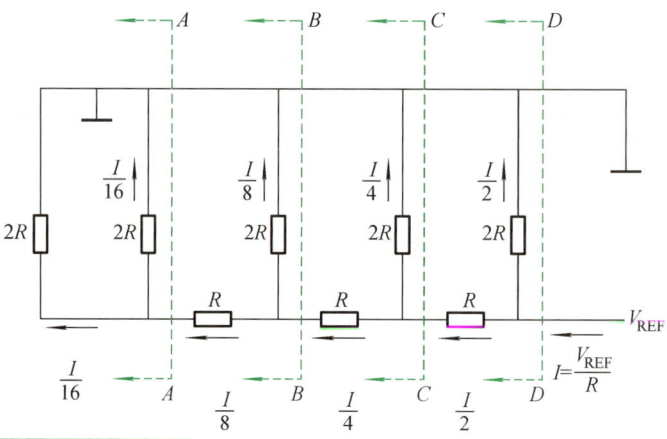

图 5 - 6
4 位倒 T 形电阻网络 D/A
转换器等效电路

运算放大器的输出电压 U_O 为

$$U_O = -I_\Sigma R_F = -\frac{R_F V_{REF}}{2^4 R}(2^3 D_3 + 2^2 D_2 + 2^1 D_1 + 2^0 D_0)$$

进一步推广,可得到 n 位数字量的输出电压 U_O 为

$$U_O = -\frac{R_F V_{REF}}{2^n R}(2^{n-1}D_{n-1} + 2^{n-2}D_{n-2} + \cdots + 2^1 D_1 + 2^0 D_0)$$

4 位倒 T 形电阻网络 D/A 转换器有如下特点:

① 电阻网络仅有 R 和 $2R$ 两种规格的电阻,这不仅简化了电阻网络,而且便于集成化。

② 倒 T 形电阻网络流过各支路的电流恒定不变,在开关状态转换时,不需要电流的建立时间,所以该电路的转换速度高,在集成 D/A 转换器中被广泛应用。

例 5-2 如图 5-5 所示的倒 T 形电阻网络 D/A 转换器中,设 $V_{REF} = -12\ V$, $R_F = R$,试分别计算 4 位和 8 位 D/A 转换器输出的最大电压 U_{FSR}(输入数字量的所有位均为 **1**)和最小电压 U_{LSB}(输入数字量的最低位为 **1**,其余各位都为 **0**)。

解:当 $D_{n-1}D_{n-2}\cdots D_1 D_0 = \mathbf{11\cdots 11}$ 时,$U_{FSR} = -V_{REF}(2^n - 1)/2^n$

当 $D_{n-1}D_{n-2}\cdots D_1 D_0 = \mathbf{00\cdots 01}$ 时,$U_{LSB} = -V_{REF}/2^n$

所以,$U_{FSR}(4\ 位) = -V_{REF}(2^4 - 1)/2^4 = 11.25\ V$

$U_{LSB}(4\ 位) = -V_{REF}/2^4 = 0.75\ V$

$U_{FSR}(8\ 位) = -V_{REF}(2^8 - 1)/2^8 \approx 11.95\ V$

$U_{LSB}(8\ 位) = -V_{REF}/2^8 \approx 0.047\ V$

结论:D/A 转换器的位数越多,其分辨最小输出电压的能力就越强,即分辨率越高。

知识链接

模拟电子开关的工作原理

模拟电子开关是 D/A 转换器中的主要控制部件。图 5-7 所示是一个 CMOS 模拟电子开关电路,它由两级 CMOS 反相器产生两路反相信号,各控制一个 NMOS 开关管,从而实现单刀双掷的开关功能。图中 $VT_1 \sim VT_3$ 是一个电平转移电路,使输入信号能与 TTL 电平兼容,VT_4、VT_5 和 VT_6、VT_7 为两级 CMOS 反相器,用于控制开关管 VT_9 和 VT_8。模拟电子

图 5-7 CMOS 模拟电子开关电路

开关的工作原理如下：当输入数字量 $D_1 = 1$ 时，VT_1 导通，VT_2 截止。VT_1 输出（A 点）为低电平 **0**，经 VT_4、VT_5 组成的第一级反相器后输出（B 点）高电平，使 VT_9 管导通；同时 B 点输出的高电平再经 VT_6、VT_7 组成的第二级反相器后输出（C 点）低电平，使 VT_8 管截止。在这种情况下，$2R$ 支路经导通管 VT_9 接向位置 **1**（基准电压 V_{REF}）。反之，当输入数字量 $D_1 = 0$ 时，VT_8 管导通，VT_9 管截止，$2R$ 支路接向位置 **0**（地）。由此实现了单刀双掷开关的作用，满足了 D/A 转换器的要求。

三、D/A 转换器的主要技术指标

1. 分辨率

分辨率表示 DAC 能输出最小电压的能力，它是指在 n 位的 D/A 转换器中，数字量 **00⋯01** 对应输出模拟电压 U_{LSB} 与数字量 **11⋯11** 对应输出满刻度电压 U_{FSR} 的比值。即

$$分辨率 = \frac{U_{LSB}}{U_{FSR}} = \frac{1}{2^n - 1}$$

例如，模拟电压满量程 U_{FSR} 为 10 V，8 位 D/A 转换器的分辨率约为 0.004，可分辨的最小输出电压为 40 mV；10 位 D/A 转换器的分辨率约为 0.001，可分辨的最小输出电压为 10 mV。

2. 转换时间（转换速度）

转换时间是指从输入数字信号开始转换模拟输出电压（或电流）达到稳定值所需要的时间，是反映 DAC 工作速度的重要指标。转换时间越短，工作速度越快，目前十几位的 DAC 转换速度一般只有十几毫秒。

3. 转换精度

转换精度是指 DAC 实际输出的模拟电压与理论输出模拟电压的最大误差，常用百分比来表示。它是一个综合指标，包括零点误差、增益误差等，不仅与 DAC 的元件参数、放大器的温漂有关，还与环境温度、分辨率等有关。所以除了正确选用 DAC 的分辨率，还要考虑选用低温漂高精度的运算放大器，才能保证 DAC 的转换精度。通常要求 DAC 的转换误差小于 $U_{LSB}/2$。

四、集成 D/A 转换器

集成 DAC 通常是将倒 T 形电阻网络、模拟电子开关等集成到一块芯片上。较多集成 DAC 不包含运算放大器，因此用 DAC 构成有关应用电路时还需要外接运算放大器。

集成 DAC 在实际应用中不仅可以利用其电路输入、输出电量之间的关系构成数控电压源（电流源）、数字式可编程增益控制电路和波形产生电路，还常

作为接口电路广泛应用于微型计算机系统电路中。

1. DAC0832 的结构和引脚功能

图片：DAC0832

DAC0832 是比较常用的一种 8 位 D/A 转换器，它采用 CMOS 工艺集成的 20 引脚双列直插式封装，输出为电流信号。其结构框图和引脚排列图如图 5-8 所示。该系列产品还有 DAC0830、DAC0831 等，它们之间可以相互替代。

(a) 结构框图　　　　　　　　　(b) 引脚排列图

图 5-8　DAC0832 的结构框图和引脚排列图

(1) 结构原理

如图 5-8(a) 所示，输入数据 $D_0 \sim D_7$ 经输入寄存器和 DAC 寄存器两次缓冲，最后进行 D/A 转换。DAC 的输出是 I_{OUT1} 和 I_{OUT2}，$I_{OUT1} + I_{OUT2} = V_{REF}/R_{fb}$（常数）。当需要电压输出时，应外接运算放大器将电流转换成电压，R_{fb} 是片内电阻，为运算放大器提供反馈以保证输出电压在合适的范围内。

在 DAC0832 内部的两个 $\overline{LE}$ 信号为寄存器锁存控制信号。当 $\overline{LE_1} = \mathbf{0}$ 时，$D_0 \sim D_7$ 上的数据锁存到输入寄存器中，不随输入变化；当 $\overline{LE_1} = \mathbf{1}$ 时，输入寄存器的输出随输入变化而变化。同理，$\overline{LE_2}$ 为 DAC 寄存器的锁存控制信号，工作过程相同。

当 ILE 为高电平，$\overline{CS}$ 与 $\overline{WR_1}$ 同时为低电平时，$\overline{LE_1} = \mathbf{1}$；将 $\overline{WR_1}$ 变为高电平，则 $\overline{LE_1} = \mathbf{0}$。

当 $\overline{X_{FER}}$ 与 $\overline{WR_2}$ 同时为低电平时，$\overline{LE_2} = \mathbf{1}$；将 $\overline{WR_2}$ 变为高电平，则 $\overline{LE_2} = \mathbf{0}$。

要完成 8 位的 D/A 转换工作，只要使 $\overline{X_{FER}} = \mathbf{0}$、$\overline{WR_2} = \mathbf{0}$（即 DAC 寄存器

为不锁存状态),$ILE=1$,然后在 $\overline{CS}$ 与 $\overline{WR_1}$ 端接负脉冲信号即可完成一次转换;或者使 $\overline{WR_1}=0$、$\overline{CS}=0$、$ILE=1$(即输入寄存器为不锁存状态),然后在 $\overline{X_{FER}}$ 与 $\overline{WR_2}$ 端接负脉冲信号,也可达到同样的目的。

(2) 引脚功能

$\overline{CS}$ 为片选信号,低电平有效。

ILE 为输入锁存允许信号,高电平有效。

$\overline{WR_1}$ 为输入寄存器数据选通信号,低电平有效。

$\overline{WR_2}$ 为 DAC 寄存器数据传送选通信号,低电平有效。

$\overline{X_{FER}}$ 为数据传送控制信号,低电平有效。

$D_0 \sim D_7$ 为 8 位输入数据信号。

V_{REF} 为基准电压输入端,电压范围为 $-10 \sim +10$ V。

R_{fb} 为反馈电阻输入端。

I_{OUT1} 为电流输出 1 端,在 DAC 的电流输出转换为电压输出时,该端应和运算放大器的反相端连在一起。

I_{OUT2} 为电流输出 2 端,在 DAC 的电流输出转换为电压输出时,该端应和运算放大器的同相端连在一起,共同接地。

当 DAC 寄存器内容全为 **1** 时,I_{OUT1} 最大,$I_{OUT2}=0$;

当 DAC 寄存器内容全为 **0** 时,$I_{OUT1}=0$,I_{OUT2} 最大;

当 DAC 寄存器内容为 N 时,$I_{OUT1}=V_{REF} \times N/(256 \times R_{fb})$,$I_{OUT2}=V_{REF}/R_{fb}-I_{OUT1}$。

V_{CC} 为电源电压,范围为 $+5 \sim +15$ V,$+15$ V 最佳。

AGND 和 DGND 分别为模拟地和数字地,一般连接在一起。

2. DAC0832 的工作方式

(1) 直通方式

如图 5-9 所示,将 ILE 接高电平,$\overline{CS}$、$\overline{WR_1}$、$\overline{WR_2}$ 和 $\overline{X_{FER}}$ 都接数字地,使 $\overline{LE_1}=\overline{LE_2}=1$,即两者均为高电平,此时两个寄存器均处于直通放行状态,输入数据直接送入 8 位 DAC 进行 D/A 转换。这种方式可用于一些不采用微机的控制系统中。

(2) 单缓冲方式

单缓冲方式适用于只有一路模拟量输出或有几路模拟量但不需要同时输出的场合。在这种方式下,DAC 寄存器处于常通状态,当需要 D/A 转换时,将 $\overline{WR_1}$ 接低电平,使输入数据经输

图 5-9 直通方式连接

入寄存器直接存入 DAC 寄存器中并进行转换。工作方式为单缓冲方式,即通过控制一个寄存器的锁存,使两个寄存器同时选通及锁存。

(3) 双缓冲方式

首先 $\overline{WR_1}$ 接低电平,将输入数据先锁存在输入寄存器中。当需要 D/A 转换时,再将 $\overline{WR_2}$ 接低电平,将数据送入 DAC 寄存器中并进行转换,工作方式为两级缓冲方式。双缓冲方式适用于同时使用几个 DAC0832,它们共用数据线,并要求几个 DAC0832 同时输出的场合。

3. DAC0832 的工作性能

DAC0832 具有以下工作特点:

① 采用 CMOS 和薄膜 Si - Cr 电阻相容工艺,温漂低,功耗低(20 mW)。

② 具有两级数字输入缓冲锁存器,可直接用于各种微机接口,无须另接锁存器。

③ 所有引脚的逻辑电平与 TTL 电平兼容(阈值为 1.4 V)。

④ 单电源 + 5~ + 15 V。

⑤ 数字地和模拟地可分开,也可连在一起,使用灵活。

知识点检测 1

1. 将模拟量转换为数字量,这种转换称为_____;而将数字量转换为模拟量,这种转换称为_____。

2. 计算机只能接收和处理_____信号,也只能输出_____信号。

3. 集成 DAC0832 是_____位的 D/A 转换器,工作的电源电压为_____。

任务2 认识模/数 (A/D) 转换器

任务目标

① 掌握 A/D 转换的工作过程。

② 了解 A/D 转换器的分类、工作原理及其主要技术指标。

③ 熟悉常见集成 A/D 转换器的功能及其应用。

一、A/D 转换过程

为了将时间和幅值都连续变化的模拟信号转换成时间和幅值都离散变化的数字信号,A/D 转换通常按下面四个过程进行:首先对输入模拟信号进行采样、保持,再进行量化和编码。前两个过程在采样-保持电路中完成,后两个过程则在模/数转换电路中完成。

1. 采样-保持电路

所谓**采样**,就是将一个时间段内连续变化的模拟量转化为时间上离散变化的模拟量。模拟信号的采样过程如图 5‑10 所示。其中 CP 为采样脉冲信号,u_I 为输入模拟信号,u_O 为采样后输出信号。采样过程的实质就是将连续变化的模拟信号变成一串等距不等幅的脉冲。

采样电路实质上是一个受控开关。在采样脉冲 CP 有效期 τ 内,采样开关接通,使 $u_O = u_I$;在其他时间 $(T_S - \tau)$ 内,输出 $u_O = 0$。因此,每经过一个采样周期,在输出端便得到输入信号的一个采样值。

为了保证采样后的输出信号 u_O 能用来表示输入模拟信号 u_I(即信号不失真),必须满足条件

$$f_S \geqslant 2f_{imax}$$

式中,f_S 为采样频率,f_{imax} 为输入信号 u_I 中最高次谐波分量的频率。通常取 $f_S = (5\sim10)f_{imax}$ 即可满足要求,这一关系称为**采样定理**。

图 5‑10
模拟信号的采样过程

所谓**保持**,是指将采样后获得的模拟量保持一段时间,直到下一个采样脉冲到来为止。由于 A/D 转换需要一定的时间,每次采样完成后,应保持采样电压值在一段时间内不变,直到下次采样开始,所以采样之后应有保持电路。

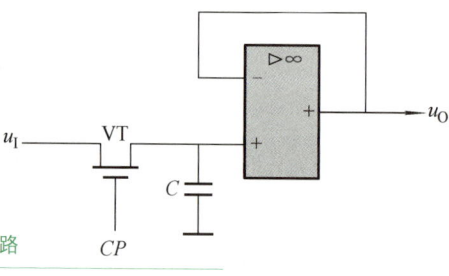

图 5‑11 采样-保持电路

采样与保持往往在同一电路中一次完成,这就是**采样-保持电路**,主要由采样开关、保持电容和缓冲放大器组成,如图 5‑11 所示。

在图 5‑11 中,场效应晶体管 VT 相当于采样开关。在采样脉冲

CP 到来的时间 τ 内,开关接通,输入模拟信号 u_1 向电容 C 充电,当电容 C 的充电时间常数 $t_C \ll \tau$ 时,电容 C 上的电压在时间 τ 内跟随 u_1 变化。采样脉冲结束后,开关断开,因电容的漏电很少且运算放大器的输入阻抗很高,所以电容 C 上电压可保持到下一个采样脉冲到来为止。运算放大器构成跟随器,具有缓冲作用,以减小负载对保持电容的影响。

2. 量化和编码

为了将模拟信号转换成数字信号,在 A/D 转换器中必须将采样后的模拟量归并到与之最接近的 2^n 个离散电平中的某一个电平上,这个过程称为**量化**。将量化后的值转换为一定位数的二进制数值,以作为转换完成后输出的 n 位数字代码,这个过程称为**编码**。量化和编码是所有 A/D 转换器中不可缺少的核心部分之一。

数字信号不仅在时间上是离散的,而且数值大小的变化也是不连续的。这就是说,任何一个数字量的大小只能是某个规定的最小数量单位的整数倍。所取的最小数量单位叫作量化单位,用 Δ 表示。数字信号最低有效位(LSB)的 **1** 所代表的数量大小就等于 Δ,即模拟量量化后的一个最小分度值。由于模拟电压是连续的,它就不一定能被 Δ 整除,因而量化过程不可避免地会引入误差,这种误差称为**量化误差**。

量化误差的大小与转换输出的二进制代码的位数及基准电压 V_{REF} 的大小有关,还和量化电平的划分有关。例如,要求把 $0 \sim 1\,V$ 的模拟电压量化输出为 3 位二进制代码,可取基准电压 $V_{REF} = 1\,V$,然后将其平均分为 8 份,则量化单位 $\Delta = 1/8\,V$,并规定凡数值在 $0 \sim 1/8\,V$ 之间的输入模拟电压都用 0Δ 来替代,输出的二进制数为 **000**;凡数值在 $1/8 \sim 2/8\,V$ 之间的模拟电压都用 1Δ 代替,输出的二进制数为 **001**;依此类推。具体情况如图 5‑12(a)所示。可以看出,这种量化电平划分的最大量化误差可达 $\Delta = 1/8\,V$。

为了减小量化误差,通常采用如图 5‑12(b)所示的改进方法划分量化电平。在这种划分量化电平的方法中,取量化电平处于每一段的中间,小于 $\Delta/2$ 则归并在本段对应的二进制码上,大于 $\Delta/2$ 则归并到高一段对应的二进制码上。取量化电平 $\Delta = 2/15\,V$,并规定数值为 $0 \sim 1/15\,V$ 时,认为输入的模拟电压 $0\Delta = 0\,V$,对应输出数字量为 **000**;数值为 $1/15 \sim 3/15\,V$ 时,认为输入的模拟电压为 $1\Delta = 2/15\,V$,对应输出数字量为 **001**;依此类推。如此每个输出的二进制数对应的模拟电压与其上下两个电平划分量之差的最大值为 $\Delta/2 = 1/15\,V$。由于使最大量化误差减少了一半,因此实际采用的往往都是这种方法。

结论:量化级数分得越多,量化误差就越小,同时输出的数字量的位数也增多,电路变得更加复杂。因此应根据实际需要,来选择 A/D 转换器的位数。

图 5 - 12
划分量化电平的两种方法　　　　　　　　　(a) 量化误差大　　　　　　　　　　　　(b) 量化误差小

知识链接

如何确定 A/D 转换的基准电压值

在图 5 - 12(a) 中,当输入的模拟电压 $u_I \geqslant 8\Delta = V_{REF}$ 时,输出的数字量总是 **111**,不再发生变化。这就要求基准电压不能小于输入模拟电压的最大值,即 $V_{REF} \geqslant u_{Imax}$。但为了减小量化误差,$V_{REF}$ 也不能取得过大,一般应等于或略大于 u_{Imax}。而一旦 V_{REF} 确定之后,输入电压的最大值就不允许超过它。

二、A/D 转换器的工作原理

A/D 转换器的种类很多,具体分类如图 5 - 13 所示。

图 5 - 13　A/D 转换器的分类

直接转换型 ADC 可将模拟信号直接转换为数字信号,这类 ADC 的转换速度较快;间接转换型 ADC 先将模拟信号转换为某一中间量,再将此中间量转换为数字量输出,这类 ADC 的转换速度较慢。

1. 逐次逼近型 A/D 转换器

逐次逼近型 A/D 转换器是一种反馈比较型转换电路,其结构框图如图 5-14 所示,主要包括电压比较器、逐次逼近寄存器、控制逻辑电路和 D/A 转换器。

图 5-14
逐次逼近型 A/D 转换器的结构框图

电路由启动脉冲启动后,在第一个 CP 作用下,控制逻辑电路将逐次逼近寄存器的最高位置成 **1**,使其输出为 **100…0**,经 D/A 转换器转换为相应的模拟电压 u_O 后送至电压比较器与 u_I 进行比较。若 $u_I > u_O$,最高位存 **1**,反之最高位存 **0**;在第二个 CP 到来时,次高位置 **1**,再经 D/A 转换器转换为相应的模拟电压 u_O,由比较器再次比较,然后决定该位存 **1** 或存 **0**;依此类推进行比较,直至最低位为止。这样逐次逼近寄存器中的状态就是 u_I 转化后的输出数字量。

🔒 **例 5-3**　一个 4 位逐次逼近型 A/D 转换器,输入满量程电压为 5 V,现加入的模拟电压 $U_I = 4.60$ V。求:

(1) A/D 转换器输出的数字量是多少?

(2) 转换误差是多少?

解: (1) 第一步:使寄存器的状态为 **1000**,送入 D/A 转换器后的输出模拟电压为

$$U_O = \frac{U_m}{2} = \frac{5}{2} \text{ V} = 2.5 \text{ V}$$

因为 $U_O < U_I$,所以寄存器最高位的 **1** 保留。

第二步:使寄存器的状态为 **1100**,经 D/A 转换后输出的电压为

$$U_O = \left(\frac{1}{2} + \frac{1}{4} \right) U_m = 3.75 \text{ V}$$

因为 $U_O < U_I$,所以寄存器次高位的 **1** 也保留。

第三步:使寄存器的状态为 **1110**,经 D/A 转换后输出的电压为

$$U_O = \left(\frac{1}{2} + \frac{1}{4} + \frac{1}{8} \right) U_m = 4.375 \text{ V}$$

因为 $U_O < U_I$,所以寄存器第三位的 **1** 也保留。

第四步：使寄存器的状态为 **1111**，经 D/A 转换后输出的电压为

$$U_O = \left[\frac{1}{2} + \frac{1}{4} + \frac{1}{8} + \frac{1}{16} \right] U_m \approx 4.69 \text{ V}$$

因为 $U_O > U_I$，所以寄存器最低位的 **1** 去掉，只能为 **0**。

故 A/D 转换器输出的数字量为 **1110**。

(2) 转换误差为

$$(4.60 - 4.375) \text{ V} = 0.225 \text{ V}$$

可见，逐次逼近型 A/D 转换器的转换过程类似于用天平称物体的重量，但是所用的是一种二进制关系的砝码(砝码重量依次减半)。逐次逼近型 A/D 转换器的速度与其位数和 CP 的频率有关，位数越少，CP 的频率越高，转换的速度就越快。这种 A/D 转换器属于中规模集成电路，在低分辨率(小于 12 位)时其转换速度较高、功耗较低、价格便宜，但需要高精度(大于 12 位)转换时，其电路较复杂，造价偏高。

2. 双积分型 A/D 转换器

双积分型 A/D 转换器是一种间接转换型模/数转换器，属于电压–时间 (U–T) 变换型。双积分型 A/D 转换器的原理框图如图 5–15 所示，主要由积分器、过零比较器、时钟控制门、计数器和逻辑控制电路等部分组成。

图 5–15　双积分型 A/D 转换器的原理框图

双积分型 A/D 转换器的特点是用同一积分器先后进行两次积分。第一次是对被测电压 U_I 的定时积分，第二次是对基准电压 U_R 的定值积分，然后对两次积分进行比较，将 U_I 变换成与之成正比的时间间隔 T，并以 T 作为开门时间，对标准时钟脉冲进行计数，从而完成 A/D 转换。因此，这种 A/D 转换器属于 U–T 变换式。

图 5–16 所示为双积分型 A/D 转换器的工作波形图，其工作过程可分为如下三个阶段。

图 5 - 16
双积分型 A/D 转换器的
工作波形图

(1) 准备阶段($t_0 \sim t_1$)

S_1 闭合、S_2 接地,使积分电容 C 完全放电,为采样作准备。

(2) 采样阶段($t_1 \sim t_2$)

这个阶段也叫定时积分阶段。此时,S_1 断开、S_2 将积分器的输入端接输入电压 U_I,积分器对 U_I 定时积分(设正向充电)。经过预置时间 T_1,当计数器计数值为 N_1(常数),即 t_2 时刻,计数器溢出脉冲使逻辑控制电路将 S_2 断开,定时积分结束。此时,积分器输出电压为

$$u_{O1} = -\frac{1}{RC} \int_{t_1}^{t_2} (-U_I) \mathrm{d}t$$

t_2 时刻

$$U_{Om} = \frac{T_1}{RC} U_I (U_I \text{ 为直流电压})$$

可见,积分器的输出电压正比于被测电压 U_I。因为 $t_1 \sim t_2$ 区间是定时积分,T_1 是预先设定的,u_{O1} 的斜率由 U_I 决定,U_I 大,斜度陡,U_{Om} 值则高。当 U_I 减小(如减小为 U_I')时,其顶点下降为 U_{Om}',如图 5 - 16 中的虚线所示。

(3) 比较阶段($t_2 \sim t_3$)

这个阶段也叫定值积分阶段。此时,S_1 仍断开,S_2 连接在与 U_I 极性相反的基准电压 U_R(U_R 为恒定值)处,积分器对 U_R 反向积分。当积分器输出电压下

降为零,即 t_3 时刻,逻辑控制电路控制计数器停止计数。此时,计数器计数值为 N_2,本次 A/D 转换结束。

到 t_3 时刻积分器输出电压 $u_{O2} = 0$,获得的时间间隔为 T_2,在此期间输出电压

$$u_{O2} = U_{Om} + \left[-\frac{1}{RC} \int_{t_2}^{t_3} (+U_R) \mathrm{d}t \right]$$

t_3 时刻

$$u_{O2} = 0 = U_{Om} - \frac{T_2}{RC} U_R$$

由(2)采样阶段的结论,可得

$$\frac{T_1}{RC} U_I = \frac{T_2}{RC} U_R$$

即

$$U_I = \frac{T_2}{T_1} U_R = \frac{U_R}{T_1} T_2$$

计数器在 T_1、T_2 时间间隔内的计数值分别为 N_1、N_2,计数器的时钟脉冲 CP 周期为 T_0,故 $T_1 = N_1 T_0$、$T_2 = N_2 T_0$,则

$$U_I = \frac{U_R}{N_1} N_2$$

即

$$N_2 = \frac{N_1}{U_R} U_I = K U_I$$

式中,K 为 A/D 转换系数(常数)。

可见,计数器记录的脉冲数 N_2 与输入电压 U_I 成正比,N_2 即为 A/D 转换的结果。双积分型 A/D 转换器用较少的精密元器件即可达到较高的测量精度,抗干扰能力强,成本低廉、制造容易。但由于转换一次需要进行两次积分,所以转换时间长,工作速度低,常用于高精度、低速度的场合,如各种数字式仪表大都采用这种 A/D 转换器。

三、A/D 转换器的主要技术指标

1. 分辨率

分辨率是指 A/D 转换器输出数字量的最低位变化一个数码所对应输入模拟量的变化范围。如输入最大模拟量为 15 V,对于 8 位的 A/D 转换器,其分辨率为 15 V$/2^8 \approx 58.59$ mV;而对于 12 位的 A/D 转换器,其分辨率为 15 V$/2^{12} \approx 3.66$ mV。可见,位数越多,分辨最小模拟电压的值越小,分辨率就越高。

2. 相对精度

相对精度是指 A/D 转换器实际输出数字量与理论输出数字量之间的最大差值,通常用最低有效位(LSB)的倍数来表示。如相对精度不大于 $\frac{1}{2}$ LSB,就表示最大相对误差不超过 $\frac{1}{2}$ LSB。

3. 转换速度

转换速度指 A/D 转换器完成一次转换所需的时间。转换速度由 A/D 转换器的类型决定,逐次逼近型 A/D 转换器的转换速度较快,为数十微秒;双积分型 A/D 转换器速度最慢,为数十毫秒。

四、集成 A/D 转换器及其应用

集成 A/D 转换器种类较多,现已生产出的有单片型和混合型,具有很高的技术指标。单片集成 A/D 转换器的型号有 ADC0804、ADC0809、AD7520、CC14433 等,其多数为逐次逼近型。

图片：ADC0804

1. ADC0804 的引脚功能

ADC0804 是采用 CMOS 工艺的 8 位逐次逼近型 A/D 转换器,它具有 20 个引脚,采用双列直插式(DIP)封装,其引脚排列图如图 5 - 17 所示。

各主要引脚功能说明如下。

$\overline{CS}$、$\overline{RD}$、$\overline{WR}$:分别是片选、读、写数字控制输入端,均满足 TTL 低电平有效。当 $\overline{CS}$ 和 $\overline{WR}$ 同时为低电平时,允许 A/D 转换开始工作;$\overline{CS}$、$\overline{RD}$ 用来读取 A/D 转换的结果,当

图 5 - 17
ADC0804 的引脚排列图

它们同时为低电平时,输出 $D_0 \sim D_7$ 各端上出现 8 位并行二进制数码。

$CLKI$、$CLKR$:频率输入/输出端。ADC0804 片内有时钟电路,只要在外部 $CLKI$ 和 $CLKR$ 两端外接一对电阻电容即可产生 A/D 转换所要求的时钟,其振荡频率为 $f_{CLK} \approx \dfrac{1}{1.1RC}$。若采用外部时钟,则外部 f_{CLK} 可从 $CLKI$ 端送入,此时不接 R、C。允许的时钟频率范围为 $100 \sim 1\,460$ kHz。

$\overline{INTR}$:中断请求。转换期间为高电平,等到转换完毕时 $\overline{INTR}$ 会变为低电平,告知其他的处理单元已转换完成,可读取数字数据。

V_{IN+}、V_{IN-}:差动模拟信号输入端。输入电压 $V_{IN} = V_{IN+} - V_{IN-}$,通常使用 V_{IN+} 单端输入,而将 V_{IN-} 端接地。

AGND、DGND:A/D 转换器一般都有这两个引脚。模拟地 AGND 和数

字地 DGND 分别设置引入端,使数字电路的地电流不影响模拟信号回路,以防止寄生耦合造成的干扰。

$V_{REF}/2$:参考电压 $V_{REF}/2$ 可以由外部电路供给,从 $V_{REF}/2$ 端直接送入。$V_{REF}/2$ 端电压值应是输入电压范围的 $1/2$,所以输入电压的范围可以通过调整 $V_{REF}/2$ 引脚处的电压加以改变,转换器的零点无须调整。

2. ADC0804 的工作性能

ADC0804 的性能指标具有以下特点:

① 高阻抗状态输出,输出为三态结构。

② 分辨率:8 位(0~255)。

③ 存取时间:135 μs。

④ 转换时间:100 μs。

⑤ 总误差:1LSB。

⑥ 工作温度:ADC0804C 为 0~70 ℃;ADC0804L 为 - 40~85 ℃。

⑦ 模拟输入电压范围:0~5 V。

⑧ 参考电压:2.5 V。

⑨ 工作电压:5 V。

3. ADC0804 的应用举例

图 5 - 18 是 ADC0804 与微型计算机连接的典型应用电路。图中 4 脚和 19 脚外接 RC 电路与内部时钟电路共同形成电路时钟,其时钟频率为

$$f_{CLK} = \frac{1}{1.1RC} \approx 606\ kHz$$

对应转换时间约为 1.65 μs。

电路的工作过程:计算机给出片选信号($\overline{CS}$ 低电平)及写入信号($\overline{WR}$ 低电平),使 A/D 转换器启动工作,当转换数据完成,转换器的 $\overline{INTR}$ 端向计算

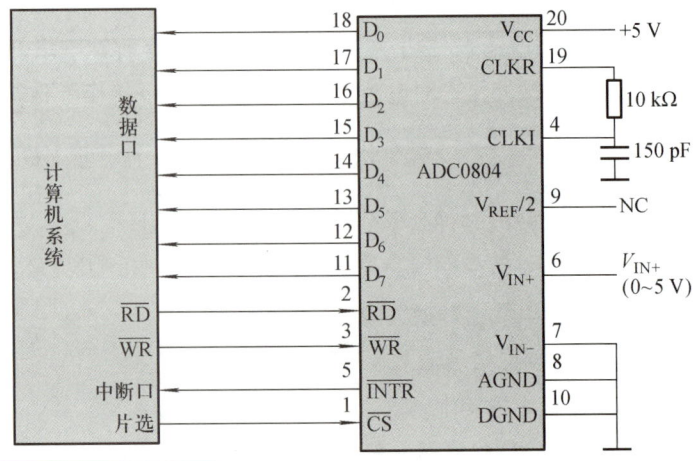

图 5 - 18
ADC0804 与微型计算机连接的典型应用电路

机发出低电平中断信号,计算机接收后发出读信号($\overline{RD}$低电平),则转换后的数据便出现在 $D_0 \sim D_7$ 数据端口上,同时送入到计算机的数据口进行运算处理。

▌ 知识拓展 ▌

双积分型 A/D 转换器 CC14433

CC14433 是采用 CMOS 工艺制成的 $3\frac{1}{2}$ 位双积分型 ADC,仅需外接两个电阻和两个电容就可以组成具有自动调零和自动极性转换的 A/D 转换系统,广泛应用于数字电压表、数字温度计等各种低速数据采集系统中。当 CC14433 用作数字电压表时,有两个基本量程——满刻度 1.999 V 和 199.9 mV。CC14433 是 24 引脚双列直插式封装,其结构框图和引脚排列图如图 5-19 所示,各引脚功能见表 5-1。

(a) 结构框图　　　　(b) 引脚排列图

图 5-19　CC14433 的结构框图和引脚排列图

表 5-1　CC14433 的引脚功能

引脚号	符号	名称	主要功能
1	V_{AG}	模拟地	被测输入电压 V_X 和基准电压 V_{REF} 的参考地
2	V_{REF}	基准电压	外接基准电压:若量程为 1.999 V,V_{REF} = 2 V;若量程为 199.9 mV,V_{REF} = 200 mV

引脚号	符　号	名　称	主　要　功　能
3	V_X	被测输入电压	按量程不同可输入的最大电压分别为 1.999 V 和 199.9 mV
4	R_1	外接积分电阻	当量程为 2 V 时，外接电阻 R_{ext} 取 470 kΩ；当量程为 200 mV 时，R_{ext} 取 27 kΩ
5	R_1/C_1	外接阻容公共端	外接积分电阻和电容（R_{ext}、C_{ext}）的公共连接端
6	C_1	外接积分电容	外接积分电容 C_{ext}，一般取 0.1 μF
7、8	C_{01}、C_{02}	外接补偿电容	补偿电容 C_0 通常取 0.1 μF
9	DU	实时输出控制	主要控制转换结果输出，若将该端与 14 脚（EOC）直接相连，则每一转换周期结果都将被输出
10、11	CP_1、CP_0	时钟输入、输出	在 CP_1 与 CP_0 之间外接电阻 R_{CX} = 470 kΩ，CC14433 可自行产生时钟。若外加时钟，则从 CP_1 输入
12	V_{EE}	负电源	模拟电路负电源，一般取 − 5 V
13	V_{SS}	数字地	除 CP 外所有输入端的低电平基准，通常与 1 脚连接
14	EOC	转换结束标志	高电平有效：每个 A/D 转换周期结束时，EOC 输出一正脉冲，脉宽为时钟周期的 1/2
15	$\overline{OR}$	过量程标志	低电平有效：$|V_X| > V_{REF}$ 时，$\overline{OR}$ 输出低电平；反之，$\overline{OR}$ 输出高电平
16～19	DS_1～DS_4	位选通信号	千位、百位、十位、个位输出位选通信号，高电平有效。4 种选通脉冲均为 18 个时钟周期宽的正脉冲，间隔时间为 2 个时钟周期
20～23	Q_0～Q_3	BCD 码数据输出	A/D 转换结果输出端，为 BCD 码，Q_0 为低位，Q_3 为高位
24	V_{DD}	正电源	工作电压范围为 4.5～8 V 或 9～16 V

位选通信号 DS_1～DS_4 由多路开关输出，在每一次 A/D 转换周期结束时，先输出一个 EOC 信号，再依次输出 DS_1、DS_2、DS_3、DS_4，DS_1、DS_2，… 大约 16 400 个时钟周期循环一次，其时序关系如图 5 − 20 所示。在 DS_1 输出正脉冲期间，$Q_3Q_2Q_1Q_0$ 输出千位数及过量程、欠量程和极性标志，编码见表 5 − 2。在 DS_2、DS_3、DS_4 输出正脉冲期间，$Q_3Q_2Q_1Q_0$ 输出 BCD 码，分别为 DS_2 对应输出百位数，DS_3 对应输出十位数，DS_4 对应输出个位数。

图 5 − 20
位选通信号
DS_1～DS_4 的时序图

表 5-2 $Q_3Q_2Q_1Q_0$ 输出功能编码

DS₁ = 1				意 义	说 明
Q_3	Q_2	Q_1	Q_0		
0	×	×	×	千位数 1	用 Q_3 状态表示千位数取值
1	×	×	×	千位数 0	
×	**1**	×	×	正极性	用 Q_2 状态表示电压极性
×	**0**	×	×	负极性	
×	×	×	**0**	量程合适	用 Q_0 状态表示量程是否合适。在量程不合适时,结合 Q_3 状态表示是过量程还是欠量程
0	×	×	**1**	过量程	
1	×	×	**1**	欠量程	

▏技能训练▏
加法计数器 D/A 转换显示

1. 实训目的

① 复习二进制加法计数器的功能及使用方法。

② 掌握 D/A 转换的基本原理与工作过程。

③ 掌握集成 D/A 转换器 DAC0832 的使用方法。

2. 实训设备与器件

实训设备:数字电路实验箱 1 台;双踪示波器 1 台。

实训器件:DAC0832 1 片;二进制加法计数器 74LS161 1 片;运放 μA741 1 片;1 kΩ、10 kΩ 变阻器各 1 只。

3. 实训原理

将二进制加法计数器的 4 位输出 $Q_3Q_2Q_1Q_0$ 对应接到 DAC0832 的高 4

图 5-21
加法计数器 D/A 转换显示电路

215

位,而低 4 位接地。给计数器加上时钟脉冲,用示波器观察并记录输出电压波形,电路如图 5－21 所示。

4. 实训电路调试

改变输入计数脉冲 CP 的频率,观察输出波形的频率变化。改变 DAC0832 第 8 脚基准电压 V_{REF} 值的大小,观察输出波形幅值的变化。

5. 实训总结

① 整理实训记录的有关波形,写出实训报告。

② 对实训结果进行分析,得出结论。

③ 总结 D/A 转换的体会。

 知识点检测 2

1. A/D 转换的四个基本的步骤为_____、保持、_____、编码。

2. A/D 转换分为_____和_____两种类型。

3. 在 A/D 转换器中,抗干扰能力最强的是_____型。

4. A/D 转换量化过程中,量化级数分得越多,量化误差就_____,同时输出的数字量的位数_____。

应会制作

项目制作　直流数字电压表的装调

1. 项目制作目的

① 掌握 $3\frac{1}{2}$ 位双积分型 A/D 转换器 CC14433 的性能及引脚功能。

② 掌握以 CC14433 为核心构成直流数字电压表的装调制作方法。

③ 进一步掌握典型电子产品制作的工程实践能力。

2. 项目要求

① 设计数字电压表电路,要求自拟元器件清单,画出布线图。

② 根据布线图设计出数字电压表的印制电路板(PCB)。

③ 完成数字电压表电路所需元器件的采购与检测。

④ 完成数字电压表电路的制作、功能检测和故障排除。

⑤ 完成电路的详细分析及编写项目制作报告。

3. 电路的组成及工作原理

数字电压表是将被测模拟量电压转换为数字量,并进行实时数字显示的测试仪表。

采用双积分型 A/D 转换器 CC14433 组成的 $3\frac{1}{2}$ 位数字电压表电路如

图 5-22 所示。其中 CC4511 是 BCD 码锁存七段译码-驱动器、MC1413 是七
路达林顿驱动阵列、MC1403 是精密基准电源,电路采用 LED 显示。

图 5-22　$3\frac{1}{2}$ 位数字电压表电路

$3\frac{1}{2}$ 位显示的含义

$3\frac{1}{2}$ 位是指所能显示的十进制数范围为 0000~1999。所谓的 3 位是指个位、十位、百位,

其数字范围均为 0~9(整位);而所谓的 $\frac{1}{2}$ 位是指千位不能从 0 变化到 9,只能从 0 变到 1,即

二值状态,故称为 $\frac{1}{2}$ 位(半位)。

(1) 电路各部分功能

双积分型 A/D 转换器:将输入的模拟电压信号转换成数字信号。

精密基准电源:提供精密电压,作为 A/D 转换器的参考电压。

七段译码-驱动器:将二-十进制(8421BCD)码转换成驱动 LED 显示的七
段信号。

显示器:将译码器输出的七段信号进行数字显示,读出 A/D 转换结果。

电路中所用主要元器件的型号、功能见表 5-3。

表 5-3　数字电压表的主要元器件

序号	型号	引脚排列	器件功能
1	CC14433	详见本项目的"知识拓展"	详见本项目的"知识拓展"
2	CC4511		LE 为锁存允许控制端。当 $LE=0$ 时,锁存器直通,译码器输出 $a\sim g$ 随输入 $D\sim A$ 变化;当 $LE=1$ 时,锁存器锁定,输出端保持不变。BI 为熄灭控制端,当 $\overline{BI}=0$ 时,$a\sim g$ 全为 0,因此正常工作时,应使 $BI=1$。LT 为试灯端,低电平有效。 CC4511 使用时应注意输出端不允许短路,输出端需外接限流电阻
3	MC1403		A/D 转换需要外接基准电源作为参考电压,基准电源的精度应高于 A/D 转换的精度。MC1403 的输出为 2.5 V,当输入电压在 4.5～15 V 范围内变化时,输出电压的变化不超过 3 mV,输出最大电流为 10 mA
4	MC1413		MC1413 采用 NPN 达林顿复合晶体管结构,具有很高的电流增益和输入阻抗,可直接接收 MOS 或 CMOS 集成电路的输出信号,并把电压信号转换成足够大的电流信号以驱动各种负载。MC1413 内含有 7 个集电极开路反相器(也称 OC 门),共有 16 个引脚,每一驱动器输出端均接有一释放电感负载能量的抑制二极管

(2) 工作原理

被测电压 U_X 经 A/D 转换后以动态扫描形式输出,数字量输出端 $Q_3Q_2Q_1Q_0$ 上的数字信号(8421BCD 码)按照时间先后顺序输出。位选通信号 DS_1、DS_2、DS_3、DS_4 通过 MC1413 分别控制着千位、百位、十位和个位上的 4 只 LED 数码管的公共阴极。数字信号经七段译码-驱动器 CC4511 译码后,驱动 4 只 LED 数码管的各段阳极,这样就把 A/D 转换器按时间顺序输出的数据用扫描的方式在 4 只数码管上依次显示出来。由于选通的重复频率较高,工作时从高位到低位以每位每次约 300 μs 的速率循环显示,即一个 4 位数的显示周期是 1.2 ms,因此人眼可以清晰地看到 4 位数码管同时显示 3 $\frac{1}{2}$ 位的十进制数字量。

当参考电压 V_{REF} = 2 V 时,满量程显示为 1.999 V;当 V_{REF} = 200 mV 时,满量程显示为 199.9 mV。可通过选择开关经限流电阻实现对千位和十位数码管的小数点显示的控制。

最高位(千位)显示时仅驱动 LED 数码管的 b、c 段,所以千位只显示 1 或不显示;用千位的 g 段来显示电压的负值(正值不显示),可由 CC14433 的 Q_2 端通过晶体管 9013 来控制 g 段。

4. 电路的安装与调试

自行设计出安装布线图,再用 CAD 软件设计出 PCB 图,然后制作印制电路板,用常规工艺安装、焊接好电路,对各部分进行调试。

(1) 基准电源的调试

用数字万用表检查 MC1403 的输出 2 脚是否为 2.5 V,然后调整 10 kΩ 电位器,使其输出电压 V_{REF} 为 2.0 V。调整结束后,去掉电源线。

(2) 显示部分的组装调试

① 将 4 个数码管相同字段($a\sim g$)与译码器相应的输出端连在一起,但千位只需将 b、c、g 三字段接入电路中,按图 5-22 所示接好连线。

② 将 CC4511 的输入端 D、C、B、A 分别接至拨码开关的 4 个输出插口处,再将 MC1413 的 1、2、3、4 脚接至逻辑开关的输出插口上。

③ 将 MC1413 的 2 脚(百位)置 **1**,1、3、4 脚置 **0**,使拨码开关按 0~9(8421码)规律变化,观察百位的数码管是否按此规律变化;同理可对其他位的数码管进行调试,直到 4 位数码管都正常显示为止。

(3) 功能总调

① 检查自动调零功能。将 CC14433 的输入 U_X 与 V_{AG} 短路(或 U_X 端无信号输入时),LED 数码管应显示 0000。

② 检查超量程溢出功能。调节 U_X 值,当 U_X 为 2 V(或 $|U_X|>V_{REF}$),观察 LED 数码管的显示情况,此时 $\overline{OR}$ 端应为低电平。

③ 检查自动极性转换功能。改变 U_X 的极性,使 U_X = -1.000 V,观察最高位数码管的"-"是否显示。

④ 调整线性度误差。调节电位器,用标准数字电压表(或数字万用表)测量输入电压 U_X,使 U_X = 1.000 V。但此时 4 位 LED 数码管的指示值可能不是 1.000,调整基准电源电压 V_{REF},使指示值与标准值的误差≤±5LSB。

5. 编写项目制作报告

① 绘制出 $3\frac{1}{2}$ 位数字电压表的接线图,列出所用元器件清单。

② 具体说明安装调试过程中遇到的问题及解决方法。

③ 写出本项目制作的心得体会。

6. 项目考核与评价(表 5 - 4)

表 5 - 4　数字电压表电路考核与评价表

考 核 内 容		分数分配	自评	互评	教师评价
电路设计		20分			
元器件识别与测量	CC14433　　5分	20分			
	CC4511　　5分				
	MC1403　　5分				
	MC1413　　5分				
电路实物	元器件布局　　10分	40分			
	焊接质量　　10分				
	功能实现　　20分				
实物演示及工作过程	实物演示　　20分	20分			

知识归纳

1. A/D 和 D/A 转换器集成芯片又可称为 ADC、DAC,它们都是大规模集成芯片,在电子系统中被广泛应用。

2. D/A 转换器可将数字量转换成模拟量,其电路形式按其解码网络结构分为权电阻网络、权电流网络、T 形电阻网络、倒 T 形电阻网络等多种。其中倒 T 形电阻网络应用较广。由于其支路电流流向运放反向端时不存在传输时间,因而具有较高的转换速度。

3. A/D 转换器可将模拟量转换成数字量,按其工作原理可分为直接转换型和间接转换型。直接转换型典型电路有并联比较型、逐次逼近型,特点是工作速度快但精度不高。间接转换型典型电路为双积分型和 U/f 转换型,特点是工作速度较慢,但抗干扰性能较好。

4. 以 DAC0832 和 ADC0804 为例,重点掌握单片集成 DAC 和 ADC 的特性及其使用方法。随着电子技术的不断发展,高精度、高速度的 A/D 和 D/A 转换器集成芯片层出不穷,极大方便了各种应用。

5. 通过 $3\frac{1}{2}$ 位数字电压表的装调训练,进一步熟悉 CC14433 等器件的功能,从而掌握实用电子产品的制作方法,为学习单片机技术、检测技术等打下良好的基础。

 思考与练习5

1. 问答题。

(1) 为什么要将模拟信号转换为数字信号?

(2) 什么是采样-保持电路? 它有什么功能?

(3) D/A 转换器的主要参数有哪些?

2. D/A 转换器的输出电压范围为 0~10 V,当 8 位数字量 **10110110** 输入时,输出电压为多少?

3. 一个 10 位逐次逼近型 A/D 转换器,其最小量化单位电压为 0.005 V。试求:

(1) 基准电压 V_{REF}。

(2) 可转换的最大模拟电压。

(3) 若输入电压 $U_I = 3.568$ V,其转换成的数字量为多少?

4. A/D 转换器输入的模拟电压不大于 10 V,基准电压应为多大? 如转换成 8 位二进制代码,它能分辨的最小模拟电压为多大? 如转换成 16 位二进制代码,它能分辨的最小模拟电压为多大?

5. 一个 8 位逐次逼近型 ADC,满值输入电压为 10 V,时钟脉冲频率为 2.5 MHz,试求:

(1) 转换时间为多少?

(2) $U_i = 3.4$ V 时,输出数字量为多少?

(3) $U_i = 8.3$ V 时,输出数字量为多少?

文本:思考与练习5参考答案

项目 大规模数字集成器件及其应用

 项目剖析

在当前的信息技术时代,数字电路的应用极其广泛,从而产生了专用集成电路 ASIC(application specific integrated circuits)。ASIC 的提出和发展说明集成电路进入了一个新阶段,半导体厂商制作的通用的、标准的集成电路已不能完全适应电子系统的急剧变化和更新换代。因此,电子设计师们更愿意自己设计出 ASIC 芯片,而且希望设计周期尽可能短,最好是在实验室里用计算机就能设计出符合要求的芯片,并立即投入使用。针对这类需求,出现了大规模数字集成器件——复杂可编程逻辑器件(CPLD)和现场可编程门阵列(FPGA)。图 6-1 是一个以 Altera 公司可编程逻辑器件为核心的数字电子系统电路板。

图 6-1 数字电子系统电路板

本项目要完成以下三个学习任务:

任务 1 认识半导体存储器

任务 2 学习可编程逻辑器件

任务 3 EDA 技术与 VHDL 设计

 学习目标

通过本项目的学习,应达到以下目标:

① 了解存储器的基本结构、工作原理和简单应用。

② 了解可编程逻辑器件的基本结构和简单应用。

③ 初步掌握用 VHDL 语言进行数字电路的 EDA 设计。

应知理论

任务1　认识半导体存储器

任务目标

① 了解半导体存储器的分类、结构、原理。

② 掌握存储器存储容量的扩展方法。

③ 熟悉用存储器实现组合逻辑电路。

一、半导体存储器的概念

半导体存储器是用来存储一系列二进制数码的器件,常作为计算机的内存储器来存放系统程序和数据,此外,也可用来构成组合逻辑电路。

半导体存储器可分为**随机存取存储器**(random access memory,RAM)和**只读存储器**(read-only memory,ROM)两大类,具体分类如图6-2所示。

文本:存储器的应用

图6-2
半导体存储器的分类

一般情况下,SRAM的工作速度优于DRAM,而DRAM的工作速度优于ROM。

二、随机存取存储器(RAM)

RAM也称为读/写存储器,它既能方便地读出所存的数据,又能随时写入新的数据。RAM的缺点是数据的易失性,即一旦掉电,所存数据就全部丢失。

1. RAM 的结构原理

如图6-3所示为RAM的一般结构形式,图中有三大类总线,即地址总线

(AB)、数据总线(DB)和控制总线(CB)。其中地址输入线有 n 条,经过地址译码器译码输出的线称为**字线**,有 W_0、W_1、W_1、$\cdots$、W_{2^n-1} 共 2^n 条字线(即有 2^n 个最小项)。每条字线只能选通存储矩阵中的一个存储单元,故存储矩阵中共有 2^n 个存储单元,每个存储单元也叫一个"**字**",它由 M 个可以存放 1 位二进制信息(**0** 或 **1**)的基本存储电路组成,一个存储单元所含有的基本存储电路的个数(也即能存放的二进制数的位数)称为存储器的"**字长**"。如通常所说的 16 位机(或 32 位机)指的就是它的字长 $M=16$(或 32)。

图 6 - 3 RAM 的一般结构形式

可以看出,对于有 n 位地址和 M 位字长的存储器来说,其**存储容量**可以表示为

$$存储容量 = N \text{ 个字} \times M \text{ 位} = 2^n \times M$$

即存储容量为 $2^n \times M$ 二进制位数码。

(1) 工作原理

n 位地址经译码后,每次仅有 2^n 条字线中的一条有效,这条有效字线选中存储矩阵中对应的一个存储单元(一个字),通过 M 位数据总线 $D_0D_1\cdots D_{M-1}$ 对该存储单元进行读出数据或写入新数据的操作。

RAM 受外界片选信号 CS 和读/写信号 $R/\overline{W}$ 的控制,因此把 CS 和 $R/\overline{W}$ 统称为控制总线。当 $CS=\mathbf{1}$ 时,若 $R/\overline{W}=\mathbf{1}$,电路执行读出操作;若 $R/\overline{W}=\mathbf{0}$,电路执行写入操作。当 $CS=\mathbf{0}$ 时,读/写控制器不工作,数据总线呈高阻状态,即此时该片 RAM 被禁止读/写操作,使得它让出整机的数据总线以便对其他的 RAM 进行操作。

(2) RAM 的改进

在计算内存容量时,常把 $2^{10} \text{ b} = 1\,024 \text{ b}$ 简称为 1 K。对于一个内存为 64

注意:

有些集成 RAM 电路中用 $\overline{CS}$ 表示片选信号,即该端为 **0** 有效。

K 的计算机来说,若字长 $M = 16$ 位,根据存储容量公式可得

$$存储容量 = 64\,K = 64 \times 2^{10} = 2^n \times 16$$

可求出 $n = 12$,即该机有 12 条地址输入线,这时由地址译码器译出的字线数 $N = 2^{12} = 4\,096$,这么复杂的地址译码器不可能实现。为此,计算机常采用的地址译码器由行线译码器和列线译码器组成,如图 6-4 所示,只有被行和列同时选中的存储单元才能被进行读/写操作。

图 6-4　采用行、列分别译码的 RAM 结构

同样是 12 条地址输入线,若采用行、列分别译码,则总的字线条数仅有 $(2^6 + 2^6)$ 条 $= (64 + 64)$ 条 $= 128$ 条,大大简化了 RAM 的结构。因此,计算机内存大都采用图 6-4 所示的结构。

> 👁 **注意:**
>
> 无论是图 6-3 还是图 6-4,这两种 RAM 存储容量的计算公式是相同的。

🔒 **例 6-1**　有 16 条地址总线和 16 条数据总线的 RAM,其存储容量是多少位?

解: 因为 $n = 16$, $M = 16$, 故

$$存储容量 = 2^{16} \times 16 = 2^{16} \times 2^4 = 2^{20} = 2^{10} \times 2^{10} = 2^{10}\,K$$

按通常的说法,它的存储容量为 1 024 K 位或 1 M 位。

互动测试:U 盘的容量大小

知识拓展

数字产品的存储容量

计算机内存、U 盘等数字产品存储容量的基本单位是字节,用 B 表示。一般用 KB(千字节)、MB(兆字节)或 GB(吉字节)作为存储容量的计算单位,它们之间的关系为 1 KB $= 2^{10}$ B,1 MB $= 2^{10}$ KB,1 GB $= 2^{10}$ MB。

例如:学校机房服务器的硬盘存储容量为 40 GB,它相当于多少 KB? 如果 1 MB 大约可以存储 50 万汉字,平均每本书有 20 万字,学校机房服务器总共可以存储多少本书?

解答:40 GB $= 40 \times 1\,024 \times 1\,024$ KB $= 41\,943\,040$ KB。1 MB 可以存储 50 万汉字,平均一本书 20 万字,因此 1 MB 可以存储 2.5 本书。40 GB $= 40 \times 1\,024$ MB $= 40\,960$ MB,则可存储 $40\,960 \times 2.5 = 102\,400$ 本书。

2. 常用 RAM 举例——2114

2114 静态 RAM 是一个通用的 MOS 集成静态存储器(SRAM)，它由 4 096(1 024×4)个存储单元组成。如图 6‑5 所示是其逻辑符号和引脚排列图。

图 6‑5　2114 的逻辑符号和引脚排列图　　　(a) 逻辑符号　　　　　　　　(b) 引脚排列图

RAM 2114 有 10 根地址线，可访问 1 024(2^{10})个字。RAM 2114 电源电压为 + 5 V，采用 NMOS 技术，三态输出，时间是 50～450 ns。

3. RAM 容量的扩展

在实际应用中，经常需要大容量的 RAM。当单片 RAM 的容量不能满足要求时，就需要将多片 RAM 组合起来进行扩展，从而构成存储器系统(也称存储体)。

(1) 位扩展

如图 6‑6 所示是用两片 RAM 2114[1 024(1 K)×4 位]扩展成 8 位字长的存储器，就是在大多数微机中所说的 1 KB 存储器，或者叫作 1 024 字节(每个字节长 8 位)。具体做法：将 RAM 的地址线、读出线和片选信号线对应地并接在一起，而各个芯片的输入/输出(I/O)线作为字的各个位线。

图 6‑6
两片 RAM 2114 扩展成 1K×8 位 RAM

（2）字扩展

字数的扩展可以通过外加译码器控制芯片的片选输入端来实现。如图 6-7 所示，高位地址码 $A_{12}A_{11}A_{10}$ 经译码器 74LS138 的 8 个输出端分别控制 8 片 1K×4 位 RAM 的片选端 $\overline{CS}$，从而将 8 片 1K×4 位 RAM 扩展成 8K×4 位 RAM。

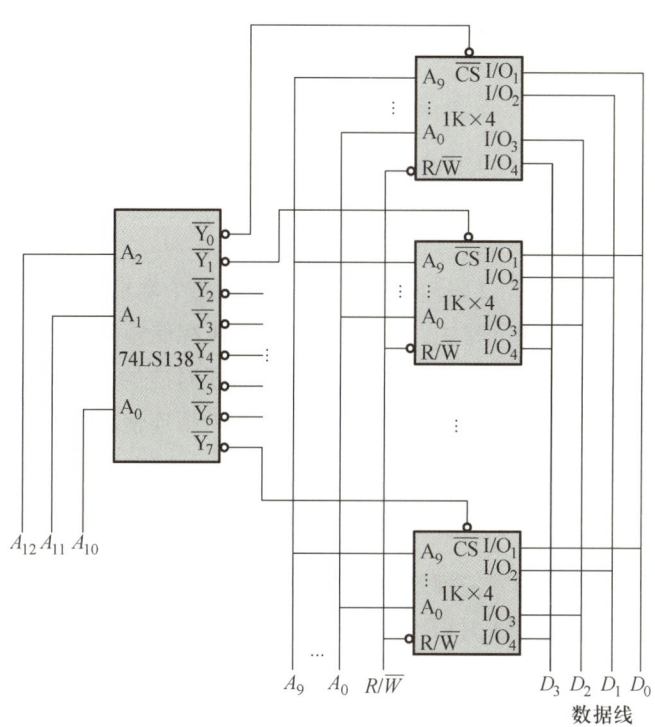

图 6-7
1K×4 位 RAM 扩展成
8K×4 位 RAM

如果需要，还可以采用位与字同时扩展的方法来扩大 RAM 的容量。

三、只读存储器（ROM）

顾名思义，只读存储器工作时其内容只能读出，不可写入，常用于存储数字系统及计算机中不需改写的数据。例如，数据转换表及计算机操作系统程序等。ROM 存储的数据不会因断电而改变或消失，即具有非易失性。

1. ROM 的种类

ROM 一般需由专门装置写入数据。按照数据写入方式的不同，ROM 可分为以下几种。

（1）固定 ROM

固定 ROM 又称为掩模 ROM，这种 ROM 在厂家制造时利用掩模技术直接把数据写入到存储器中。ROM 制成后，其存储的数据就固定不变了，用户无法对它进行修改。

227

如图 6-8 所示为二极管掩模 ROM 的结构。

图 6-8　二极管掩模 ROM 的结构

图 6-8 中采用一个 2 线-4 线地址译码器将两个地址码 A_0、A_1 译成四个地址 $W_0 \sim W_3$。存储单元是由二极管组成的 4×4 存储矩阵,其中 **1** 或 **0** 代码是用二极管的有无来设置的。即当译码器输出所对应的 W(字线)为高电平时,在线上的二极管导通,将相应的 D(位线)与 W 相连使 D 为 **1**,无二极管的 D 为 **0**。如图中所存的信息为:

$$W_0 \quad \textbf{0101}; W_1 \quad \textbf{1110}; W_2 \quad \textbf{0011}; W_3 \quad \textbf{1010}$$

掩模 ROM 除二极管掩模外,还有 TTLROM 和 MOSROM 等形式。

(2) 一次可编程 ROM(PROM)

PROM 在出厂时,存储内容全为 **1**(或全为 **0**),用户可根据需要,利用编程器将某些单元改写成 **0**(或 **1**)。PROM 一旦进行了编程,就不能再修改了。

(3) 光擦除可编程 ROM(EPROM)

EPROM 是采用浮栅技术的可编程存储器,信息的存储是通过 N 沟道 MOS 管浮栅上的电荷分布来决定的,编程过程实际上是一个电荷注入的过程。编程结束后,尽管撤掉了电源,但是由于其浮栅上的电荷不泄漏,电荷分布维持不变,因此 EPROM 为一个非易失性存储器件。

图 6-9 是一个典型 24 引脚的 EPROM 存储器芯片,其顶部具有一个特设的石英窗口。如果要对 EPROM 重复使用或重复编程,可用外部能源(如紫外线光源)通过窗口加到 EPROM 上面,使聚集在浮栅上的电荷在紫外线照射下形成光电流被泄漏掉,电路恢复到初始状态,从而擦除了所有原来写入的信息,之后 EPROM 就可以写入新的信息。

(4) 电擦除可编程 ROM(E²PROM)

E²PROM 也是采用浮栅技术的可编程存储器,但是构成其存储单元的是隧道

图片:EPROM

图 6-9　EPROM 存储器芯片

石英窗口

MOS 管。与 NMOS 管不同的是隧道 MOS 管是用电擦除的,并且速度要快得多(一般为 ms 级)。

E²PROM 的电擦除过程就是改写过程,它可以随时改写(重复擦写 1 万次以上)。目前,大多数 E²PROM 芯片内部都具备升压电路,只需提供单电源即可进行读、擦除/写操作,极大地方便了数字系统设计和在线调试。

(5) 快闪存储器(简称闪存)

快闪存储器是一种长寿命的非易失性存储器,是 E²PROM 的变种,其数据删除不是以单个的字节为单位而是以固定的区块为单位,这样快闪存储器就比 E²PROM 的更新速度快。由于其断电时仍能保存数据,快闪存储器通常被用来保存设置信息,如在计算机的 BIOS(基本输入输出程序)、PDA(个人数字助理)、数码相机中保存资料等。

图片:内存

2. ROM 的结构原理

(1) ROM 的内部结构

与 RAM 相似,ROM 也主要由地址译码器和存储矩阵组成,只是省去了读/写控制器。这是因为只读存储器中的信息一旦写入,在正常工作时就只能读出而不能写入了,断电后信息也能保持,因而将 RAM 中的读/写控制器改为三态缓冲器即是 ROM 的典型结构,如图 6-10 所示。

图 6-10
ROM 的典型结构

(2) ROM 的基本工作原理

以图 6-8 所示的二极管掩模 ROM 为例,其中与门阵列构成译码器,或门阵列构成存储矩阵,其存储容量为 $4\times4=16$ 位。

① 输出信号表达式。与门阵列输出表达式为

$$W_0 = \overline{A_1}\,\overline{A_0}, \ W_1 = \overline{A_1}A_0, \ W_2 = A_1\,\overline{A_0}, \ W_3 = A_1A_0$$

或门阵列输出表达式为

$$D_0 = W_0 + W_2, \ D_1 = W_1 + W_2 + W_3,$$
$$D_2 = W_0 + W_1, \ D_3 = W_1 + W_3$$

② ROM 的功能表。综上分析,可得出 ROM 的功能表,见表 6-1。

表 6-1 ROM 的功能表

地 址		输 出 数 据				说 明
A_1	A_0	D_3	D_2	D_1	D_0	存储单元
0	0	0	1	0	1	1
0	1	1	1	1	0	2
1	0	0	0	1	1	3
1	1	1	0	1	0	4

③ 功能说明。从存储器角度看，$A_1 A_0$ 是地址码，$D_3 D_2 D_1 D_0$ 是数据。表 6-1 说明：在 **00** 地址中存放的数据是 **0101**；**01** 地址中存放的数据是 **1110**；**10** 地址中存放的数据是 **0011**；**11** 地址中存放的数据是 **1010**。

从函数发生器角度看，$A_1 A_0$ 是两个输入变量，$D_3 D_2 D_1 D_0$ 是 4 个输出函数。表 6-1 说明：当变量 A_1、A_0 取值为 **00** 时，函数 $D_3 = 0$、$D_2 = 1$、$D_1 = 0$、$D_0 = 1$；当变量 A_1、A_0 取值为 **01** 时，函数 $D_3 = 1$、$D_2 = 1$、$D_1 = 1$、$D_0 = 0$……

从译码编码角度看，与门阵列先对输入 $A_1 A_0$ 进行译码，得到 4 个输出信号 W_0、W_1、W_2、W_3；再由或门阵列对 $W_0 \sim W_3$ 四个信号进行编码。表 6-1 说明：W_0 的编码是 **0101**；W_1 的编码是 **1110**；W_2 的编码是 **0011**；W_3 的编码是 **1010**。

知识链接

ROM 的与或阵列图

为进一步简化分析，可将图 6-8 中字线与地址线的交叉处以及字线和位线的交叉处（即功能表 6-1 中的 **1**）的二极管用小黑点代替，无二极管的交叉处不加小黑点，在此规定下，图 6-8 可用图 6-11 的简化图（即符号矩阵）画出，该图也称为 ROM 的**与或**阵列图。

图 6-11 ROM 的与或阵列图

从图 6-11 可以看出，**与**阵列横线上的两个小黑点表示与其交叉的两条竖线变量是相**与**的关系。例如**与**阵列第一条横线的两个小黑点对应的两条竖线分别为 $\overline{A_1}$ 和 $\overline{A_0}$，所以相**与**的结果为 $W_0 = \overline{A_1}\,\overline{A_0}$，即对应的横线为最上边的字线。

在**或**阵列中，每根竖线上的小黑点之间为相**或**的关系，该线上的每一个小黑点都分别对应左边**与**阵列的一个**与**项。

3. ROM 在组合电路中的应用

ROM 的主要用途是存放各种数学函数表和一些固化程序等，工厂根据用户提供的有关**与或**阵列图，便可进行大批量生产。除此之外，根据 ROM 的字线实际上包含了所有输入地址变量的最小项以及任何组合逻辑电路也都可以表示为最小项的和这一事实,完全可以用 ROM 设计出任意组合电路。

🔒 **例 6 - 2** 某组合电路,要求输入变量为 4 位二进制数,试用 ROM 设计出输出为格雷码的组合电路。

解: 4 位二进制数转换成格雷码的真值表见表 6 - 2。

表 6 - 2　4 位二进制数转换成格雷码的真值表

二 进 制 数				格 雷 码				二 进 制 数				格 雷 码			
B_3	B_2	B_1	B_0	G_3	G_2	G_1	G_0	B_3	B_2	B_1	B_0	G_3	G_2	G_1	G_0
0	0	0	0	0	0	0	0	1	0	0	0	1	1	0	0
0	0	0	1	0	0	0	1	1	0	0	1	1	1	0	1
0	0	1	0	0	0	1	1	1	0	1	0	1	1	1	1
0	0	1	1	0	0	1	0	1	0	1	1	1	1	1	0
0	1	0	0	0	1	1	0	1	1	0	0	1	0	1	0
0	1	0	1	0	1	1	1	1	1	0	1	1	0	1	1
0	1	1	0	0	1	0	1	1	1	1	0	1	0	0	1
0	1	1	1	0	1	0	0	1	1	1	1	1	0	0	0

由表 6 - 2 中可以看出,各位格雷码的最小项表达式为

$$G_3 = \sum (m_8, m_9, m_{10}, m_{11}, m_{12}, m_{13}, m_{14}, m_{15})$$

$$G_2 = \sum (m_4, m_5, m_6, m_7, m_8, m_9, m_{10}, m_{11})$$

$$G_1 = \sum (m_2, m_3, m_4, m_5, m_{10}, m_{11}, m_{12}, m_{13})$$

$$G_0 = \sum (m_1, m_2, m_5, m_6, m_9, m_{10}, m_{13}, m_{14})$$

只要画出**与**阵列后,在**或**阵列相应最小项上打点即可得出如图 6 - 12 所示

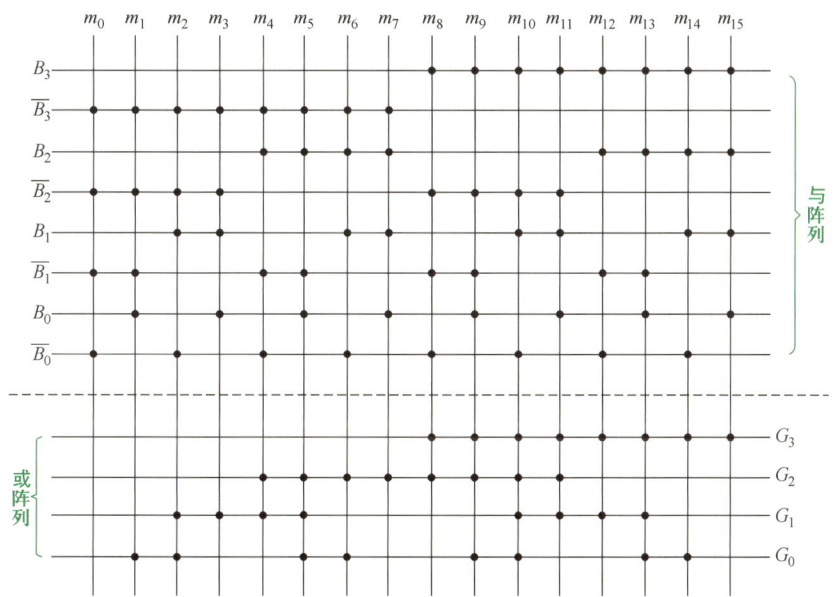

图 6 - 12
4 位二进制数转换成
格雷码的 ROM 阵列图

图 6‑13
EPROM 2764 的
引脚排列图

的 ROM 阵列图。

4. 常用 EPROM 举例——2764

2764 是 8K×8 字节的紫外线擦除、电可编程只读存储器,单一 +5 V 供电,工作电流为 75 mA,维持电流为 35 mA,读出时间最大为 250 ns,28 脚双列直插式封装,如图 6‑13 所示。

（1）2764 各引脚的含义

$A_0 \sim A_{12}$ 为 13 根地址线,可寻址 8K 字节;

$D_0 \sim D_7$ 为 8 根数据输出线;

$\overline{CE}$ 为片选端;

$\overline{OE}$ 为数据输出使能端;

$\overline{PGM}$ 为编程脉冲输入端;

V_{PP} 是编程电源;

V_{CC} 是主电源。

（2）2764 的工作原理

在正常使用时,$V_{CC} = V_{PP} = +5$ V,$\overline{PGM}$引脚接高电平,数据由数据总线输出。在进行编程时,$\overline{PGM}$ 引脚接低电平,V_{PP} 引脚接编程电平 +25 V,数据由数据总线输入。

当 $\overline{OE} = 0$ 时,输出端使能;当 $\overline{OE} = 1$ 时,输出被禁止,ROM 数据输出端为高阻态。

当 $\overline{CE} = 0$ 时,ROM 工作;当 $\overline{CE} = 1$ 时,ROM 停止工作,且输出为高阻态(无论 $\overline{OE}$ 为何值)。ROM 输出能否被使能取决于 $\overline{CE} + \overline{OE}$ 的结果:当 $\overline{CE} + \overline{OE} = 0$ 时,ROM 输出使能,否则将被禁止,输出为高阻态。另外,当 $\overline{CE} = 1$ 时,还会停止对 ROM 内部译码器等电路的供电,其功耗降低到正常工作时的 10% 以下,这样会使系统中 ROM 芯片的总功耗大大降低。

5. ROM 容量的扩展

（1）位扩展

如图 6‑14 所示是将两片 2764 扩展成 8K×16 位 EPROM 的连线图。

图 6‑14
将两片 2764 扩展成 8K×16 位
EPROM 的连线图

（2）字扩展

如图 6 - 15 所示是将 8 片 2764 扩展成 64K×8 位 EPROM 的连线图。

图 6 - 15
将 8 片 2764 扩展成 64K×8 位
EPROM 的连线图

知识点检测 1

1. 半导体存储器按存取方式可分为＿＿＿＿＿＿＿和＿＿＿＿＿＿＿两大类型。

2. 一个 6 位地址码,8 位输出的 ROM,其存储矩阵的容量为＿＿＿＿＿＿＿＿＿＿＿＿＿＿＿。

3. RAM 的特点是＿＿＿＿＿＿＿＿＿＿＿＿＿＿＿＿＿＿＿＿＿＿；ROM 的特点是＿＿＿＿＿＿＿＿＿＿＿＿＿＿＿＿＿＿＿＿＿＿。

4. EPROM 器件在使用时,需用不干胶纸将其上方的窗口密封,是因为光线中含有＿＿＿＿＿＿＿成分。

5. EPROM 27256 芯片的容量是 32K × 8 位,它有＿＿＿＿根地址线,＿＿＿＿根数据线。

任务 2　学习可编程逻辑器件

任务目标

① 了解可编程逻辑器件的特点、分类、基本结构。

② 熟悉可编程逻辑器件的性能。

一、可编程逻辑器件的基本知识

1. 可编程逻辑器件的概念与特点

可编程逻辑器件(programmable logic device,PLD)是 20 世纪后期发展起来的新型逻辑器件,它通过编程来确定器件的功能,其特点如下:

(1) 可用计算机进行数字电路(系统)的设计和测试。

设计成功的电路可方便地下载到 PLD 中,从而使产品的研制周期缩短、成本降低、效率提高。

(2) 以 PLD 为核心的电路功能修改方便。

这种修改通过对 PLD 重新编程来实现,但不影响其外围电路,因此更易于产品的维护、更新。PLD 使硬件也能像软件一样实现升级,因而是硬件的革命。

(3) PLD 集成规模大。

较复杂的数字系统用 1 片或几片 PLD 即可实现,因此应用 PLD 生产的产品具有体积小、重量轻、性能可靠等优点。此外,PLD 还具有硬件加密功能。

(4) 应用 PLD 设计电路时,需选择合适的软件。

2. PLD 的基本结构

PLD 的基本结构框图如图 6‐16 所示。

① 输入缓冲电路:用来产生输入信号的原变量和反变量,提供足够的驱动能力。

② 与阵列:由多个多输入与门组成,用以产生输入变量的各乘积项。

③ 或阵列:由多个多输入或门组成,用以产生或项,即将输入的某些乘积项相加。

④ 输出电路:PLD 的输出回路因器件的不同而有所不同,但总体可分为固定输出和可组态输出两大类。

图 6‐16　PLD 的基本结构框图

3. PLD 的表示方法

(1) 连接方式

图 6‐17 所示为 PLD 中阵列交叉点上三种连接方式的表示法。其中,交叉处为"·"的表示纵横两线为固定连接,不能"编程"使其断开;交叉处为"×"的表示该处为可编程连接,即可通过"编程"使其断开;交叉处无任何符号的表

图 6‑17　PLD 中阵列交叉点上三种连接方式的表示法

(a) 固定连接　　(b) 可编程连接　　(c) 不连接

示纵横两线不连接。

(2) 逻辑门的表示方式

与普通数字电路的习惯表示方法不同,PLD 中门电路和缓冲器的表示方式如图 6‑18 所示。

(a) 与门　　　　　　　　　　　(b) 或门

(c) 互补输出缓冲器　　　　(d) 三态输出缓冲器

图 6‑18　PLD 中门电路和缓冲器的表示方式

(3) PLD 电路表示法

在一些 PLD 中,**与**阵列是通过编程完成的,而**或**阵列是固定的。图 6‑19 是这种 PLD 的电路表示法,它完成的逻辑功能如下:

$$Y_1 = AB + \overline{A}\,\overline{B} \rightarrow 同或逻辑$$

$$Y_2 = \overline{A}B + A\overline{B} \rightarrow 异或逻辑$$

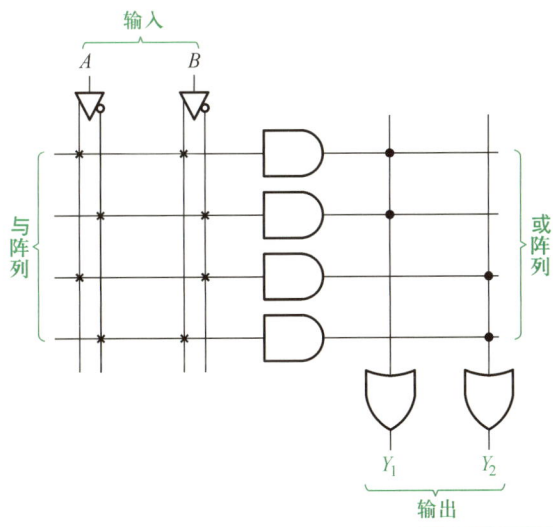

图 6‑19　PLD 的电路表示法

二、可编程逻辑器件的分类和性能

1. PLD 的类型

(1) 按编程情况不同分类(表 6 - 3)

表 6 - 3　PLD 内部可编程情况

类　　型	与阵列	或阵列	输出电路
PROM(即可编程 ROM)	固　定	可编程	固　定
PLA(即 Programmable Logic Array,可编程逻辑阵列)	可编程	可编程	固　定
PAL(即 Programmable Array Logic,可编程阵列逻辑)	可编程	固　定	固　定
GAL(即 Generic Array Logic,通用阵列逻辑)	可编程	固　定	可组态

(2) 按集成度分类

PLD 按集成密度有低密度 PLD 和高密度 PLD 之分。PROM、PLA、PAL、GAL 均属低密度 PLD。高密度 PLD(high density PLD,HDPLD)集成度高、容量大,实现逻辑控制的能力强,主要包括复杂可编程逻辑器件(complex programmable logic device, CPLD)和现场可编程门阵列(field programmable gate array,FPGA)两大类,如图 6 - 20 所示。

图 6 - 20
可编程逻辑器件按集成度分类

(3) 按编程方式分类

PLD 按编程方式可分为在系统可编程逻辑器件和普通 PLD。

① 在系统可编程逻辑器件 ISPPLD(in-system programmable PLD)。ISPPLD 不需要专用编程器,可以在工作现场或者生产线上,经串口直接对系统进行现场升级,极大地方便了电路的设计、调试、检修等工作,因此得到越来越广泛的应用。

② 普通 PLD:一般的 PLD 需要使用编程器进行编程。

2. PLD 的功能介绍

(1) 低密度 PLD

低密度 PLD 是可编程逻辑器件的早期产品,尽管今天用得不多,但是它为超大规模 ASIC 的发展奠定了基础。

① 可编程只读存储器 PROM：它是 20 世纪 70 年代初期出现的第一代 PLD，采用熔丝工艺编程，只能写一次，具有价格低、易编程的特点，适于存储函数和数据表格。

② 可编程逻辑阵列 PLA：它是 20 世纪 70 年代中期推出的一种基于"与-或阵列"的一次性编程器件，只能用于组合逻辑电路的设计。PLA 的资源利用率较低，现已基本不用。

③ 可编程阵列逻辑 PAL：它是 20 世纪 70 年代末期由 AMD 公司率先推出的，PAL 由可编程与阵列、固定或阵列和输出电路三部分组成，适于各种组合和时序逻辑电路的设计，但它也是一次性编程器件。

④ 通用阵列逻辑 GAL：它是在 PAL 基础之上，由 Lattice 公司在 20 世纪 80 年代初期推出的。GAL 在结构上采用了可编程逻辑宏单元 (output logic macro cell，OLMC) 的形式，在工艺上吸收了 E^2PROM 的浮栅技术，从而使其具有电可擦写、可重复编程、数据能长期保存和可设置加密等特点。常见的 GAL 器件型号为 GAL16 V8 和 GAL20 V8。

上面介绍的这些简单的低密度 PLD 器件目前基本上只有 GAL 还在应用，但限于集成度，它也只能用在中小数字逻辑器件方面。

(2) 高密度 PLD

现在的 PLD 以大规模、超大规模集成电路工艺制造的 CPLD、FPGA 为主，它实际上就是一个子系统，可以替代几十甚至几千块通用 IC 芯片。比较典型的器件是 Altera 公司和 Xilinx 公司生产的 CPLD 系列和 FPGA 系列，它们占有全球 60% 的市场份额。

① 复杂可编程逻辑器件 CPLD：它是 20 世纪 80 年代末期由 GAL 发展而来的，采用了 E^2PROM、FLASH 和 SRAM 等编程技术，从而构成了高密度、高速度和低功耗的可编程逻辑器件。CPLD 的主体仍是与-或阵列，因而称之为阵列型 HDPLD。典型的 CPLD 器件有 Altera 公司的 MAX7000 和 MAX9000 系列、Xilinx 公司的 7000 和 9000 系列。

② 现场可编程门阵列 FPGA：它是由若干独立的可编程逻辑模块排列为阵列组成的，通过片内连线将这些模块连接起来实现一定逻辑功能，因而称之为单元型 HDPLD。由于 FPGA 的逻辑功能配置数据存放在片内的 SRAM 上，断电后数据便随之丢失，因此在工作前需要从芯片外的 EPROM 中加载配置数据。

> **知识链接**
>
> ### FLEX 10K 系列器件
>
> FLEX 10K 系列是 Altera 公司于 1998 年推出的 FPGA 主流产品，具有高密度、在线配置、高速度与连续布线结构等特点。它的集成度达到了 10 万门级，而且是在业界首次集成了嵌入式阵列块 (EBA) 的芯片。

所谓 EBA 实际上是一种大规模的 SRAM 资源,可以被方便地设置为 RAM、ROM、FIFO(First In First Out,先入先出数据缓存器)以及双口 RAM 等存储器。EBA 的出现极大地拓展了 PLD 芯片的应用领域。

图片:可编程逻辑器件

(3) CPLD 与 FPGA 的比较

① 结构上的差异:CPLD 的各个逻辑块相互独立,数量从几块到几十块;FPGA 的各个逻辑块相互关联,数量为几百块到几千块。

② 逻辑块的互联:CPLD 属于集中式,FPGA 属于分布式。

③ 使用的方便性:CPLD 采用 E^2PROM,可以断电工作,使用起来更加方便且保密性好;FPGA 采用 SRAM,断电数据即丢失,但可以实现动态重构。

④ 器件的性能:CPLD 属于控制型,适合作接口电路,尤其是用在高速的场合;FPGA 属于数据型,适合作算法电路。

对用户来说,虽然 CPLD 与 FPGA 的结构性能有所不同,但是其开发方法是一样的。由于现在 PLD 开发软件已经发展得相当完善,用户可以不需要深入了解 PLD 的内部结构,利用自己熟悉的开发软件和设计流程就可以完成 PLD 设计。

知识点检测 2

1. PLD 的特点＿＿＿＿＿＿＿＿＿＿＿＿＿＿＿＿＿＿＿＿＿＿＿＿＿＿＿＿＿＿＿＿。

2. PLD 基本结构包括＿＿＿＿＿、＿＿＿＿＿、＿＿＿＿＿、＿＿＿＿＿。

3. PLD 分类:按编程情况不同分为＿＿＿＿＿、＿＿＿＿＿、＿＿＿＿＿、＿＿＿＿＿;按集成度分为＿＿＿＿＿、＿＿＿＿＿;按编程方式分为＿＿＿＿＿、＿＿＿＿＿。

任务 3 EDA 技术与 VHDL 设计

任务目标

① 了解 EDA 技术及相关软件。

② 熟悉可编程逻辑器件的 VHDL 设计。

一、EDA 技术介绍

1. EDA 的概念

EDA(electronic design automation)即**电子设计自动化**。EDA 技术是指

以计算机为工作平台,以 EDA 软件工具为开发环境,以硬件描述语言为设计输入,以 ASIC 芯片为目标器件,以电子系统设计为应用方向的一种新技术手段。

EDA 旨在帮助电子设计工程师在计算机上完成电路的功能设计、逻辑设计、性能分析、时序测试直至 PCB(印制电路板)的自动设计。

与 CAD 软件相比,EDA 软件的自动化程度更高,功能更完善,运行速度更快,而且操作界面友好,有良好的数据开放性和互换性,即不同厂商的 EDA 软件可相互兼容。因此,EDA 技术很快在世界各大公司、企业和科研单位得到了广泛应用,并已成为衡量一个国家电子技术发展水平的重要标志。

2. EDA 技术的基本特征

现代 EDA 技术的基本特征是采用硬件描述语言,具有系统级仿真和综合能力。

(1) 自顶向下的设计方法

传统的电子设计通常为自底向上的方法,即首先确定构成系统的最底层电路元件(或模块)的结构功能,然后根据系统总的功能要求,将其搭接组合成更大的功能模块,直至完成整个系统的设计。可见,自底向上的设计方法自动化程度低,是一种低效、低可靠性、高成本的设计方法。

自顶向下的设计方法首先从系统级设计入手,在顶层进行功能方框图的划分和结构设计;在方框图级进行仿真、纠错,并用硬件描述语言对高层次的系统行为进行描述;在功能级进行验证,然后用逻辑综合优化工具生成具体的门级逻辑电路的网表,最后在物理级实现印制电路板或专用集成电路。这种设计方法有利于在早期发现结构设计中的错误,提高了设计的一次成功率,大大降低了成本,因而在现代 EDA 系统中被广泛采用。

(2) 采用硬件描述语言(HDL)

用硬件描述语言进行电路与系统的设计是当前 EDA 技术的一个重要特征。与传统的原理图输入设计方法相比较,硬件描述语言更适合于规模日益增大的电子系统,它还是进行逻辑综合优化的重要工具。目前最常用的硬件描述语言有 VHDL 和 Verilog HDL,它们都已经成为 IEEE(电气和电子工程师协会)标准。

> **知识链接**
>
> ### 关于 IEEE 标准
>
> 电气和电子工程师协会(Institute of Electrical and Electronics Engineers,简称 IEEE)是一个国际性的电子技术与信息科学工程师的协会,是世界上最大的专业技术组织之一,拥有几十万会员。IEEE 标准已成为世界通用的行业标准。

想一想：

EDA 技术与 CAD 技术的主要区别是什么？

(3) 开放性和标准化

任何一个 EDA 系统只要建立了一个符合标准的开放式框架结构，就可以接纳其他厂商的 EDA 工具一起进行设计工作。这样，框架作为一套使用和配置 EDA 软件包的规范，就可以实现各种 EDA 工具间的优化组合，并集成在一个易于管理的统一的环境之下，实现资源共享。

二、EDA 开发软件介绍

可编程逻辑器件的设计离不开 EDA 软件。现在有多种支持 CPLD 和 FPGA 的设计软件，有的设计软件是由芯片制造商提供的，其中 Altera 开发的 MAX＋PLUS Ⅱ 软件包 (Quartus Ⅱ 软件包是它的升级版) 应用比较广泛。

1. MAX＋PLUS Ⅱ 软件

Altera 公司的 MAX＋PLUS Ⅱ 开发软件是一个完全集成化、易学易用的可编程逻辑设计环境，它可以在多种平台上运行。Altera 的器件能达到最高的性能和集成度，不仅仅是因为采用了先进的工艺和全新的逻辑结构，还在于提供了现代化的设计工具。MAX＋PLUS Ⅱ 软件提供了一种与结构无关的设计环境，它使设计者能方便地进行设计输入、快速处理和器件编程。

使用 MAX＋PLUS Ⅱ，设计者无须精通器件内部的复杂结构，而只需要用自己熟悉的设计输入工具 (如原理图或硬件描述语言) 建立设计，MAX＋PLUS Ⅱ 会自动把这些设计转换成最终结构所需的格式。由于有关结构的详细知识已装入开发工具，设计者不需手工优化自己的设计，因此设计速度非常快。

图 6－21 PLD 的基本设计流程

2. PLD 的基本设计流程

CPLD/FPGA 器件的设计一般可以分为设计输入、设计处理和下载编程等几个步骤，如图 6－21 所示。

三、VHDL 语言设计基础

1. VHDL 的基本概念

所谓硬件描述语言 (HDL)，实际就是一个描述工具，描述的对象是待设计电路系统的逻辑功能、实现该功能的算法、选用的电路结构以及其他各种约束条件等。通常要求 HDL 既能描述系统的行为，又能描述系统的结构。

HDL 种类较多，常用的有 VHDL、Verilog 和 ABEL 等。其中 VHDL (very-high-speed integrated circuit hardware description language) 是超高速集成电路硬件描述语言，主要用于描述数字系统的结构、行为、功能和接口，是

最具有推广前景的 HDL。

一个相对完整的 VHDL 程序设计具有如图 6-22 所示的基本结构。

图 6-22
VHDL 程序设计的基本结构

在以上 4 个部分中,实体和与之对应的结构体是必不可少的。

下面通过一些简单逻辑电路设计实例,从整体上介绍 VHDL 语言的基本结构和设计特点,达到快速入门的目的。

2. 组合逻辑电路设计举例

例 6-3　2 选 1 数据选择器的 VHDL 描述。

解：

```
            LIBRARY   IEEE;
            USE IEEE. STD_LOGIC_1164. ALL;        --IEEE 库使用说明
器件 mux21a   ENTITY   mux21a   IS              --实体名称为 mux21a
的外部引脚说     PORT(a, b: IN   BIT;
明,这部分称         s: IN   BIT;                --a、b、s 为三个输入引脚
为实体             y: OUT   BIT );             --y 为输出引脚
            END   ENTITY   mux21a;

            ARCHITECTURE   one   OF   mux21a   IS
                                              --结构体名称为 one
器件 mux21a       BEGIN
的内部功能说         y <= a   WHEN   s = '0'   ELSE
明,这部分称                     --结构体描述了实体 mux21a
为结构体                         --的内部逻辑功能
                 b;
            END   ARCHITECTURE   one;
```

这是一个组合逻辑电路 2 选 1 数据选择器的完整 VHDL 描述程序,可以直接综合出实现相应功能的逻辑电路及其功能器件。图 6-23 是此描述对应的逻辑符号,图中 a 和 b 分别为两个数据输入端的端口名,s 为通道选择控制

信号输入端的端口名，y 为输出端的端口名。"mux21a"是设计者为此器件取的名字，这类似于 74LS48、74LS74 等器件的名称。图 6-24 是对以上程序综合后获得的门级电路，因而可以认为是 mux21a 的内部电路结构。

图 6-23 mux21a 的实体

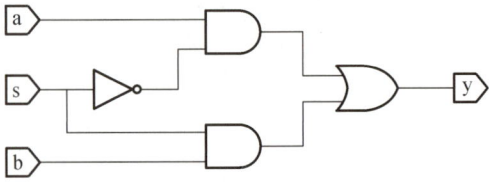

图 6-24 mux21a 的结构体

(1) 程序简单分析

由例 6-3 可见，2 选 1 数据选择器的 VHDL 描述由两大部分组成：

① 以关键词"ENTITY"引导、"END ENTITY mux21a"结尾的语句部分，称为**实体**。它的功能是对设计实体进行外部接口描述，相当于把整个设计看成一个封装好的元器件，实体仅用来说明设计单元的输入输出接口信号或引脚，它是设计实体对外的一个通信界面。图 6-23 可以认为是该实体的图形符号表达。

② 以关键词"ARCHITECTURE"引导、"END ARCHITECTURE one"结尾的语句部分，称为**结构体**。结构体负责描述所设计实体的内部逻辑功能或电路结构。图 6-24 是此结构体的原理图表达。

在 VHDL 结构体中用于描述逻辑功能和电路结构的语句分为顺序语句和并行语句两部分。顺序语句的执行方式类似于普通软件语言的程序执行方式，都是按照语句的前后排列方式顺序执行的。而在结构体中的并行语句，无论有多少行，都是同时执行的(几乎不需要时间，这正是超高速集成电路硬件描述语言的特点)，与语句的前后次序无关。

例 6-3 中的逻辑描述是用 WHEN_ELSE 结构的并行语句表达的。它的含义是：当满足条件 $s = '0'$，即 s 为低电平时，a 输入端的信号传送至 y，否则 b 输入端的信号传送至 y。

如图 6-25 所示是 2 选 1 数据选择器 mux21a 的仿真波形，从中不难看出 2 选 1 数据选择器的 VHDL 描述的正确性。

图 6-25
mux21a 的仿真波形

（2）VHDL 程序设计约定

为了便于程序的阅读和调试，对 VHDL 程序设计做如下约定。

① 语句结构描述中方括号"[ ]"内的描述语句不是必需的，可根据需要选择。

② 对于 VHDL 的编译器和综合器来说，程序文字的大小写是不加区分的，但为了便于阅读和分辨，建议将 VHDL 基本语句中的关键词以大写字母表示，而由设计者添加的内容以小写字母表示。如实体的结尾可写为"END ENTITY mux21a"，其中的 mux21a 就是设计者取的实体名。

③ 程序中双横线"－－"后面的文字是对程序的注释和说明，这些文字不参与编译和综合。注释文字一行写不完需要另起一行时，也要以"－－"引导。通常，一段好的 VHDL 程序都包含有清晰的文字说明。

④ 为了便于程序的阅读和调试，书写和输入程序时，可以使用层次缩进格式，同层次的对齐，低一层的缩进两个字符。

3. VHDL 相关语句说明

（1）实体

一个完整的 VHDL 程序必须包含实体和结构体两个组成部分。就一个设计实体而言，外界所看到的仅仅是它的界面上的各种接口，因此，实体是 VHDL 的表层设计单元。

① 实体的语句结构。

实体说明语句的书写格式如下：

ENTITY　实体名　IS

　　[GENERIC(类属参数说明)；]

　　PORT(端口说明)；

END　[ENTITY]　实体名；

实体说明单元必须按照这一结构来编写，实体说明语句应以"ENTITY 实体名 IS"开始，以"END [ENTITY] 实体名;"结束，内部可包含类属参数说明和端口说明。其中的实体名由设计者自己定。由于实体名实际上表达的是该设计电路的器件名，所以最好根据相应电路的功能来确定，如例 6－3 中 2 选 1 数据选择器实体名为"mux21a"；4 位二进制计数器，实体名可取为"counter4b"。但应该注意的是，一般不应用数字或中文定义实体名，也不应用 EDA 工具库中已定义好的元件名作为实体名，且不能以数字开头。

② 类属参数说明语句。

类属(GENERIC)参数说明语句必须放在端口说明语句之前，用以设定实体或元件的内部电路结构和规模。类属与常数不同，常数只能从设计实体的内部得到赋值，且不能再改变，而类属的值可以由设计实体外部提供。因此，设计者可以从外部通过对类属变量的重新设定而方便地改变一个设计实体的内部电路结构和规模。

类属参数说明的格式如下：

GENERIC(常数名：数据类型[：＝设定值]；

      …

    常数名：数据类型[：＝设定值])；

类属参数说明以关键词"GENERIC"引导，其中常数名是由设计者确定的；数据类型通常取 INTEGER 或 TIME 等类型；设定值为常数名的默认值，提供时间参数或总线宽度等静态信息。类属参数说明是设计实体和外部环境进行通信的参数，它传递静态信息。类属参数在所定义的环境中的地位十分接近常数，但却能如上面实体定义语句那样，将类属参数说明放在其中，且放在端口说明语句的前面。

例 6－4 是使用了类属参数说明的实体描述。

🔒 **例 6－4** 写出使用了类属参数说明的实体描述。

解：

ENTITY cpu IS

 GENERIC (addrwidth：INTEGER：＝16)；

 PORT (add_bus：OUT STD_LOGIC_VECTOR (addrwidth－1

  DOWNTO 0)；

 …

END ENTITY cpu；

这里，GENERIC 语句定义了一个地址宽度常数，在端口说明部分用该常数定义了一个 16 位的信号 add-bus，这句相当于：

 add_bus：OUT STD_LOGIC_VECTOR (15 DOWNTO 0)；

若该实体内部大量使用了 addrwidth 这个参数表示地址宽度，则当设计者需要改变地址宽度时，只需一次性在语句 GENERIC 中改变类属参数 addrwidth 的设定值，则结构体中所有相关的地址宽度都随之改变。由此可方便地改变整个设计实体的硬件规模和结构。

从 EDA 综合的结果来看，一个数字的改变将大大地影响设计结果的硬件规模；而从设计者的角度看，只需改变一个数字即可实现硬件的改变。用 VHDL 进行 EDA 设计的优越性由此可见一斑。

③ 端口说明。

实体中端口说明的书写格式如下：

PORT (端口名 [端口名]：端口模式 数据类型；

    …

   端口名 [端口名]：端口模式 数据类型)；

其中，端口名是设计者为实体的每一个对外通道所取的名字；端口模式用来说明信号的流动方向,共有 IN、OUT、INOUT、BUFFER 四种。

IN:IN 定义的通道为单向只读模式,规定数据只能通过此端口被读入实体中。

OUT:OUT 定义的通道为单向输出模式,规定数据只能通过此端口从此端口实体向外流出,或者说可以将实体中的数据向此端口赋值。

INOUT:INOUT 定义的通道确定为输入输出双向端口,即从端口的内部看,可以对此端口进行赋值,也可以通过此端口读入外部的数据信息;而从端口的外部看,信号既可以从端口流出,也可以向此端口输入信号,如 RAM 的数据端口、单片机的 I/O 口。

BUFFER:BUFFER 的功能与 INOUT 类似,区别在于当需要输入数据时,只允许内部回读输出的信号,即允许反馈。如计数器设计,可将计数器输出的计数信号回读,以作为下一计数值的初值。与 INOUT 模式相比,BUFFER 回读的信号不是由外部输入的,而是由内部产生向外输出的信号。

在例 6-3 中,a、b、s 的端口模式都定义为 IN,y 的端口模式定义为 OUT。

数据类型是指端口上流动的数据的表达格式。在例 6-3 中,端口信号 a、b、s 和 y 的数据类型都定义为位数据类型 BIT。BIT 数据类型的信号规定的取值范围是逻辑位 **1** 和 **0**。在 VHDL 中,逻辑位 **1** 和 **0** 的表达必须加单引号,否则 VHDL 综合器将 **1** 和 **0** 解释为整数类型 INTEGER。BIT 数据类型可以参与逻辑运算或算术运算,其结果仍是位的数据类型。

(2) 结构体

对一个电路系统而言,实体描述部分主要是对系统的外部接口的描述,这一部分如同是一个"黑盒子",描述时并不需要考虑实体内部的具体细节。因为描述实体内部结构和性能的工作是由结构体完成的。

结构体是一个实体的组成部分,是对实体功能的具体描述。结构体不能单独存在,它必须有一个界面说明,即一个实体。结构体主要描述实体的内部结构、元件之间的互联关系,实体所完成的逻辑功能以及数据的传输变换等内容。如果实体代表一个电路的符号,则结构体描述了这个符号的内部行为。一个实体可以有多个结构体,但同一个结构体不能隶属于不同的实体。每个结构体对应着一个实体不同的结构和算法实现方案,各个结构体的地位是等同的。

结构体的书写格式如下:

ARCHITECTURE 结构体名 OF 实体名 IS

    [说明语句;]

  BEGIN

    功能描述语句;

END [ARCHITECTURE] 结构体名;

在书写格式上,实体名必须是所在设计实体的名字,而结构体名可以由设计者自己定义,但当一个实体具有多个结构体时,结构体的取名不可相同。结构体的说明语句部分必须放在关键词"ARCHITECTURE"和"BEGIN"之间，结构体必须以"END [ARCHITECTURE] 结构体名;"作为结束句。

说明语句包括在结构体中需要说明和定义的数据对象、数据类型、元件调用声明等。说明语句并非是必需的，如例 6-3 中就没有说明语句。功能描述语句则不同，结构体中必须给出相应的电路功能描述语句，可以是并行语句、顺序语句或它们的混合。

（3）信号传输（赋值）符号和数值比较符号

例 6-3 中的表达式"y<=a"表示输入端口 a 的数据向输出端口 y 传输，也可以解释为信号 a 向信号 y 赋值。VHDL 要求赋值符号"<="两边的信号的数据类型必须一致。

例 6-3 中，条件语句 WHEN_ELSE 通过测试表达式"s='0'"的比较结果，以确定由哪一端口向 y 赋值。条件语句 WHEN_ELSE 的判定依据是表达式"s='0'"输出的结果。表达式中的等号"="没有赋值的含义，只是一种数值比较符号。其表达式输出结果的数据类型是布尔数据类型 BOOLEAN，它的取值分别是 true(真)和 false(假)。即当 s 为高电平时，表达式"s='0'"输出"false"；当 s 为低电平时，表达式"s='0'"输出"true"。在 VHDL 综合器或仿真器中分别用'1'和'0'表示 true 和 false。

（4）逻辑操作符及数据对象

🔒 例 6-5 2选1数据选择器的第二种描述方法。

解:

```
ENTITY  mux21a  IS
  PORT( a, b : IN   BIT;
            s : IN   BIT;
            y : OUT   BIT );
END   ENTITY   mux21a;


ARCHITECTURE   one   OF   mux21a   IS
    SIGNAL d, e : BIT;          - -类似于在芯片内部定义了两个
                                - -数据的暂存节点
    BEGIN
      d <= a AND (NOT s);
      e <= b AND s;
      y <= d OR e;              - -将内部的暂存数据向端口输出
END   ARCHITECTURE   one;
```

例 6-5 实现的也是 2 选 1 数据选择器，在该例中出现的 AND、OR 和 NOT 是逻辑操作符。VHDL 共有 **7 种基本逻辑操作符**，它们是 AND(**与**)、

OR(或)、NOT(非)、NAND(与非)、NOR(或非)、XOR(异或)、XNOR(同或)。信号在这些操作符的作用下,可构成组合电路。逻辑操作符所要求的操作数(操作对象)的数据类型有 3 种,即位数据类型 BIT、布尔数据类型 BOOLEAN、标准逻辑位数据类型 STD_LOGIC。逻辑操作符左右两边操作数的数据类型及位宽必须相同。逻辑运算的顺序是先做括号里的运算,再做括号外的运算。

例 6-5 中的语句"SIGNAL d, e ：BIT;"表示在描述的器件 mux21a 内部定义标识符 d、e 的数据对象为信号 SIGNAL,其数据类型为 BIT。由于 d 和 e 被定义为器件的内部节点信号,数据的进出不像端口信号那样受限制,所以不必定义其端口模式。在 VHDL 中,数据对象类似于一种容器,它接受不同数据类型的赋值。数据对象有 3 类,即信号(SIGNAL)、变量(VARIABLE)和常量(CONSTANT)。

(5) WHEN_ELSE 条件信号赋值语句

例 6-3 中出现的是条件信号赋值语句,这是一种并行赋值语句,其表达方式如下:

赋值目标 ＜＝表达式 WHEN 赋值条件 ELSE

表达式 WHEN 赋值条件 ELSE

…

表达式;

在结构体中的条件信号赋值语句的功能与在进程中的 IF 语句相同,在执行条件信号赋值语句时,每一"赋值条件"是按书写的先后关系逐项测定的,一旦发现"赋值条件"为 true,立即将"表达式"的值赋给"赋值目标"信号。

另外应注意,由于条件测试的顺序性,条件信号赋值语句中的第一个字句具有最高赋值优先级,第二句其次,依此类推。例如在以下程序中,如果当 p1 和 p2 同时为 1 时,z 获得的赋值是 a 而不是 b。

z ＜＝a　WHEN　p1 ='1' ELSE

b　WHEN　p2 ='1' ELSE

c;

(6) IF 条件语句

🔒 例 6-6 2 选 1 数据选择器的第三种描述方法。

解:

ENTITY　mux21a　IS

PORT(a, b ：IN　BIT;

s ：IN　BIT;

y ：OUT　BIT);

END　ENTITY　mux21a;

ARCHITECTURE　one　OF　mux21a　IS

```
        BEGIN
          PROCESS (a,b,s)
            BEGIN
              IF   s = '0'   THEN
                y < = a;
              ELSE
                y < = b;
              END IF;
          END PROCESS;
        END   ARCHITECTURE   one;
```

例 6-6 采用了 IF_THEN_ELSE 表达的 VHDL 顺序语句的方式,描述了 2 选 1 数据选择器:首先判断如果 s 为低电平,则执行"y < = a"语句,否则(当 s 为高电平时),则执行语句"y < = b"。

IF 语句是一种条件语句,它根据语句中设置的一种或多种条件,有选择地执行指定的顺序语句。IF 语句的语句结构有以下四种:

① IF 条件语句 THEN
   顺序语句;
 END IF;

② IF 条件语句 THEN
   顺序语句;
 ELSE
   顺序语句;
 END IF;

③ IF 条件语句 THEN
   顺序语句;
 ELSIF 条件语句 THEN
   顺序语句;
   …
 ELSE
   顺序语句;
 END IF;

④ IF 条件语句 THEN
   IF 条件语句 THEN
    …
   END IF;
 END IF;

（7）PROCESS 进程语句

从例 6‑6 可见，IF 顺序语句放在"PROCESS"引导的语句中，由 PROCESS 引导的语句称为进程语句。在 VHDL 中，**所有合法的顺序描述语句都必须放在进程语句中**。

例 6‑6 中 PROCESS 旁的(a,b,s)称为进程的敏感信号表，通常要求将进程中所有的输入信号都放在敏感信号表中。如例 6‑6 中的输入信号是 a、b 和 s，所以将它们全部列入敏感信号表中。由于 PROCESS 语句的执行依赖于敏感信号的变化，当某一敏感信号(如 a)从原来的 **1** 跳变到 **0**，或者从原来的 **0** 跳变到 **1** 时，就将启动此进程语句，而在执行一遍整个进程的顺序语句后，便进入等待状态，直到下一次敏感信号表中某一信号的跳变才再次进入"启动‑运行"状态。

在一个结构体中可以包含任意个进程语句，所有的进程语句都是并行语句，而由任一进程 PROCESS 引导的语句结构属于顺序语句。

4. 时序逻辑电路设计举例

前面以组合逻辑电路 2 选 1 数据选择器的 VHDL 描述为例，学习了 VHDL 的结构及相关的语句。下面以 D 触发器为例，学习时序逻辑电路的 VHDL 描述方法。

（1）D 触发器的 VHDL 描述

🔒 例 6‑7　图 6‑26 所示为 D 触发器的逻辑符号，试用 VHDL 对其进行设计。

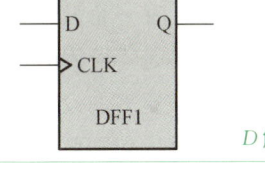

图 6‑26
D 触发器的逻辑符号

解：

```
LIBRARY   IEEE;          －－打开 IEEE 库
USE   IEEE. STD_LOGIC_1164. ALL;
          －－调用 IEEE 库中的 STD_LOGIC_1164 程序包中的所有内容
ENTITY   DFF1   IS
   PORT (CLK：IN   STD_LOGIC;
             D：IN   STD_LOGIC;
             Q：OUT   STD_LOGIC );
END   ENTITY   DFF1;
ARCHITECTURE   bhv   OF   DFF1   IS
   BEGIN
     PROCESS (CLK)
       BEGIN
         IF   CLK'EVENT   AND   CLK ='1' THEN
           Q <= D;
         END IF;
```

END PROCESS;

END ARCHITECTURE bhv;

最简单且最具有代表性的时序电路是 D 触发器,它是现代数字系统设计中最基本的时序单元和底层元件。D 触发器的描述包含了 VHDL 对时序电路的最基本和典型的表达方式,同时也包含了 VHDL 中许多最具特色的语言现象。与例 6-6 相比,从 VHDL 的描述上看,例 6-7 多了两部分:

① 由 LIBRARY 引导的库说明部分。

② 使用了一种新的条件判断表达式。

除此之外,虽然例 6-6 描述的是组合逻辑电路,而例 6-7 描述的是时序逻辑电路,如果不详细分析其中的表述含义,两例在语句结构和语言应用上没有明显的差异,也不存在如其他硬件描述语言那样用于表示时序和组合逻辑电路的特征语句,更没有与特定的软件或硬件相关的特征属性语句。这充分表明了 VHDL 电路描述与设计平台和硬件实现对象无关性的优秀特点。

(2) D 触发器 VHDL 相关语句说明

① 设计库和程序包

在一个设计实体中定义的常数、数据类型、元件、子程序等,对其他的设计实体是不可用的,也称不可见的。为使已定义的常数、数据类型、元件、子程序能被更多的设计实体访问和共享,可把它们收集在某个 VHDL 程序包中。多个程序包则可并入一个 VHDL 库中,使之更适用于一般的访问与调用。这样,既减少了程序代码的输入量,又使程序结构更加清晰。

由此看来,库(LIBRARY)可以看成是用来存储预先完成的程序包和数据集合体的仓库。仓库里的信息可以是预先定义好的数据类型、子程序等设计单元的集合体(**程序包**),也可以是预先设计好的各种设计实体(元件库程序包)。如果要在一项 VHDL 设计中使用某一程序包,就必须在这项设计中预先打开这个程序包,使此设计能随时使用这一程序包中的内容。

使用库和程序包的一般格式如下:

LIBRARY 库名;

USE 库名.程序包名. ALL;

第一句是打开以"库名"来命名的库;第二句是调用该库中以"程序包名"来命名的程序包中的所有内容,如例 6-7 中的前两行语句。

VHDL 库分为两类:设计库(预定义库)和资源库。

a. 设计库。

设计库对当前项目是可见的、默认的,无须用"LIBRARY"语句来显示打开,有 STD 库和 WORK 库两种。

STD 库定义了 VHDL 的多种常用的数据类型,如 BIT、BIT_VECTOR。STD 库中有 STANDARD 和 TEXTIO 两个程序包。由于 BIT 数据类型定义在 STANDARD 程序包中,所以在例 6-6 中,实体前无须加下列语句:

$$LIBRARY\quad STD;$$
$$USE\quad STD. STANDARD. ALL;$$

WORK 库是 VHDL 的工作库,是用户的临时仓库。用户在项目设计中已设计成功,或正在验证,或未仿真的中间部件等都堆放在 WORK 库中。

b. 资源库。

STD 库和 WORK 库之外的其他库都被称为资源库,它是常规元件和标准模块存放的库。使用资源库中的内容必须用"LIBRARY"语句来打开。最常用的资源库为 IEEE 库和 VITAL 库。

STD_LOGIC 数据类型定义在 STD_LOGIC_1164 的程序包中,此程序包所在的库为 IEEE,所以例 6-7 在实体前有如下两行语句:

$$LIBRARY\quad IEEE;$$
$$USE\quad IEEE. STD\_LOGIC\_1164. ALL;$$

② 边沿检测语句

例 6-7 中的条件语句的判断表达式"CLK'EVENT AND CLK = '1'"是用于检测时钟信号 CLK 的上升沿的,即如果检测到 CLK 的上升沿,此表达式将输出"true"。

关键词"EVENT"是信号属性,VHDL 通过以下表达式来检测某信号的跳变边沿:

信号'EVENT

"CLK'EVENT"就是对 CLK 信号在当前的一个极小的时间内发生事件进行检测。所谓发生事件,就是 CLK 的电平发生变化。如果发生了事件,此表达式将输出一个布尔值 true,否则为 false。

"CLK'EVENT AND CLK = '1'"表示如果信号 CLK 在极小的时间内发生了跳变,而且之后为高电平,则 CLK 产生了上升沿。

需要说明的是,上面的几个实例是简单的逻辑电路设计,而 VHDL 主要是用来进行较复杂逻辑系统设计的,如要进一步学习请参考其他相关专业书籍。

> **◉ 想一想:**
>
> 　用于检测时钟信号 CLK 下降沿的表达式是什么?

▌实用资料▐

可编程逻辑器件厂商及软件

电子设计工程师必须对一些知名的相关 PLD 厂商及其产品有一定的了解,这样才能更好地完成设计任务。表 6-4 列出了主要厂商开发的 EDA 软件特性。

表 6-4　主要厂商开发的 EDA 软件特性

厂　商	EDA 软件名称	适用器件系列	输　入　方　式
Lattice	Synario	MACH GAL、ispLSI、pLSI 等	原理图、ABEL 文本、VHDL 文本等
Lattice	ispExpert、ispLEVER	ispLSI、pLSI、MACH 等	原理图、VHDL 文本等
Altera	MAX+PLUS Ⅱ	MAX、FLEX 等	原理图、波形图、VHDL 文本、AHDL 文本等
Altera	Quartus Ⅱ	MAX、FLEX、APEX 等	原理图、波形图、VHDL 文本、Verilog HDL 文本等
Actel	Actel Designer	SX 系列、MX 系列	原理图、VHDL 文本等
Xilinx	Alliance	Xilinx 各种系列	原理图、VHDL 文本等
Xilinx	Foundation	XC 系列	原理图、VHDL 文本等

‖ 技能训练 ‖
计数器的 EDA 设计

1. 实训目的

① 实现带计数允许和复位端的十进制、六进制和一百进制计数器。

② 掌握计数器类型模块的描述方法。

③ 体会 EDA 技术的优点。

2. 实训设备

安装有 MAX+PLUS Ⅱ 软件的计算机 1 台；EDA 实验箱 1 套。

3. 实训原理及要求

计数器是数字电路系统中最基本的功能模块之一。设计十进制、六进制和一百进制计数器，要求计数器有计数允许和复位输入及进位输出功能。计数时钟可以用 2 Hz 信号，用 LED 显示计数值。

本设计要求用仿真和测试两种手段来验证计数器的功能。实验时，可以通过修改十进制计数器的设计得到六进制、一百进制计数器。同时满足以下几点要求：

① 设计带计数允许(ENA)和复位输入(RST)的十进制计数器，要求完成顶层电路图和 VHDL 文件。

② 进行功能仿真。

③ 下载并验证计数器功能。

④ 按上述步骤设计六进制和一百进制计数器。

⑤ 为上述设计建立元件符号。

4. 实训总结

① 画出原理图，并写出 VHDL 文件。

② 打印元件符号和仿真波形。

③ 写出仿真和测试结果。

附件：十进制计数器设计文件

(1) 顶层电路图如图 6-27 所示。

图 6-27 十进制计数器的顶层电路图

(2) 引脚分配见表 6-5(对于 FLEX 10K10 器件)。

表 6-5 十进制计数器的引脚分配

In0	In1	In2	OUT00	OUT01	OUT02	OUT03	OUT04	OUT05	OUT06	OUT1	OUT2
5 脚	6 脚	7 脚	54 脚	58 脚	59 脚	60 脚	61 脚	62 脚	64 脚	17 脚	50 脚

(3) 十进制计数器的 VHDL 程序如下。

```
LIBRARY IEEE;
USE IEEE. STD_LOGIC_1164. ALL;
USE IEEE. STD_LOGIC_UNSIGNED. ALL;
ENTITY cnt10a IS
    PORT(CLK,RST,ENA: IN STD_LOGIC;
            COUNT: OUT STD_LOGIC_VECTOR(3 DOWNTO 0);
                            --计数器 BCD 码输出
            OUTY: OUT STD_LOGIC);  --计数器进位输出
END cnt10a;
ARCHITECTURE beha OF cnt10a IS
    SIGNAL c1:STD_LOGIC_VECTOR(3 DOWNTO 0);
                            --定义中间变量 c1
    BEGIN
    PROCESS(CLK,RST,ENA)            --三个敏感信号
        BEGIN
            IF(RST='1')THEN
                c1<= "0000";
            ELSIF(CLK'EVENT AND CLK='1')THEN
                IF ENA='1' THEN    c1<= c1+1;
                IF (c1>= "1001") THEN
                    c1<= "0000";
```

```
                    END IF;
                 END IF;
              END IF;
           END PROCESS;
           PROCESS(CLK)
              BEGIN
                 IF CLK'EVENT AND CLK='1' THEN
                    IF c1="1001" THEN OUTY<='1';
                    ELSE OUTY<='0';
                    END IF;
                 END IF;
                 COUNT<=c1;
           END PROCESS;
END beha;
```

(4) 七段显示译码器(DECL7S2)的程序如下。

```
LIBRARY IEEE;
USE IEEE. STD_LOGIC_1164. ALL;
ENTITY DECL7S2 IS
   PORT(A : IN STD_LOGIC_VECTOR(3 DOWNTO 0);
      LED7S: OUT STD_LOGIC_VECTOR(6 DOWNTO 0);
         EN: OUT STD_LOGIC);
END;
ARCHITECTURE ONE OF DECL7S2 IS
   BEGIN
      PROCESS(A)
         BEGIN
            CASE A(3 DOWNTO 0) IS
               WHEN "0000"=> LED7S<="0111111";     --显示 0
               WHEN "0001"=> LED7S<="0000110";     --显示 1
               WHEN "0010"=> LED7S<="1011011";     --显示 2
               WHEN "0011"=> LED7S<="1001111";     --显示 3
               WHEN "0100"=> LED7S<="1100110";     --显示 4
               WHEN "0101"=> LED7S<="1101101";     --显示 5
               WHEN "0110"=> LED7S<="1111101";     --显示 6
               WHEN "0111"=> LED7S<="0000111";     --显示 7
               WHEN "1000"=> LED7S<="1111111";     --显示 8
```

```
        WHEN "1001" => LED7S <= "1101111";      - -显示9
        WHEN OTHERS=>NULL;
    END CASE;
  END PROCESS;
  EN<='0';
END;
```

想一想：

如何修改十进制
计数器的程序,从而
实现六进制、一百进
制计数器的设计?

知识点检测 3

1. VHDL 的含义是＿＿＿＿＿＿＿＿＿＿;IEEE 的含义是＿＿＿＿＿

＿＿＿＿＿。

2. EDA 的设计流程一般可以分为＿＿＿＿＿、＿＿＿＿＿和＿＿＿＿＿

等几个步骤。

3. VHDL 程序设计的基本结构包括＿＿＿＿＿、＿＿＿＿＿、＿＿＿＿＿、

＿＿＿＿＿;在四个部分中＿＿＿＿＿、＿＿＿＿＿是必不可少的。

知识归纳

1. 半导体存储器与高密度可编程逻辑器件都是大规模或超大规模逻辑器件,前者多用在电子计算机中,而后者则是电子电路的理想开发器件。

2. 随机存取存储器 RAM 是随时进行读/写的存储器,根据基本存储单元的构成可分为静态 RAM(SRAM)和动态 RAM(DRAM)两大类型。其中DRAM 集成度高、成本低,多用于超大规模的 RAM 中;而 SRAM 电路复杂,成本高,集成度低,但不用刷新,多用于微型机中。

3. 只读存储器 ROM 的种类较多,包括固定 ROM、一次可编程 PROM、光擦除 EPROM 及电擦除 E^2PROM 等。ROM 的基本组成部分就是**与**阵列和**或**阵列两个阵列。ROM 除作基本的信息存储使用外,还可实现组合逻辑功能。

4. 现在的可编程逻辑器件主要是复杂可编程逻辑器件 CPLD 和现场可编程门阵列 FPGA。可编程逻辑器件的应用是现代数字系统设计的发展方向,它可以实现硬件软件化。

5. EDA 技术的主要特征是自顶向下的设计理念,主流方法是 VHDL 语言设计。

思考与练习6

1. 问答题。

(1) 什么叫通用型 IC? 什么叫 ASIC? 二者的应用有何不同?

文本：思考与
练习 6 参考答
案

（2）现代数字系统设计的基本思想是什么？

2. 试用多片 2114(1 024×4 位)和 74LS138 译码器扩展成 8 192×8 位的存储器，要求画出电路图说明。

3. 试画出 4 选 1 数据选择器的逻辑符号图，并用 VHDL 语言对其进行设计。

4. 试用 VHDL 语言设计一个 T' 触发器。

5. 试用 VHDL 语言设计一个六十进制计数器。

附　　录

附录 A　常用数字集成电路速查表

附表 A-1　74 系列集成电路速查表

型号：74LS×× / 74HC××等	功能简述	型号：74LS×× / 74HC××等	功能简述
7400	2 输入端四与非门	74145	BCD-十进制译码/驱动器
7401	集电极开路 2 输入端四与非门	7415	开路输出 3 输入端三与门
7402	2 输入端四或非门	74150	16 选 1 数据选择/多路开关
7403	集电极开路 2 输入端四与非门	74151	8 选 1 数据选择器
7404	六反相器	74153	双 4 选 1 数据选择器
7405	集电极开路六反相器	74154	4 线-16 线译码器
7406	集电极开路六反相高压驱动器	74155	图腾柱输出译码器/分配器
7407	集电极开路六正相高压驱动器	74156	开路输出译码器/分配器
7408	2 输入端四与门	74157	同相输出四 2 选 1 数据选择器
7409	集电极开路 2 输入端四与门	74158	反相输出四 2 选 1 数据选择器
7410	3 输入端三与非门	7416	开路输出六反相缓冲/驱动器
74107	带清除主从双 JK 触发器	74160	可预置 BCD 异步清除计数器
74109	带预置清除正触发双 JK 触发器	74161	可预置 4 位二进制异步清除计数器
7411	3 输入端三与门	74162	可预置 BCD 同步清除计数器
74112	带预置清除负触发双 JK 触发器	74163	可预置 4 位二进制同步清除计数器
7412	开路输出 3 输入端三与非门	74164	8 位串行入/并行输出移位寄存器
74121	单稳态多谐振荡器	74165	8 位并行入/串行输出移位寄存器
74122	可再触发单稳态多谐振荡器	74166	8 位并入/串出移位寄存器
74123	双可再触发单稳态多谐振荡器	74169	4 位二进制加/减同步计数器
74125	三态输出高有效四总线缓冲门	7417	开路输出六同相缓冲/驱动器
74126	三态输出低有效四总线缓冲门	74170	开路输出 4×4 寄存器堆
7413	4 输入端双与非施密特触发器	74173	三态输出 4 位 D 型寄存器
74132	2 输入端四与非施密特触发器	74174	带公共时钟和复位六 D 触发器
74133	13 输入端与非门	74175	带公共时钟和复位四 D 触发器
74136	四异或门	74180	9 位奇数/偶数发生器/校验器
74138	3 线-8 线译码器/复工器	74181	算术逻辑单元/函数发生器
74139	双 2 线-4 线译码器/复工器	74185	二进制-BCD 代码转换器
7414	六反相施密特触发器	74190	BCD 同步加/减计数器

型号：74LS×× / 74HC××等	功　能　简　述	型号：74LS×× / 74HC××等	功　能　简　述
74191	二进制同步可逆计数器	74293	二/八分频 4 位二进制计数器
74192	可预置 BCD 双时钟可逆计数器	74295	4 位双向通用移位寄存器
74193	可预置 4 位二进制双时钟可逆计数器	74298	四 2 输入多路带存储开关
74194	4 位双向通用移位寄存器	74299	三态输出 8 位通用移位寄存器
74195	4 位并行通道移位寄存器	7430	8 输入端与非门
74196	十进制/二-十进制可预置计数锁存器	7432	2 输入端四或门
74197	二进制可预置锁存器/计数器	74322	带符号扩展端 8 位移位寄存器
7420	4 输入端双与非门	74323	三态输出 8 位双向移位/存储寄存器
7421	4 输入端双与门	7433	开路输出 2 输入端四或非缓冲器
7422	开路输出 4 输入端双与非门	74347	BCD - 7 段译码器/驱动器
74221	双/单稳态多谐振荡器	74352	双 4 选 1 数据选择器/复工器
74240	八反相三态缓冲器/线驱动器	74353	三态输出双 4 选 1 数据选择器/复工器
74241	八同相三态缓冲器/线驱动器	74365	门使能输入三态输出六同相线驱动器
74243	四同相三态总线收发器	74366	门使能输入三态输出六反相线驱动器
74244	八同相三态缓冲器/线驱动器	74367	4 线/2 线使能输入三态六同相线驱动器
74245	八同相三态总线收发器	74368	4 线/2 线使能输入三态六反相线驱动器
74247	BCD - 7 段 15 V 输出译码/驱动器	7437	开路输出 2 输入端四与非缓冲器
74248	BCD - 7 段译码/升压输出驱动器	74373	三态同相八 D 锁存器
74249	BCD - 7 段译码/开路输出驱动器	74374	三态反相八 D 锁存器
74251	三态输出 8 选 1 数据选择器/复工器	74375	4 位双稳态锁存器
74253	三态输出双 4 选 1 数据选择器/复工器	74377	单边输出公共使能八 D 锁存器
74256	双 4 位可寻址锁存器	74378	单边输出公共使能六 D 锁存器
74257	三态原码四 2 选 1 数据选择器/复工器	74379	双边输出公共使能四 D 锁存器
74258	三态反码四 2 选 1 数据选择器/复工器	7438	开路输出 2 输入端四与非缓冲器
74259	8 位可寻址锁存器/3 线 - 8 线译码器	74380	多功能八进制寄存器
7426	2 输入端高压接口四与非门	7439	开路输出 2 输入端四与非缓冲器
74260	5 输入端双或非门	74390	双十进制计数器
74266	2 输入端四异或非门	74393	双 4 位二进制计数器
7427	3 输入端三或非门	7440	4 输入端双与非缓冲器
74273	带公共时钟复位八 D 触发器	7442	BCD - 十进制代码转换器
74279	四图腾柱输出 SR 锁存器	74447	BCD - 7 段译码器/驱动器
7428	2 输入端四或非门缓冲器	7445	BCD - 十进制代码转换/驱动器
74283	4 位二进制全加器	74450	16∶1 多路转接复用器多工器
74290	二/五分频十进制计数器	74451	双 8∶1 多路转接复用器多工器

型号：74LS×× /74HC××等	功 能 简 述	型号：74LS×× /74HC××等	功 能 简 述
74453	四4：1多路转接复用器多工器	7454	四路输入与或非门
7446	BCD-7段低有效译码/驱动器	74540	8位三态反相输出总线缓冲器
74460	10位比较器	7455	4输入端二路输入与或非门
74461	八进制计数器	74563	8位三态反相输出触发器
74465	三态同相2与使能端八总线缓冲器	74564	8位三态反相输出 D 触发器
74466	三态反相2与使能端八总线缓冲器	74573	8位三态输出触发器
74467	三态同相2使能端八总线缓冲器	74574	8位三态输出 D 触发器
74468	三态反相2使能端八总线缓冲器	74645	三态输出八同相总线传送接收器
74469	8位双向计数器	74670	三态输出 4×4 寄存器堆
7447	BCD-7段高有效译码/驱动器	7473	带清除负触发双 JK 触发器
7448	BCD-7段译码器/内部上拉输出驱动	7474	带置位复位正触发双 D 触发器
74490	双十进制计数器	7476	带预置清除双 JK 触发器
74491	10位计数器	7483	4位二进制快速进位全加器
74498	八进制移位寄存器	7485	4位数字比较器
7450	2-3/2-2输入端双与或非门	7486	2输入端四异或门
74502	8位逐次逼近寄存器	7490	可二/五分频十进制计数器
74503	8位逐次逼近寄存器	7493	可二/八分频二进制计数器
7451	2-3/2-2输入端双与或非门	7495	4位并行输入/输出移位寄存器
74533	三态反相八 D 锁存器	7497	6位同步二进制乘法器
74534	三态反相八 D 锁存器		

附表 A-2 4000系列集成电路速查表

型 号	性 能 说 明	型 号	性 能 说 明
CD4000	3输入双或非门1反相器	CD40104	4位三态输出双向通用移位寄存器
CD4001	四2输入或非门	CD40105	先进先出寄存器
CD4002	双4输入或非门	CD40106	六反相器（带施密特触发器）
CD4006	18级静态移位寄存器	CD40107	2输入双与非缓冲/驱动器
CD4007	双互补对加反相器	CD40108	4×4多端寄存器
CD4008	4位二进制并行进位全加器	CD40109	四三态输出低到高电平移位器
CD4009	六缓冲器/转换器（反相）	CD4011	四2输入与非门
CD4010	六缓冲器/转换器（同相）	CD40110	十进制加减计数/译码/锁存/驱动
CD40100	32位双向静态移位寄存器	CD40117	10线-4线 BCD 优先编码器
CD40101	9位奇偶发生器/校验器	CD4012	双4输入与非门
CD40102	8位 BCD 可预置同步减法计数器	CD4013	带置位/复位的双 D 触发器
CD40103	8位二进制可预置同步减法计数器	CD4014	8级同步并入串入/串出移位寄存器

型　号	性　能　说　明	型　号	性　能　说　明
CD40147	10 线－4 线 BCD 优先编码器	CD4038	3 位串行负逻辑加法器
CD4015	双 4 位串入/并出移位寄存器	CD4040	12 级二进制计数/分频器
CD4016	四双向开关	CD4041	四原码/补码缓冲器
CD40160	非同步复位可预置 BCD 计数器	CD4042	四时钟控制 D 锁存器
CD40161	非同步复位可预置二进制计数器	CD4043	四三态**或非** RS 锁存器
CD40162	同步复位可预置 BCD 计数器	CD4044	四三态**与非** RS 锁存器
CD40163	同步复位可预置二进制计数器	CD4045	21 位计数器
CD4017	十进制计数器/分频器	CD4046	PLL 锁相环电路
CD40174	六 D 触发器	CD4047	单稳态、无稳态多谐振荡器
CD40175	四 D 触发器	CD4048	8 输入端多功能可扩展三态门
CD4018	可预置 $1/N$ 计数器	CD4049	六反相缓冲器/转换器
CD40181	4 位算术逻辑单元	CD4050	六同相缓冲器/转换器
CD40182	超前进位发生器	CD4051	8 选 1 双向模拟开关
CD4019	四**与或**选译门	CD4052	双 4 选 1 双向模拟开关
CD40192	可预置 4 位 BCD 计数器	CD4053	三 2 选 1 双向模拟开关
CD40193	可预置 4 位二进制计数器	CD4054	4 位液晶显示驱动器
CD40194	4 位双向并行存取通用移位寄存器	CD4055	BCD－7 段译码/液晶显示驱动器
CD4020	14 级二进制串行计数/分频器	CD4056	BCD－7 段译码/驱动器
CD40208	4×4 多端寄存器	CD4059	可编程 $1/N$ 计数器
CD4021	异步 8 位并入同步串入/串出寄存器	CD4060	14 级二进制计数/分频/振荡器
CD4022	八进制计数器/分频器	CD4063	4 位数字比较器
CD4023	三 3 输入**与非**门	CD4066	四双向模拟开关
CD4024	7 级二进制计数器	CD4067	单 16 通道模拟开关
CD4025	三 3 输入**或非**门	CD4068	8 输入端**与非**门
CD40257	四 2 线－1 线数据选择器/多路传输	CD4069	六反相器
CD4026	7 段显示十进制计数/分频器	CD4070	四**异或**门
CD4027	带置位复位双 JK 主从触发器	CD4071	四 2 输入端**或**门
CD4028	BCD－十进制译码器	CD4072	4 输入端双**或**门
CD4029	可预置加/减(十/二进制)计数器	CD4073	3 输入端三**与**门
CD4030	四**异或**门	CD4075	3 输入端三**或**门
CD4031	64 级静态移位寄存器	CD4076	4 位三态输出 D 寄存器
CD4032	3 位正逻辑串行加法器	CD4077	四**异或非**门
CD4033	十进制计数器/消隐 7 段显示	CD4078	8 输入端**或非**门
CD4034	8 位双向并、串入/并出寄存器	CD4081	四 2 输入端**与**门
CD4035	4 位并入/并出移位寄存器	CD4082	4 输入端双**与**门

型　号	性　能　说　明	型　号	性　能　说　明
CD4085	双 2×2 与或非门	CD4095	选通 JK 同相输入主从触发器
CD4086	2 输入端可扩展四与或非门	CD4096	选通 JK 反相输入主从触发器
CD4089	二进制系数乘法器	CD4097	双 8 通道模拟开关
CD4093	四 2 输入端施密特触发器	CD4098	双单稳态多谐振荡器
CD4094	8 级移位存储总线寄存器	CD4099	8 位可寻址锁存器

附录 B　常用 TTL（74 系列）数字集成电路型号及引脚排列

四2输入与非门
74LS00(T400)
7400 74HC00

四2输入或非门
74LS02(T4002)
7402 74HC02

六反相器
74LS04(T4004)
74LS05(T4005)
7404 7405

四2输入与门
74LS08(T4008)
74LS09(T4009)
7408 7409

三3输入与非门
74LS10(T4010)
74LS12(T4012)
7410 T412

双4输入与非门(施密特触发)
74LS13(T4013)
74LS13(T4013)
7413 7413

四2输入或门
74LS32(T032)
7432

BCD-7段低有效译码/驱动器
7446(T1046)
74LS47(T4047)
7447(T1047)

4线-七段译码/驱动器
74LS49(T4049)
7449(T4049)

双D触发器
74LS74(T074)
7474

双上升沿JK触发器
74LS109(T109)
T4109

十进制(4位二进制)同步加减计数器
74LS168(T4168)(十进制)
74LS169(T4168)(二进制)

单稳态多谐振荡器
74121(T1121)

十进制/(4位二进制)
同步加/减计数器
74LS190-191(T4190)
74190 47191

二-八-十六进制计数器
74LS293(T4293)
74293

双二-五-十进制计数器
74LS390(T4390)
74390

附录C　常用CMOS（C000系列）数字集成电路型号及引脚排列

双4输入与门
C001 C031 C061

双4输入或门
C002 C032 C062

六反相器
C003 C033 C063

双4输入与非门
C004 C034 C064

三3输入与非门
C005 C035 C065

四2输入与非门
C066 C036 C066

四4输入**或非**门
C007 C037 C067

三3输入**或非**门
C008 C038 C068

四2输入**或非**门
C009 C039 C069

4–3–3输入**或非**门
（带**或**扩展端）
C010 C040 C070

四双向模拟开关
C514 C544 C574

双*D*触发器
C013 C043 C0763

四**异或**门
C630 C660 C690

双全加器
C631 C661 C691

附录 D　常用 CMOS（CC4000 系列）数字集成电路型号及引脚排列

四2输入**与非**门
CC4011 CD4011
TC4011

四2输入**或非**门
CC4001 CD4001
TC4001

双上升沿*D*触发器
CD4013 CD4013
TC4013

六反相器
CC4069 CD4069
TC4069

四2输入**与**门
CC4081 CD4081
TC4081

六反相器(带施密特触发器)
CC40106 CD40106

四*D*锁存触发器
CC4042 CD4042
TC4042

四*D*触发器
CC40175 CD40175
TC40175

12位二进制
串行计数器
CC4040 CD4040

十进制计数器
脉冲分配器
CC4017 CD4017

四**异或**门
CC4070 CD4070

译码驱动器
CC4511 CD4511 TC4511

四2输入**与非**门
（带施密特触发器）
CC4093 CD4093

4-16线译码器/多路分配器
CC4514 CD4514

双十进制加计数器
CC4518 CD4518 TC4518

四双向模拟开关
CC4066 CD4066 TC4066

十进制计数器
CC4553 CD4553 TC4553

三3输入**与非**门
CC4023 CD4023 TC4023

二4输入**与非**门
CC4012 CD4012 TC4012

四2输入**或**门
CC4071 CD4071 TC4071

主要参考文献

[1] 阎石,王红. 数字电子技术基础[M]. 6 版. 北京：高等教育出版社,2016.

[2] 崔忠勤. 中外集成电路简明速查手册：TTL、COMS 电路：续集[M]. 北京：电子工业出版社,1999.

[3] 李福军. 数字电子技术项目教程[M]. 北京：清华大学出版社,2011.

[4] 杨志忠,宋宇飞,卫桦林. 数字电子技术[M]. 6 版. 北京：高等教育出版社,2023.

[5] 孙津平. 数字电子技术[M]. 5 版. 西安：西安电子科技大学出版社,2022.

[6] 邱寄帆. 数字电子技术[M]. 2 版. 北京：高等教育出版社,2019.

[7] 房国志. 数字电子技术实验教程[M]. 哈尔滨：哈尔滨工业大学出版社,2013.

[8] 黎艺华,谢兰清. 数字电子技术项目教程[M]. 4 版. 北京：电子工业出版社,2021.

[9] 田培成,沈任元,吴勇. 数字电子技术基础[M]. 3 版. 北京：机械工业出版社,2015.

[10] 余红娟. 数字电子技术[M]. 北京：高等教育出版社,2013.

[11] 赵全利. Multisim 电路设计与仿真：基于 Multisim 14.0 平台[M]. 北京：机械工业出版社,2021.

[12] 王连英. 数字电子技术[M]. 2 版. 北京：高等教育出版社,2020.

[13] 周慧鑫,江晓安. 数字电子技术[M]. 5 版. 西安：西安电子科技大学出版社,2023.

[14] 陈柳. 数字电子技术实验与课程设计 [M]. 北京：电子工业出版社,2020.

[15] 陈国庆,贾卫华. 电子技术基础实训教程[M]. 北京：北京理工大学出版社,2008.

[16] 王振红. VHDL 数字电路设计与应用实践教程[M]. 2 版. 北京：机械工业出版社,2003.

[17] 王志鹏. 可编程逻辑器开发技术 MAX＋plus 2[M]. 北京：国防工业出版社,2005.

[18] 潘松,黄继业. EDA 技术实用教程：VHDL 版[M]. 6 版. 北京：科学出版社,2018.